세계를
움직인
———
돌

윤성원의 보석&주얼리 문화사

윤성원 지음

세계를
움직인
──
돌

모요사

보석, 피 땀 눈물의 연대기

이 책의 교정 작업이 시작된 2020년 2월 이후 전 세계가 '코로나19'라는 거센 소용돌이에 휘말렸다. 조만간 진정 국면에 접어들지 않을까 하는 희망을 무색하게 만든 장본인은 집단 감염이라는 초대형 변수였다. 공교롭게도 '스페인의 채굴 잔혹사' 원고를 다듬고 있던 나는 5백여 년 전 아메리카 대륙의 원주민들이 맞닥뜨렸을 천연두의 공포가 떠올랐다. 최첨단 시대에 살고 있는 우리도 이렇게 전염병에 속수무책인데 16세기 사람들의 심정은 어땠을까?

당시 스페인 정복자들로부터 유입된 천연두는 여러 차례에 걸쳐 맹렬한 기세로 확산되었다. 그 와중에 콜롬비아의 아름다운 마을인 포파얀의 주민들은 피난을 떠나지 않고 그들의 터전을 꿋꿋하게 지켰다. 그런데 기적 같은 일이 일어났다. 아메리카 대륙 원주민의 90퍼센트를 몰살시킨 바이러스의 침공에서 신기하게도 포파얀은 뚫리지 않은 것이다. 무사히 살아남은 주민들은 감사의 뜻을 담아 십시일반으로 금과 에메랄드를 모아 성모상에 장식할 '왕관'을 제작했다(우연찮게도 '코로나'에 왕관이라는 뜻이 담겨 있다).

그들의 이야기를 반추하며 나 역시 불안, 혐오, 희생양 찾기로 이어지는 이 대혼란에서 해방만 시켜준다면 그 어떤 진귀한 것을 내놓아도 아깝지 않을 것 같았다. 21세기의 전염병은 타인에게 민폐를 끼칠 수 있다는 사회적 공

01 '안데스의 왕관', 포파얀 주민들이 십시일반으로 모은 에메랄드와 황금으로 만들었다.
02 '드레스덴 그린', 2019년 드레스덴 박물관 도난 사고에서도 살아남았다.

포까지 더해져 인간이라는 존재를 한없이 작게 만들고 있지 않은가? 연대와 연합의 힘으로 재앙을 뛰어넘은 포파얀 주민들처럼 그저 모두가 희망의 끈을 놓지 않기만을 간절히 바랄 뿐이다.

2019년 11월에는 독일에서 영화보다 더 황당한 보석 도난 사건이 발생했다. 도둑들은 드레스덴의 한 박물관에 침입해 도끼로 유리를 깨고 18세기의 주얼리 94점을 훔쳐 갔다. 그들은 애초에 세계에서 가장 크고 아름다운 녹색 다이아몬드인 40.7캐럿의 '드레스덴 그린Dresden Green'을 목표로 삼은 듯했다. 불행 중 다행으로, 드레스덴 그린은 마침 뉴욕 메트로폴리탄 박물관에 대여 중이어서 화를 면했다. 하지만 94점의 보석들은 해체 후 재연마되어 어둠의 경로를 통해 처분될 운명에 놓였다.
언론에서는 줄곧 10억 유로(약 1조 3천억 원)라는 재화적인 손실에 대해서 떠들어댔다. 하지만 인도의 골콘다 광산에서 채굴된 '호프 다이아몬드'에 대한 원고를 쓰고 있던 나는 돌이킬 수 없는 역사를 도난당한 사실에 가슴 한 구석이 뻐근해졌다. 작센 왕국의 수도였던 드레스덴의 그뤼네스 게뷜베('녹색 금고'라는 뜻)는 프리드리히 아우구스트 1세가 각종 진귀한 보석과 예술품 약 3천 점을 수집해서 모아놓은 곳이다. 강탈당한 보석 대부분이 다이아몬드와 루비였는데, 다이아몬드의 경우 18세기에 이미 고갈된 역사적인 골콘다 광산에서 채굴된 것들이었다. 게다가 브릴리언트 컷이 발명되기 이전에 연마된 로즈 컷이었고, 루비 또한 버마산으로 요즘에 흔히 하는 열처리조차 되지 않은 날것 그대로였다. 인간의 욕망을 따라 국경을 넘나들며 부침의 세월을 감내했을 '인류사의 산 증인'들이 영원히 사라지고 만 것이다. 그 문화적, 역사적 손실을 어떻게 돈으로 환산할 수 있을까?

뉴욕에서 아침을

나는 학창 시절에 세계사라면 질색한 사람이었다. 단순히 '암기 과목'으로 치부하며 시험을 치르기 위해서만 공부했던 기억이 전부다. 그런데 찬란한 보석을 둘러싼 거대한 역사의 파도를 넘는 과정에서 수차례 소중한 깨달음을 얻었다. 그 시작점을 꼽자면 단연 16년 전 뉴욕 GIA(보석감정학교)에서의 '흑역사'라고 말할 수 있다.

한 명씩 일어나서 자기 소개를 하는 입학 첫날, 난 비로소 뉴욕에 왔다는 것을 실감했다. 20명의 신입생 안에 6대 종교(가톨릭교, 개신교, 이슬람교, 불교, 유대교, 힌두교)가 모두 있었으니 그간 활자로만 접하던 인종과 종교의 '샐러드 볼'을 생생히 목도하는 중이었다.

어리둥절해하고 있는 나에게 곧이어 2차 충격이 가해졌다. 캐나다와 인도네시아의 다이아몬드 사업가 아들, 인도의 유색 보석 사업가 아들, 4대째

이어온 영국의 앤티크 보석상 아들, 이탈리아의 대형 보석상 딸은 저마다 자기네 가업이 얼마나 대단한지 자랑하기에 여념이 없었다. 전체의 3분의 2 이상이 가업으로 보석상을 하거나 보석업에서 실무 경력을 쌓은 사람들이었다. "난 이미 전문가야!"라며 기선 제압을 하는 이들의 눈빛에서 자신감이 흘러넘쳤다. 내 차례가 점점 다가오자 입이 바짝바짝 말라왔다. 지식도, 경력도, 보석업을 하는 부모도 없는 나는 도대체 무슨 말을 해야 하지?

사실 나는 보석에 뭔가 원대한 꿈을 품고 뉴욕으로 건너간 것이 아니었다. 1990년대 말부터 우리나라에 소위 '명품'이라고 불리는 럭셔리 주얼리 브랜드들이 속속 문을 열고 여심을 유혹하기 시작했다. 구석구석 '예쁜 것'을 찾아다니며 청춘의 한낮을 만끽하던 나와 친구들은 백화점에서 주얼리를 구경하는 게 일상이 되었다. 터키석 빛깔의 박스에 담긴 작고 반짝이는 다이아몬드 목걸이를 마주한 순간 로맨틱한 〈문 리버〉의 선율이 흐르면서 영화 〈티파니에서 아침을〉의 한 장면이 펼쳐졌다. 너 나 할 것 없이 블랙 드레스에 진주 목걸이와 커다란 선글라스를 끼고 쇼윈도 앞에 선 홀리 골라이틀리가 꿈꾸던 삶 속으로 들어갔다(한 손에는 커피를, 입에는 크루아상을 물고 있어야 비로소 '완성형'이 된다). 물론 가격표를 확인한 후 슬그머니 내려놓기를 반복했지만, 찬란한 다이아몬드를 걸치고 있는 순간만큼은 영화 속 주인공이 부럽지 않았다.

어느 날부턴가 나는 이렇게 작은 돌이 왜 그리도 비싸게 팔리는지 궁금해졌다. 그때 나의 멘토는 뉴욕 47번가에 가면 세상의 모든 보석을 만날 수 있는 '다이아몬드 거리'가 있다고 귀띔해주었다. 이 참에 보석을 기초부터 공부해보라면서, 당신이 40년 전 뉴욕에서 패션을 공부할 때 매일 뉴욕 5번가의 상점을 구경하고 다닌 것이 큰 도움이 되었다고 조언했다(왠지 오드리 헵번 따라잡기에 한 발 더 다가선 느낌이었다). 그녀는 무엇보다 오감의 체험을 강조했다.

그렇게 나는 뉴욕이란 도시를 택했다. 하지만 입학 첫날부터 보석 '유경험자'들에게 기가 죽은 나머지 대학 전공과 마케터로서의 짧은 이력만 속사포처럼 내뱉은 후 자리에 앉고 말았다. 으레 치는 '영혼 없는' 박수 소리가 한

참을 귓가에 맴돌았다. 보석업이 가족 사업으로 운영되는 꽤 폐쇄적인 산업이라는 것을 깨닫기가 무섭게 온갖 근심 걱정이 밀려왔다.

'과연 의미 있는 공부일까? 졸업한 후 도대체 무슨 일을 할 것인가? 이 나이에 취업이나 될까? 그렇다고 사업을 할 자신은 없는데……'

고민 끝에 이왕 뉴욕까지 온 이상 '맨땅에 헤딩'이란 것을 해보기로 굳게 마음을 다졌다. 방과 후 47번가의 유대인 보석 딜러들을 찾아가 한마디라도 더 붙여가며 그들의 말 끝에서 생생한 정보를 습득했다. 최고의 주얼리를 두 눈에 입력시키기 위해 5번가와 매디슨 가의 주얼리 상점과 경매장, 박물관을 과외 선생님으로 삼았다. 다행인 것은, 워낙 보석에 백지이다보니 새로운 콘텐츠를 흡수하는 데 제약이 없다는 점이었다. 물려받을 가업도, 돌아가야 할 직장도 없으니 보석의 다양한 면면을 마음껏 즐길 수 있었다. 처음에는 '돌' 그 자체의 신비로움에 빠져들었고, 다음으로 그 '돌'을 변신시키는 디자인과 디자이너의 창의력에, 나중에는 '돌'에 담긴 풍부한 역사와 스토리에 매료되었다. 어느 순간부터는 그 '돌'의 존재 이유에 대한 원론적인 호기심이 증폭했다. 이 변화 과정이 너무도 신기한 나머지 누군가에게 알리고 싶어 몸이 근지러운 지경에 이르렀다.

보석 시간 여행자

지나간 세월 속의 보석을 찾아다니던 나는 최초의 모습 그대로 만날 확률이 높지 않다는 사실에 좌절한 적도 있었다. 재연마와 리세팅이 빈번한데다 수많은 사건 사고를 거치며 보석의 많은 부분이 소실되었기 때문이다. 그나마 초상화를 통해서 잊혀진 시대를 추측할 수 있었으니 역사 속 인물들을 부지런히 화폭에 옮겨 담은 화가들에게 고마울 따름이었다. 그들이 아니었다면 우리는 보석의 변천사를 제대로 파악할 수 없었을 것이다.

어느 날 나는 런던 국립초상화 미술관에 걸린 엘리자베스 1세의 모습에 발길을 멈추었다. 수 킬로그램은 족히 될 법한 진주를 걸치고도 위엄 있는 표정을 잃지 않은 여왕은 신선한 충격 그 자체였다. 거의 모든 초상화에서 온몸을 뒤덮고 있는 여왕의 진주는 무언가를 호소하는 듯 보였다. 그 많은 보석 중에서 왜 하필 진주였는지, 그녀가 고른 '보석 패'의 의미와 집착의 이유가 궁금해졌다.

뉴욕 메트로폴리탄 박물관에서는 왕관을 쓴 채 한쪽 귀에만 늘어지는 귀걸이를 착용한 나체의 비너스를 발견했다. 최신 트렌드인 '싱글 이어링'이 16세기에도 존재했다니, 여신에게 귀걸이를 한쪽만 채운 화가의 의도는 과연 무엇이었을까? 같은 시대의 어느 남자 귀족은 '반지 겹쳐 끼기'를 하고 있었

03 로렌초 로토, 〈비너스와 큐피드〉, 1525년.
16세기 베네치아의 신부들이 쓰던 주얼리와 면사포를 착용하고 있다. 장갑이나 귀걸이처럼 한 쌍이어야 하는 물건을 한쪽만 착용한 여인은 '낮에는 숙녀, 밤에는 요부'로 해석되곤 한다.

다. 이것은 유행에 민감한 여성이라면 한 번쯤 해봤을 최신 스타일링이 아닌가. 루비, 에메랄드, 다이아몬드, 가닛, 토파즈가 박힌 반지를 약지와 새끼손가락에 멋들어지게 착용한 모습에 감탄이 절로 나왔다.

뉴욕 프릭 컬렉션에 걸린 19세기 백작부인의 거대한 초상화를 보면서는 뱀 모양의 터키석 반지에 호기심이 발동했다. 사진으로만 보다가 1.4미터 높이의 그림 앞에 직접 서보니 똬리를 튼 뱀의 디테일이 확실히 눈에 들어왔다. 뱀은 기독교에서 선악과를 따 먹도록 유혹해 인류에게 원죄의 굴레를 씌운 '가해자'일 텐데 이토록 고운 여인이 왜 하필 뱀을 택했을까? 같은 시대의 그림을 몇 점 더 뒤져보니 매끄러운 피부 위로 미끄러지듯 뱀 모양의 주얼리를 착용한 여인들이 꽤 눈에 띄었다. 우연도 파고들면 어느 순간 접점을 찾을 수 있었으니 그렇게 나는 보석이라는 타임캡슐을 조종하는 시간 여행자가 되어 있었다.

내 가슴을 뛰게 하고 피를 끓게 만든 보석은 과거를 이해할 수 있는 중요한 단서였다. 특히 보이지 않는 힘에 의지한 시대일수록 인간의 간절함과 욕망은 신비롭고 아름다운데다 늘 몸에 지닐 수 있는 보석으로 결집되었다. 사람들은 땅속 깊은 곳에서 고온 고압이라는 인고의 세월을 견뎌낸 자연의 에너지를 소유함으로써 원하는 바를 이루고자 했다. 그 간절함은 보석을 신앙의 상징으로 세웠고, 왕관의 가장 높은 곳에서 빛나는 절대 권력의 표상으로 만들었다. 물론 그 절대 권력이 자행한 종교 탄압을 피해 도망 다닌 사람들의 손에서 눈부신 광채와 아름다운 색을 극대화하는 연마법이 전파되었다는 사실은 역사의 아이러니다.

그렇게 고대와 중세, 근대, 그리고 현대라는 서로 다른 시공간 속의 사건 사고를 통해 드러난 보석의 맨얼굴은 비슷했다. 단지 시간이 거듭될수록 더욱 찬란해졌을 뿐. 결국 왜 인류는 남들이 갖지 못하는 희소성에 열광하는지, 그것으로 무엇을 보여주고자 했는지, 손에 넣기 위해 어떻게 했는지 등 보석을 통해 개인의 심리와 철학까지 엿볼 수 있었다.

마리 앙투아네트의 진주 목걸이에서 단두대의 숙명을 마주한 날, 러시아 황실의 부활절 보석 달걀에서 사랑과 죽음의 허망한 연결고리를 발견한 순간, '안데스의 왕관'에 박힌 수백 개의 에메랄드에서 천연두를 이겨낸 승리의 연대를 경험한 그때…… 모든 여정이 결국 이 책을 위한 답사였다.

이 책에는 고대 이집트의 끝자락부터 러시아 혁명까지 약 2천 년 동안 역사의 변곡점을 거쳐간 인간과 보석의 행보가 시간 순으로 정리되어 있다. 물론 귀한 보석일수록 아무나 소유할 수 없었던 시대적인 특성상 주인공 대부분이 각 나라의 군주들이다. 따라서 그들의 보석에 대한 신념과 정치, 경제, 외교, 종교 및 사생활에 보석을 활용한 사례를 통해 삶에 대한 통찰력을 발견할 수 있도록 구성했다. 특히 숱한 혁명과 전쟁, 식민지 개척 등 인간의 파괴력이 응집되면서 보석의 운명은 어떻게 바뀌었는지, 클레오파트라 7세, 엘리자베스 1세, 예카테리나 2세, 빅토리아 여왕 등 당대 여성 리더들이 어떻게 보석을 자신의 이미지 메이킹에 활용했는지 그 차이를 비교해보길 권한다. 『베니스의 상인』, 『삼총사』, 『가이어스타인의 앤』 같은 소설에서는 보석을 어떻게 바라보고 있는지 시대적 배경과 작가의 해석을 연결지어 보는 것도 관전 포인트다. 이 책을 기점으로 보석을 담론화하고 해석하는 문화가 널리 퍼질 수 있기를 희망한다.

보석이 펼쳐낸 인류의 자서전, 인류가 정복하고 승화시킨 피, 땀, 눈물의 연대기 속으로 지금, 독자 여러분을 초대한다.

2020년 4월

윤성원

감사의 말

갈팡질팡하는 나에게 명확하고 꼼꼼하게 방향을 제시해준 모요사출판사, 고마운 메신저 김지원 대표, 스토리 영감을 듬뿍 안겨준 소더비Sotheby's와 크리스티Christie's, 책이 빛날 수 있게 아름다운 주얼리 사진을 제공해준 카르티에, 불가리, 티파니, 그라프 코리아, 108년 역사의 아카이브와 공방으로 초대해준 뉴욕 오스카 헤이맨Oscar Heyman의 크리스티나Christina와 톰Tom, 비밀의 금고까지 열어준 런던 심볼릭 앤드 체이스Symbolic & Chase의 소피Sophie, 파베르제의 보고寶庫 워츠키Wartski, 보석의 과학, 역사, 마케팅 융합 커리큘럼을 마련해주신 한양대 공학대학원 보석학과 신동욱 학과장님과 손수학, 예명지 교수님, 오늘도 치열하게 보석과 씨름하고 있는 보석학과 제자들, 김성기 대표를 비롯한 주얼리 업계 동료들, 디자이너 김선영, 정수연, 타나 정, 오승예, 이지원, 홍콩의 Uni Kim, 나폴레옹의 청혼 반지를 그려준 사공지현, 출장의 추억 엄혜린, 존재만으로도 힘이 되어준 최정희, 김효정, 사랑하는 친구들, 내 가족, 그리고 이 혼돈의 시기에 네 번째 책이 세상에 나올 수 있게 허락해주신 하나님께 감사의 말씀을 올립니다.

차례

✳ ✳ ✳

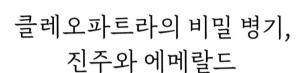

클레오파트라의 비밀 병기, 진주와 에메랄드

이집트 마지막 여왕의
찬란한 보석 외교

"클레오파트라의 코가 조금만 낮았더라도
지구의 역사가 달라졌을 것이다."
—블레즈 파스칼

진눈깨비가 흩날리던 2019년 11월, 나는 런던에서 가장 좋아하는 주얼리 딜러인 심볼릭 앤드 체이스를 찾았다. 역사적인 거리인 본드 스트리트^{Bond} ^{Street}에 쇼룸을 갖고 있는 딜러라면 가치 있는 주얼리를 손에 넣는 능력과 재력은 기본이다. 하지만 이곳을 방문할 때면 갤러리를 방불케 하는 현대적인 인테리어와 디스플레이, 어떻게 구했을까 싶은 독특하고 진귀한 주얼리에 늘 입이 떡 벌어지곤 했다.

그날도 나는 내심 신선한 충격을 기대하며 발걸음을 재촉했다. 반가운 포옹을 나눈 뒤 소파에 앉기가 무섭게 공동 대표인 소피가 트레이에 세 점의 주얼리를 담아 왔다. 벨에포크$^{belle\ époque}$●에서 아르데코$^{art\ déco}$◆로 넘어가는 절묘한 시기에 제작된 카르티에의 브로치 한 점과 영롱하게 빛나는 천연 진주 목걸이 두 점이었다.

그중 내 손이 즉각적으로 반응한 것은 가운데에 놓인 진주 목걸이였다. 물방울 모양의 진주 두 개를 높낮이가 다르게 세팅한 전형적인 네글리제 ^{négligée}▲ 스타일이었다. 그런데 회색빛 체색$^{body\ color}$ 위로 오묘하게 핑크와 브라운 오버톤^{overtone}(진주의 체색 위에 덮여 있는 한 가지 또는 그 이상의 색)이 감도는 진주 두 알이 마치 쌍둥이처럼 꼭 닮은 것이 신기했다. 양식 진주가 아닌 천연 진주에다 세로 길이가 23밀리미터가 넘는 거대한 크기인데도 어쩌면 이토록 완벽한 대칭일까.

"하하, 그것부터 볼 줄 알았어요. 각각 약 23캐럿씩이에요. 엄청나죠?"

소피가 짐작했다는 듯 부연 설명을 이어 가기에 나는 본능적으로 테이블 앞에 바짝 다가앉았다. 경험으로 보건대, 예사롭지 않은 스토리나 유명한 소

●　1890년에서 1914년 제1차 세계대전이 발발하기 전까지 예술과 문학, 경제 분야에서 활력이 넘친 시기.

◆　1915년에서 1935년에 걸쳐 파리와 뉴욕에서 유행한 예술 장식 운동. 곡선과 화려한 장식이 특징인 그 이전의 아르누보$^{art\ nouveau}$에 비해 실용적이고 단순한 디자인을 특징으로 한다.

▲　두 보석의 길이를 달리해 비대칭적으로 늘어지게 한 목걸이. 펜던트 밑에 또 다른 펜던트가 매달리는 '라발리에르^{lavallière}'의 변형으로 20세기 초에 크게 유행했다.

01 외제니 황후의 진주 목걸이와 귀걸이. ©Symbolic & Chase

02 프란츠 자버 빈터할터, 〈외제니 황후〉, 1854년.
　　진주 귀걸이를 착용한 외제니 황후. 평소 롤 모델로 삼은 마리 앙투아네트 스타일의 드레스와 주얼리로 꾸
　　민 모습이다.

장자가 등장할 타이밍이었다.

"이 진주 목걸이는 원래 외제니 황후의 귀걸이였어요. 미국의 기업가 조지 크로커가 아내를 위해 구입한 1904년 이후에 목걸이로 바꾼 거죠."

예상대로였다. 그건 나폴레옹 3세의 부인 외제니 황후의 소장품이었다! 외제니 황후는 19세기 보석의 역사에서 결코 빼놓을 수 없는 열렬한 보석 애호가로 명성이 높다. 과연 그녀다운 선택이라는 생각이 머리를 스쳤다.

소피가 건넨 초상화를 보니 황후의 왼쪽 귀 아래에서 찰랑거리는 진주가 한눈에 들어왔다. 지금 내 손 위에 놓여 있는 바로 그 진주가 틀림없었다.

이토록 완벽한 진주를 양쪽 귀에 착용하면 과연 어떤 느낌일까? 혹시 얼굴이 두 배는 예뻐 보이지 않을까? '황후 따라잡기'를 시도하려는 찰나 때마침 눈치 빠른 직원이 테이블 끝에 있는 거울을 내 앞으로 옮겨주었다. 조심스럽게 귓가에 진주를 갖다 댄 순간, 불현듯 세상에서 가장 큰 물방울 모양의 진주 귀걸이를 식초에 녹여 마셨다는 클레오파트라가 떠올랐다. 신줏단지 모시듯 진주를 두 손으로 받쳐 들고 손까지 떨고 있는 나로서는 상상만 해도 아찔한 상황이 아닐 수 없었다. 심지어 그녀는 나머지 한쪽까지 식초에 녹이려다가 제지당했다고 하니, 이집트의 마지막 여왕은 도대체 무슨 꿍꿍이였을까?

한국으로 돌아오고 난 뒤에도 외제니 황후의 커다란 진주 귀걸이가 머릿속에서 한동안 떠나지 않았다. 클레오파트라의 진주는 과연 얼마나 더 컸을까 하는 생각도……. 그러고 보니 7년 전에 나에게 클레오파트라의 진주에 관한 질문을 쏟아내던 모 방송국 퀴즈 프로그램의 작가도 있었다.

"과연 클레오파트라의 진주는 식초에 진짜 녹았을까요? 그녀가 왜 그런 행동을 했다고 생각하세요?"

사실 나에게 클레오파트라는 그저 로마의 최고 권력자, 그것도 연이어 두 사람의 마음을 사로잡을 만큼 매혹적인 외모를 가졌다는 사실과 비극적인 최후만 기억에 남아 있었다. 다급한 목소리의 그녀에게 기계적으로 응수했던 그때와는 달리 이날 부로 나는 진지하게 클레오파트라의 진주를 캐보기로 결심했다.

　클레오파트라 7세는 율리우스 카이사르와 마르쿠스 안토니우스라는 당대 로마의 최고 권력자를 자기편으로 삼아 이집트의 왕권을 수호한 걸출한 여왕이다. 특히 카이사르와 안토니우스를 번갈아가며 벌인 희대의 애정사는 그로부터 2천 년이 지난 지금까지도 수많은 창작자들의 상상력을 자극한다.

　클레오파트라에 관한 온갖 에피소드 중에서도 안토니우스를 앞에 두고 진주를 식초에 녹여 마셨다는 이야기는 그동안 소설가와 화가들을 통해 무수히 재해석되곤 했다. 뱀의 독으로 자결했다는 루머 못지않게 자극적인 이 일화는 그녀가 세상을 뜬 지 약 1백 년 후 로마의 박물학자 플리니우스가 쓴 대백과사전 『박물지*Naturalis Historia*』(서기 77년)에 등장하면서 세상에 알려졌다.

　그녀가 진주를 식초에 녹여 마셨다는 설이 거짓인지 아닌지는 정확하게 추적할 방법이 없다(상당 부분 과장된 것은 맞다). 하지만 적어도 그녀가 걸친 수많은 보석들이 이집트 여왕으로서 숱한 권력 투쟁과 살육으로 점철된 역사의 풍랑을 견디는 데 든든한 버팀목이 되어준 것은 사실이다. 고대 이집트를 최고의 번영으로 이끈 클레오파트라의 보석을 들여다보면 생각보다 흥미로운 통찰의 힘을 만날 수 있다. 외모에 대한 연구는 충분히 접해봤을 테니 이제 그녀의 보석이 더욱 찬란할 수밖에 없었던 역사적인 순간들에 집중해보는 것은 어떨까?

세상에서 가장 비싼 저녁 식사

　클레오파트라가 안토니우스를 환대하기 위해 준비한 연회는 화려한 볼거리의 극치였다. 금과 보석으로 장식된 그릇은 기본이요, 당시에는 매우 귀한 보라색 실과 금색 실로 짠 태피스트리가 벽마다 걸렸다. 궁중 악사와 무희까지 동원한 무려 12개의 호화로운 연회장은 안토니우스에게 처음 맛보는 쾌

03 야코프 요르단스, 〈클레오파트라의 연회〉, 1653년.
  클레오파트라가 식초가 담긴 황금 잔에 진주를 떨어뜨리는 순간, 안토니우스가 깜짝 놀라는 모습을 묘사
  했다.

락의 무대를 선사했다. 급기야 클레오파트라는 1천만 세스테르티우스(현재 가
치로 약 1천2백억 원)가 넘는 세상에서 가장 비싼 만찬을 대접하겠노라고 큰소
리쳤다. 그녀가 하인들에게 준비한 식사를 내오라는 손짓을 하자 안토니우스
는 설마 하는 표정을 지었지만 내심 기대에 부풀었다.

　　하인이 식초가 담긴 두 개의 황금 잔을 들고 오는 것을 본 안토니우스의
얼굴에 실망감이 비친 그 순간, 클레오파트라는 착용하고 있던 한쪽 귀걸이
에서 커다란 진주알을 떼어냈다. 사람들의 시선이 일제히 진주에 쏠렸다. 저

04 조반니 바티스타 티에폴로, 〈클레오파트라의 연회〉, 1743~1744년.
클레오파트라가 안토니우스와 세상에서 가장 값비싼 만찬 내기를 하면서 진주를 식초에 녹여 마셔 결국 내기에 이긴다는 이야기를 바탕으로 했다.

것은 동방의 어느 왕에게서 선물 받았다는, 세상에서 가장 큰 진주가 아닌가! 여왕은 도대체 무엇을 하려는 것일까?

한껏 관능적인 몸짓을 펼친 클레오파트라는 갑자기 식초가 든 황금 잔에 진주를 퐁당 빠트렸다. 그러고는 손으로 저어 녹기를 기다린 후 단숨에 들이켰다. 영롱한 빛을 내뿜던 진주가 완전히 사라진 것을 확인한 이집트의 여왕은 빈 잔을 높이 쳐들며 이렇게 외쳤다.

"로마와 이집트의 영원한 번영을 위하여!"

예상을 뒤엎는 '초고가 만찬'에 모두들 경악을 금치 못했다. 그러나 여왕의 '진주 쇼'는 아직 끝난 것이 아니었다. 이번에는 반대편 귀에 걸린 진주까지 떼어내더니 반으로 갈랐다. 세상에서 가장 큰 진주 한 쌍이 영원히 사라지려는 찰나 안토니우스의 부하 루시우스 플란쿠스가 황급히 막아섰다.

"그만하시오. 당신이 이겼소."

세상에 두려울 것이 없던 로마의 무장武將들은 클레오파트라의 배짱에 완전히 넋이 나갔다. 이날 반으로 잘린 진주는 클레오파트라가 죽은 뒤 로마로 넘겨져 판테온의 비너스 신전에 걸렸다고 전해진다. 클레오파트라가 이렇게까지 해서 안토니우스의 마음을 사로잡으려 한 이유는 무엇이었을까? 그녀에게 보석이란 도대체 어떤 의미였기에?

클레오파트라와 로마의 두 권력자

기원전 49년, 지중해 일대에서 가장 강한 나라 로마에서 벌어진 내란이 이집트로까지 번졌다. 그곳에는 아름다운 스무 살의 여인이 왕좌에 앉아 있었다. 3백 년간 이어져온 프톨레마이오스 왕조의 마지막 파라오 클레오파트라였다. 열여덟 살에 왕위에 올라 클레오파트라 7세가 된 그녀는 남동생 프톨레마이오스 13세와 결혼해 이집트를 공동으로 통치했다. 남매의 결혼은 순수 혈통을 지키기 위한 이집트 왕국의 오래된 규율이었다. 그러나 실상은 남매간 권력 다툼이 최고조에 이른데다 로마의 침략까지 견뎌야 하는 사면초가의 혼란기였다.

지중해 동부 일대의 무역을 장악하고 엄격한 조세 정책과 산업 독점을 통해 어마어마한 부를 축적한 프톨레마이오스 왕조의 수도 알렉산드리아는 세상에서 가장 큰 도시이자 지중해 최대의 문화 중심지였다. 하지만 지중해 건너편의 로마가 급성장하면서 점차 쇠퇴한다. 로마는 비옥한 이집트 땅에서 생산된 곡물로 국민들을 배불리 먹였고 그들이 진상하는 금은보화로 국정을 운영했다. 갈리아 전쟁과 잇단 내전으로 국고가 바닥난 후로는 적당한 기회를 봐서 이집트를 한입에 집어삼킬 기회만 노리고 있었다. 결국 국왕 남매간의 분쟁을 조정한다는 명목으로 율리우스 카이사르가 이집트로 건너갔다.

이집트에서는 남동생에 의해 강제로 폐위된 클레오파트라가 목숨을 부

05 장-레옹 제롬, 〈클레오파트라와 카이사르〉, 1866년.
자신을 양탄자에 말아 선물로 등장한 클레오파트라.

지하기 위해 피신해 있었다. 자신과 이집트의 운명이 카이사르에게 달려 있음을 깨달은 그녀는 마침내 강력한 승부수를 띄운다. 어느 날 밤, 한 사내가 카이사르에게 건넬 선물이라며 커다란 양탄자를 어깨에 짊어지고 왔다. 양탄자를 펼치자 그 속에서 반라의 여인이 아름다운 미소를 머금고 카이사르를 향해 두 팔을 벌렸다. 스무 살 클레오파트라의 당돌하고 귀여운 기지에 쉰네 살 카이사르의 몸과 마음은 무너져 내렸다. 그는 기꺼이 이집트 남매의 내란에 휘말리길 자처하며 이집트를 클레오파트라의 품에 돌려주었다.

한편 이집트의 여왕과 깊은 관계를 맺은 카이사르의 권력이 점점 막강해지자, 로마 원로원의 반대 세력들은 그의 독주에 강한 불만을 품기 시작했다. 결국 브루투스와 카시우스 등은 공화정 체제를 지킨다는 명분으로 카이사르를 암살했다(황제가 되려 한다는 누명을 쓰고 죽은 그의 이름이 훗날 시저, 카이저, 차르 등 황제를 뜻하는 고유명사로 쓰인 것은 아이러니하다). 후계자로 지목된 카이사르의 양자 가이우스 옥타비아누스와 카이사르의 오른팔이던 안토니우스는 제2차 삼두정치로 연합해 각각 로마와 서방, 이집트와 동방을 맡아 권력을 양분했다. 카이사르라는 든든한 배경을 잃고 위기에 봉착한 클레오파트라는 또 다른 로마의 권력자에게 자신을 바쳐야 할 운명 앞에 무릎을 꿇었다.

그녀는 이미 카이사르와의 경험을 통해 사랑하는 연인 관계만으로는 충분치 않다는 것을 깨우쳤다. 이번에는 결혼을 통해 자신의 입지를 단단히 다지고, 둘 사이에서 태어난 아이 역시 후계자로 인정받게 하려면 명철한 전략이 필요했다.

'이제껏 맛보지 못한 천상의 쾌락으로 안토니우스가 한순간도 싫증을 느낄 수 없는 최고의 연회를 선사하리라……'

앞서 말한 그 유명한 클레오파트라의 진주 일화가 등장하는 것이 바로 이 시점이다.

클레오파트라에게 보석이란 신이 내린 왕의 권력을 유지하고 강화시켜주는 필살기일 뿐 자신을 돋보이게 하는 사치품으로서는 아무런 의미가 없었

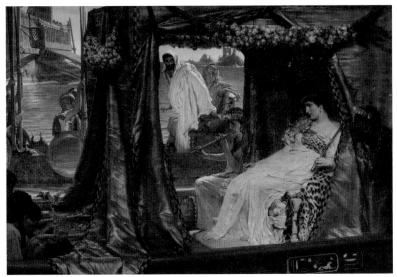

06 로렌스 알마-타데마, 〈클레오파트라와 안토니우스〉, 1885년.(위)
두 사람이 처음 만나는 장면. 존 가드너 윌킨슨의 『고대 이집트인의 생활 태도와 관습』이라는 책을 기반으로
당시 이집트의 의복과 장신구 등을 꼼꼼하게 고증해 셰익스피어 희곡의 모티프를 세심하게 되살렸다.

07 A. M. 포크너, 〈안토니우스를 환대하는 클레오파트라〉, 1906년.(아래)

다. 세상에서 가장 비싼 진주가 식초에 녹아 사라진다고 해도 안토니우스 같은 로마의 장군이나 값어치를 따질 뿐, 이집트의 파라오에겐 권력을 거머쥐게 해줄 도구 그 이상도 이하도 아니었던 것이다. 귀한 보석을 대수롭지 않게 다루는 엄청난 재력, 화려한 외모, 그리고 뛰어난 학식을 가진 클레오파트라는 안토니우스의 눈에 완벽한 여신 그 자체였다. 그렇게 왕위를 지켜낸 클레오파트라와 이집트의 부를 손에 넣은 안토니우스, 두 사람의 연합에는 적수가 없는 듯 보였다.

하지만 사랑에 눈이 멀어 결혼 동맹(안토니우스는 옥타비아누스의 여동생과 이미 결혼한 상태였다)을 깨고 삼두정치를 무시한 안토니우스의 행보에 옥타비아누스의 인내는 한계점에 도달했다. 안토니우스를 공공의 적으로 만들 효과적인 정치 선전을 고민하던 그는 안토니우스가 끝내 아내를 버리자, 전쟁을 도발할 절호의 기회로 삼았다. 먼저 안토니우스에겐 "사치스럽고 사악한 이집트 요부에게 넘어가 조강지처를 버리고, 로마의 동쪽 영토를 갖다 바친 옛 영웅"이라는 프레임을 씌웠다. 원로원의 투표로 정치가 돌아가던 로마는 결국 안토니우스를 국가의 적으로 간주하고, 이집트와의 전쟁을 선포한다. 그리고 벌어진 악티움 해전(기원전 30년)에서 무참히 패한 안토니우스와 클레오파트라는 옥타비아누스에게 무릎을 꿇고 말았다. 두 사람의 최후에 대해서는 의견이 분분하지만, 스스로 목숨을 끊었다는 것이 정설로 받아들여지고 있다.

클레오파트라 광산과 에메랄드

[도8]을 보면 클레오파트라는 푹신한 소파에 등을 기댄 채 비스듬히 누워 있고 옆에서는 한가롭게 시녀가 부채질을 하고 있다. 반라 상태이지만 장신구만큼은 화려하다. 머리에는 불멸의 상징인 신성한 코브라가 장식된 금관을 쓰고, 목에는 아이의 턱받이만 한 초록색 목걸이를 걸치고 있다. 그녀의 시

08 알렉상드르 카바넬, 〈클레오파트라가 유죄 판결을 받은 죄수들에게 독성을 실험하는 장면〉, 1887년.(위)

09 레지널드 아서, 〈클레오파트라의 죽음〉, 1892년.(아래)
　　클레오파트라가 독사에 물려 자결했다는 내용을 바탕으로 한 그림으로, 손과 가슴이 뱀에 물린 모습이다.

선을 따라가보면 두 명의 노예가 누군가를 힘겹게 옮기고 있는데 허리가 V자로 축 늘어진 모습이 이미 사망했거나 최소한 혼절한 상태로 보인다. 또 다른 남자는 고통에 배를 움켜쥔 채 뒹굴고 있다. 무심하게 바라보는 그녀의 표정에서 이 정도는 반복되는 일상이었음을 추측할 수 있다. 실제로 클레오파트라는 사형수들을 대상으로 고통 없이 죽는 방법을 연구해 독약에 대해 상당한 지식을 쌓았다고 한다.

클레오파트라는 이집트 최고의 여신인 이시스Isis로 종종 분장했다. 고대 세계에서 가장 강력한 영향력을 발휘한 이시스는 그리스와 로마에서 각각 사랑과 미의 여신인 아프로디테와 비너스에 해당된다. 고대인들에게 아프로디테를 상징하는 보석은 에메랄드였다. 그리스 신화에서 아프로디테는 파리스의 황금 사과를 받아 삼미신(헤라, 아테나, 아프로디테) 중에서 가장 아름다운 미의 여신으로 등극한다. 숱하게 외도를 일삼아도 늘 사랑이 충만한 여신으로 추앙받는 존재, 그런 아프로디테에게 에메랄드를 바쳤을 만큼 고대인들은 이 녹색 보석에 대한 신망이 두터웠다. 에메랄드는 착용하는 이의 정절을 지켜주고, 사랑에 금이 가면 그 빛을 잃으며, 사랑의 마음이 진실하면 아름다운 녹색으로 찬란하게 빛난다고 믿었다. 고대인들은 녹색을 죽음도 몰아내는 상서로운 색으로 인식했으며 특히 에메랄드는 재생과 불멸의 힘이 있어 영원한 젊음을 가져다준다고 믿었다.

그런 에메랄드에 클레오파트라가 집착한 건 당연했다. 그녀는 이시스이자 아프로디테였고 비너스였으니까! [도8]에서 그녀의 목을 장식한 거대한 목걸이 역시 에메랄드로 추정된다. 세계 최초로 발견된 에메랄드 광산의 이름도 '클레오파트라 광산'이다. 카이로 남동부의 시카이트Sikait 계곡에 있는 이 광산은 기원전 500년부터 채굴한 흔적이 남아 있는 곳이다. 에메랄드를 워낙 많이 휘감고 다닌 클레오파트라 때문에 붙여진 이름인데, 로마가 이집트를 정복한 후 채굴권을 획득하면서 기원전 30년에 '에메랄드의 산'으로 명칭이 바뀌었다.

10 존 윌리엄 워터하우스, 〈클레오파트라〉, 1888년.
마치 이시스 여신처럼 분한 클레오파트라의 강렬한 눈빛은 그녀가 힘 있는 권력자이며 지성적인 인물임을
나타내지만, 한 손은 사자상 위에 걸치고 다른 손은 허리를 짚고 있는 포즈는 그녀가 동요하기 쉬운 인물이
라는 것도 동시에 나타낸다.

클레오파트라는 "우리는 전쟁을 치를 자금이 이토록 풍부하니 함부로 넘보지 말라"는 경고와 견제의 메시지로도 에메랄드를 사용했다. 사실상 이집트는 16세기 초에 아메리카 대륙에서 에메랄드가 발견되기 전까지 세계에서 가장 큰 에메랄드 산지였다. 대부분 색이 흐리고 내포물도 많았지만 고대인들을 사로잡은 역사적인 존재감만큼은 그 어느 산지와도 비교할 수 없었다. 다이아몬드 같은 휘황찬란한 광채를 뿜어내진 않아도 윤기가 자르르 흐르는 초록빛 광택은 인류를 매혹시키기에 충분했다.

클레오파트라는 에메랄드를 즐겨 착용했을 뿐 아니라 이집트를 방문하는 귀빈들에게도 에메랄드에 자신의 모습을 아름답게 조각해 나눠주었다. 심지어 안토니우스에게는 당시 '클레오파트라 에메랄드'라고 불린 거대한 원석의 반을 갈라 사랑의 증표로 선물했다. 이 매혹적인 파라오의 부와 권력에 크게 감동한 안토니우스는 점차 그녀를 인간이 아닌 신성한 존재로 여기기 시작했다. 당시 로마인들에게 이집트는 초자연적인 마력을 가진 경외의 대상이었으므로 결국 안토니우스는 살아 있는 여신과 육체관계를 맺고 있다고 믿었을 터이다. 전적으로 미신에 의지한 고대 사회에서는 충분히 가능한 일이었다.

에메랄드에 집착한 것은 로마의 황제들도 마찬가지였다. 옥타비아누스는 클레오파트라를 무너뜨리고 이집트를 정복한 후 에메랄드 광산에서 나온 자금으로 2백 년간 팍스 로마나^Pax Romana(로마에 의한 평화)의 발판을 마련했다. 네로 황제는 피가 난무하는 검투사 경기를 관람할 때 에메랄드 원석을 얇은 판으로 만들어 안경처럼 사용했다고 한다. 실제로 녹색이 혈압을 낮추는 효과가 있다는 연구가 있는데, 네로 황제 역시 에메랄드에 재생과 심신 안정의 효과가 있다고 믿었던 모양이다. 훗날 비잔틴 제국의 황제 유스티니아누스 1세는 자신과 테오도라 황후 외에 그 누구도 에메랄드를 착용하지 못하도록 하는 법을 제정하기도 했다. 혼란스러운 정치의 소용돌이 속에서 보석은 왕권을 강화하고 왕좌의 정당성을 부여해주며 심신을 평화롭게 해주는 경이롭고 신묘한 존재였던 것이다.

11 에메랄드 목걸이와 반지, 엘리자베스 테일러. ©Bulgari

영화에서 클레오파트라로 분한 엘리자베스 테일러의 소장품. 그녀는 영화 〈클레오파트라〉를 찍으면서 에메랄드 주얼리를 대거 수집했다.

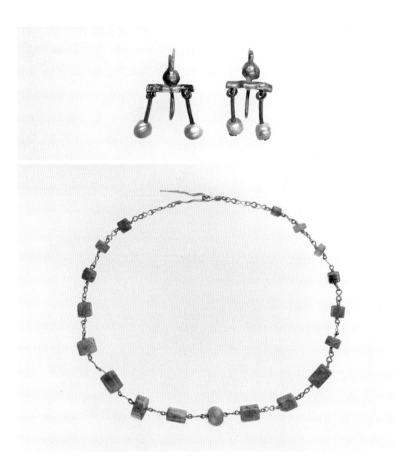

12   1세기경 로마 제국의 금과 진주 귀걸이.(위)

13   1~2세기경 로마 제국의 금과 에메랄드 목걸이.(아래)

로마 제국의 운명과 진주 일화

역사를 통틀어 고품질의 진주 산지로는 페르시아 만(아라비아 만)을 최고로 친다. 천연 해수 진주를 '동양의 진주'로 통칭하게 된 배경이기도 하다. 클레오파트라가 식초에 담가 마셨다는 진주도 이곳에서 채취한 것이다. 동양에서 귀한 보물로 여긴 진주가 로마에 처음 소개된 것은 동방을 평정한 폼페이우스 장군의 전리품을 통해서였다. 그의 승리를 기념하기 위해 제작된 초상화 역시 진주로 뒤덮여 있다.

카이사르가 브리타니아 섬(영국)을 침공한 이유도 그곳에서 산출되는 담수 진주 때문이었다는 기록이 있다. 기원전 46년에는 승전을 기념하기 위해 갑옷 전체를 영국산 진주로 제작해 비너스 신전에 바쳤다고 전해진다. 실제 목적이야 무엇이든 그가 칼레 해협을 넘어 영국 땅에 입성한 것은 사실이다. 훗날 유럽을 발아래 두고 호령한 나폴레옹이나 전 유럽을 전쟁의 광기로 몰아넣은 히틀러도 해내지 못한 일이었다. 이렇듯 고대 로마에서도 진주는 아무나 손에 넣을 수 없는 극소수 상류층만의 보석이었다.

로마 제국이 확장 일로를 달리자 동방으로부터 엄청난 양의 사치품이 유입되었다. 특히 이집트를 정복한 후 로마에 수많은 진주와 에메랄드가 들어왔고 결국에는 도덕적인 타락에도 가속이 붙었다. 어쩌면 클레오파트라의 진주 일화는 엄청난 부가 유입되어 로마 사회가 변질될까 봐 우려한 로마인들의 두려움에 극적인 살이 붙은 것은 아니었을까? 클레오파트라가 '희대의 방탕한 요부'로 불린 것도 자신들의 영웅을 사로잡은 이집트 여왕의 정치력을 깎아내려야 했던 로마인들의 속내를 반영한 것일 수도 있겠다는 생각이 든다. 역사는 어디까지나 승자의 기록이므로.

클레오파트라의 진주는 정말 식초에 녹았을까?

진주는 탄산칼슘(약 95%)에 소량의 단백질과 물로 구성되어 있다. 그런데 이 진주가 손톱 정도로 무른 것은 사실이지만, 특유의 탄성으로 인해 쉽게 부서지지 않는 특성을 가진다. 이 때문에 클레오파트라의 진주가 식초에 녹으려면, 즉 탄산칼슘이 아세트산과 반응해서 마시기에 편한 용액 상태로 되기 위해서는 꽤 긴 시간이 필요했을 것으로 보인다. 게다가 클레오파트라의 귀에 걸릴 정도면 상당한 크기였을 것이므로 식초에 넣자마자 발포 비타민 녹듯이 극적인 효과를 보일 수는 없었을 것이다. 전부 녹을 때까지 기다리느니 차라리 통째로 삼켜버리는 쪽이 훨씬 효율적이라는 말이다. 물론 식초를 뜨겁게 끓였거나 진주를 가루로 만들어 뿌렸다면 이야기는 달라진다. 하지만 플리니우스의 『박물지』에는 그런 언급이 없다.

그런데 1957년 미국의 고전학자 베르톨트 울만Berthold Ullman은 폭식 후 소화불량을 막기 위해 진주를 제산제制酸劑로 사용했을 수도 있다는 흥미로운 가설을 세웠다. 실제로 고대인들은 제산제나 방부제 용도로 포도주에 다양한 물질을 넣었는데 진주 가루도 그중 하나였다는 것이다. 심지어 중세 이후에도 진주를 약으로 사용한 흔적이 존재한다. 13세기 독일의 철학자 알베르투스 마그누스와 카스티야 왕국의 알폰소 10세는 진주 가루를 다양한 질병에 복용했다. 17세기 영국의 철학자 프랜시스 베이컨은 "진주는 곱게 가루로 만들어 먹거나 아주 신 레몬주스에 녹여 마신다"라고 언급했고, 셰익스피어도 『햄릿』에서 포도주에 진주를 넣는 장면을 묘사했다. 아래는 『햄릿』속 클라우디우스 왕의 대사 일부다.

왕은 햄릿의 건강을 위해 건배할 것이다.
그리고 잔에는 덴마크의 왕들이 4대에 걸쳐
왕관에 매달렸던 것보다 더 값비싼
커다란 진주union를 던져 넣을 것이다.

한편 미국의 고고학자 프루던스 존스Prudence Jones와 에이드리언 메이어Adrienne Mayor는 클레오파트라의 지식과 과시 성향을 확인할 수 있는 단적인 사례라는 해석을 내놓았다. 영리한 클레오파트라가 진주를 미리 부드럽게 만들어놓았을 것이고, 이를 식초 잔에 넣어 삼킨 것은 자신의 재력과 과학 지식까지 과시하려는 큰 그림이었다는 주장이다.● 고대 상류층에서 과시적인 소비가 유행했다는 기록이 이를 뒷받침한다. 기원전 33년, 상류층의 방탕한 생활과 허영심, 질투심을 풍자한 호라티우스의 『풍자시』를 보면 배우 클로디우스 이소푸스가 메텔라라는 여인의 귀걸이에 달린 진주를 식초에 녹이며 이렇게 말한다.

"이토록 비싼 진주의 맛은 어떤지 궁금했소."
종합해보면, 클레오파트라가 진주를 식초에

● Rossella Lorenzi, "Cleopatra pearl cocktail proven possible", *Discovery News*, 2010년 3월 8일.

넣자마자 단숨에 녹여 마신 것은 사실이 아니겠지만, 온전히 거짓이라고 할 수도 없다. 적어도 안토니우스를 유혹하기 위해 획기적인 이벤트를 준비했고, 그 와중에 어떤 식으로든 값비싼 진주가 희생양이 된 것은 확실해 보인다. 설령 통째로 삼켰다고 한들(잔이 불투명하면 내용물이 보이지 않을 테니), 강한 위액에 녹아 배설물에서 회수하지도 못했을 것이 아닌가. 그렇다고 세계에서 가장 부유한 여왕이 가짜 진주 따위로 사기를 치지는 않았으리라 본다. 가능성이 희박하기는 하지만, 의외로 효과 만점인 '그들만의 소화제'였을 수도 있을 테고.

◇◇◇ 에메랄드와 혼동된 보석 페리도트 ◇◇◇

『박물지』에 의하면 클레오파트라가 소유한 에메랄드의 상당 부분이 페리도트였을 것으로 추측할 수 있다. 이집트에서 기원전 1500년부터 홍해의 작은 화산섬인 세인트존스 섬에서 황록색의 페리도트를 채굴한 기록이 있기 때문이다. 파라오를 위해 밤낮으로 채광 작업을 한 고대 이집트인들은 달밤에 더욱 짙은 녹색을 띠며 반짝반짝 빛나는 페리도트를 '태양의 보석'이라고 불렀다. 태양신을 숭배한 그들은 페리도트를 태양 색을 닮은 황금에 세팅해서 부적처럼 지니면 밤의 공포로부터 자신들을 지켜줄 것이라고 굳게 믿었다. 고대 로마에서는 어둠 속에서도 빛을 잃지 않고, 달빛 아래에서 더욱 밝은 녹색이 나타난다는 이유로 '밤의 에메랄드'라고 불렀다.

중세 시대 십자군들에 의해 유럽으로 들어온 페리도트는 교회 장식용으로 대거 쓰였다. 대표적인 것이 독일의 쾰른 대성당 안에 있는 동방박사 세 명(성삼왕)의 성유물함에 장식된 200캐럿짜리 녹색 보석이다. 한동안 에메랄드로 알려졌으나 19세기 말에 페리도트인 것으로 확인되었다.

페리도트 원석.

십자군이 페리도트를 유럽에 소개한 후 2세기가 지나 스페인이 콜롬비아의 에메랄드를 대량 전파하면서 페리도트의 인기는 시들해졌다. 하지만 녹색은 이슬람교에서 무함마드의 색으로 여겨져 오스만 제국의 술탄들은 6백 년(1300~1918년)에 걸쳐 상서로운 녹색의 페리도트 나석裸石(주얼리에 세팅되지 않은 보석)을 수집했는데 그 양이 어마어마한 것으로 알려져 있다. 이스탄불의 톱카피 궁전에도 957개의 페리도트가 장식되어 있다. 페

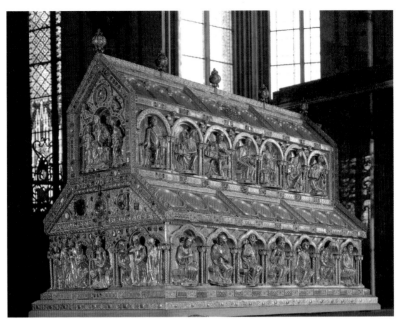

쾰른 대성당의 동방박사 성유물함.

리도트는 '보석'을 의미하는 아랍어 'Faridat'에서 유래한 이름이다. 고대 유대인들은 핏다Pitdah라고 불렀다.

매력적인 빛깔임에도 불구하고 에메랄드에 가려 역사적으로 뜨고 지기를 반복한 페리도트는 1900년부터는 8월의 탄생석으로 여름의 짙은 녹음을 상징하며 존재감을 굳건하게 지키고 있다. 경도가 6.5밖에 되지 않아 비교적 무른 편이지만, 특유의 밝고 따뜻한 빛깔로 널리 사랑받고 있다. 노란색이나 갈색이 많이 보일수록 가치가 떨어지며 에메랄드에 가까운 녹색을 띨수록 상질이다.

페리도트와 아코야 진주, 자수정, 다이아몬드가 세팅된 귀걸이. ©Bulgari

2

샤를마뉴의 사파이어

이 부적을 갖는 자가
유럽을 지배하리라!

"이성은 지성의 승리이며
신앙은 마음의 승리이다."
—제임스 슐러, 『헌법으로 본 미국사』

어떤 보석을 가장 좋아하느냐는 질문을 받을 때마다 나는 늘 사파이어를 최우선으로 꼽는다. 천국의 왕좌와 같은 색이어서 진실, 약속, 평온을 상징하게 됐다는 유래도 마음에 들지만, 청명한 푸른색에서 심리적인 치유 효과를 경험할 때가 많기 때문이다. 개인적인 감상을 좀 더 말하자면, 깊고 찬란한 카슈미르 사파이어를 마주할 때면 윤기가 자르르 도는 파란 벨벳 위를 맨발로 걷는 느낌이 든다고나 할까? 짙은 청색의 버마(현재의 미얀마) 사파이어는 고요한 바다 속을 유영하는 상상을 펴게 한다. 한편 "그 투명함이 천체와 같다"(출애굽기 24:10)는 성경 속 구절은 실론 사파이어를 묘사한 것이라 굳게 믿고 있다. 특유의 맑고 뛰어난 광채를 볼 때마다 심신이 깨끗이 정화되는 기분을 만끽하니 말이다. 선한 사람에게만 빛나는 보석으로 보였다는 옛사람들의 마음이 이해될 정도로 사파이어는 나에게 울림이 큰 보석이다.

나는 그림 속 가상의 사파이어에도 매료된 적이 있다. 얀 반에이크의 〈수태고지〉([도3])에서 마리아에게 아기 예수의 수태를 전하러 온 대천사 가브리엘의 가슴 한복판에 자리한 거대한 브로치를 본 순간이었다. 그동안 수많은 수태고지(누가복음에 등장하는 예수 그리스도의 잉태를 예고하는 순간) 그림을 접했지만 이토록 천사의 메시지가 강렬하게 느껴진 적은 없었다.

"마리아여, 성령으로 잉태해 하나님의 아이를 낳을 것이니 그 이름을 예수라 하여라."

신의 아들이 인간의 삶을 얻게 되리라는 가브리엘의 성스러운 메시지는 강렬한 파란색 사파이어를 만나 그 진실성이 한층 강조되고 있는 듯 보인다.

이 그림에서 가브리엘은 그 어떤 수태고지 그림의 천사보다 화려하다. 브로치 속 사파이어는 대략 손바닥 반만 한 '비현실적인' 크기로 순결을 상징하는 진주가 주위를 에워싸고 있다. 가브리엘의 머리 위에 씌워진 금관과 손에 들고 있는 홀勿(왕이 손에 잡는 단장으로 세속적인 권력을 상징한다)에도 사파이어와 진주, 그리고 예수의 보혈을 상징하는 루비가 빛나고 있다. 성경 책을 읽다 말고 당황한 몸짓으로 정면을 응시하는 마리아 역시 짙은 파란색 드레스

03 얀 반 에이크, 〈수태고지〉, 세 폭 제단화의 일부, 1434~1436년.

와 망토로 온몸을 감싸고 있다(분명 아프가니스탄 라피스라줄리를 갈아 만든 최고급 물감을 사용했을 것이다). 수태고지에 단골로 등장하는 백합과 비둘기는 마리아의 처녀성과 성령을 상징하며 경건한 분위기를 한층 고조시킨다. 그 어떤 화가의 수태고지보다 밝고 신비로운 이 그림은 천사가 전하는 신성한 메시지를 마리아가 겸허히 받아들일 것을 예고한다.

서유럽의 아버지 샤를마뉴와 그의 부적

사파이어는 기독교에서 사도 바울의 상징으로 중세 성직자들이 반지에 이 보석을 장식하는 전통을 탄생시켰다. 그의 삶처럼 한 번 뜻을 정하면 어떤

유혹이나 위협에도 흔들리지 않고 하나님의 뜻을 무조건 받아들인다는 의미
가 내포되어 있다. 그런데 중세 유럽을 통틀어 가장 중요한 인물로 꼽히는 샤
를마뉴(742~814년)의 성물함 펜던트에도 커다란 사파이어가 세팅되어 있다.
'샤를마뉴의 부적'이라는 별칭에서 눈치챘겠지만, 프랑크 왕국의 전성기를 이
끈 업적으로 "이를 갖는 자가 유럽을 지배하리라"는 강력한 속설을 전파시킨
유물이다. 반에이크의 그림 속 사파이어만큼 짙은 파란색은 아니지만 청명한
하늘빛이 돋보이는 '샤를마뉴의 부적'은 현재 프랑스 랭스 대성당의 타우 궁
전 박물관Palace of Tau Museum에 보관되어 있다.

　　샤를마뉴Charlemagne는 샤를(또는 카를)이라는 이름에 '대제'라는 칭호
가 붙은 프랑스식 표현이다. 영어로는 Charles the Great, 독일어로는 Karl der
Grosse, 라틴어로는 Carolus Magnus로 언어마다 다양하게 불린다. 그가 대제
라는 특별한 칭호를 갖게 된 배경은 프랑크 왕국의 흥망사와 궤를 같이한다.

　　476년에 서로마 제국이 멸망한 후 한동안 무수한 게르만계 민족들이 난
립하는데, 그 가운데 프랑크족이 최고의 실력자로 부상하게 된다. 프랑크족

앞　　　　　　　　　　　　　뒤

04　'샤를마뉴의 부적'의 앞면과 뒷면.
　　뒷면의 사파이어는 실론산으로 무게가 190캐럿에 달하는 것으로 추정된다. 테두리에 장식된 가닛은 인도
산이나 실론산, 에메랄드는 이집트산과 오스트리아 하바흐탈산으로 추측하고 있다.

은 로마인들이 믿는 아타나시우스파 기독교(예수의 신성을 믿는 종파)로 개종해 교황의 지지를 받으며 서로마 교회와 긴밀한 파트너십을 맺어나갔다. 서유럽의 최강국으로 성장한 프랑크 왕국은 샤를마뉴의 시대에 영토를 최대로 넓히며 과거 서로마 제국의 영토를 대부분 회복했다. 샤를마뉴는 롬바르디아족을 물리쳐 이탈리아 북부를 차지했고, 33년에 걸쳐 색슨족(작센족)을 섬멸하는 등 수많은 전쟁과 전투를 승리로 이끌었다. 결국 오늘날 프랑스, 벨기에, 네덜란드, 스페인의 피레네 지방, 스위스, 오스트리아, 독일과 헝가리 일부, 이탈리아의 중북부에 이르는 넓은 제국과 막대한 부를 손에 넣는다.

05 알브레히트 뒤러, 〈샤를마뉴〉, 1511~1513년.

800년, 교황 레오 3세는 로마 성 베드로 성당의 성탄절 미사에 참석하러 온 샤를마뉴에게 서로마 황제의 관을 씌우며 '로마인의 황제'라는 칭호를 내렸다. 정복지마다 포교 활동을 펼쳐 로마 가톨릭에 크게 이바지한 대가였다. 이는 사실상 기독교 세계의 수호자 역할을 자처한 그의 조부 카를 마르텔과 교황령의 기반을 확고히 다진 아버지 페팽 3세가 교황청과 꾸준히 밀월 관계를 구축해온 결과였다. 샤를마뉴를 황제로 옹립해 서로마 제국을 부활시킨 교황청은 동로마 제국(비잔틴 제국)의 간섭에서 벗어나 비로소 강력한 교황권을 확립한다.

샤를마뉴는 47년의 치세 기간 동안 로마의 전통과 기독교, 게르만 문화를 융합해 하나로 통합했다. 본인은 문맹이었지만 라틴어를 배우기 위해 노력

06 프리드리히 카울바흐, 〈샤를마뉴 황제의 대관식〉, 1861년.
교황 레오 3세가 800년 12월 25일에 샤를마뉴에게 왕관을 씌우는 장면.

하는 한편 민중의 삶을 향상시키는 교육에 힘썼다. 수도인 아헨Aachen에 학교를 세우고 수도원과 성당에도 학교를 부설했다. 흩어져 있는 고전 문헌을 수집해 정리했으며, 유럽 각지의 학자들을 초빙해 궁정학교에서 가르치게 했다. 그렇게 샤를마뉴는 척박한 서유럽 문화에 '카롤링거 르네상스'를 꽃피우며 중세 서유럽 문화의 기틀을 마련했다.

그는 814년 2월, 서로마 제국의 수도인 오늘날 독일의 아헨에서 사망했다. 이후 프랑크 왕국은 게르만의 분할상속 전통에 따라 아들 경건왕 루트비히가 왕위를 물려받았다. 하지만 재위 기간 동안 잘못된 정책으로 그의 세 아들 사이에 영토 분쟁이 끊이지 않았고, 결국 그가 사망한 뒤 프랑크 왕국은 사분오열되어 한 세대가 지나기도 전에 샤를마뉴의 제국은 역사 속으로 사라진다. 샤를마뉴의 손자들이 베르됭 조약(843년)과 메르센 조약(870년)으로 나눠 가진 서유럽의 영토는 오늘날 프랑스, 독일, 이탈리아의 기원이 되었다.

‘샤를마뉴의 부적’은 무엇인가?

‘샤를마뉴의 부적’●으로 불리는 황금 펜던트는 중세의 순례자들이 들고 다닌 성유병聖油甁과 비슷한 형태를 띠고 있다. 이 펜던트는 샤를마뉴의 목에 둘러져 아헨 대성당에 매장되었는데 1166년 프리드리히 1세 바르바로사가 시성식(교회에서 성인으로 선포하는 의식)을 위해 관을 개봉하면서 발굴되었다. 아헨 대성당의 1520년 자료에 의하면 “귀한 보석, 성모 마리아의 머리카락과 젖이 담긴 함”이라고 씌어 있다. 여기서 ‘귀한 보석’이 바로 샤를마뉴의 펜던트를 지칭한다. 안에 성십자가(실제로 예수가 매달린 십자가의 조각)가 담긴 성유물함이기 때문에 자료에 쓰인 대로 초기에는 성모 마리아의 실제 머리카락이 들어 있었을 수도 있다.

펜던트는 앞뒷면 모두 푸른빛을 띠는 큼지막한 보석이 세팅되어 있고, 테두리마다 9개의 유색 보석과 8개의 진주로 장식되어 있다.(43쪽 참조) 정밀검사 결과 앞면의 보석은 타원형의 유리로, 뒷면은 사파이어로 밝혀졌다. 전문가들은 안에 담긴 성십자가를 확인할 수 있도록 18세기 말에서 1843년 사이에 한 면만 푸른색의 유리로 교체한 것으로 보고 있다. 측면에도 9개의 유색 보석이 세팅되어 있는데 타원형, 원형, 물방울 모양 등 다양한 캐보션 컷cabochon cut(위를 볼록하고 둥글게 연마하는 커팅)으로 구성되어 있다.

독일의 아헨에 있던 ‘샤를마뉴의 부적’이 프랑스로 넘어간 것은 1804년이다. 당시 아헨은 1801년 나폴레옹 보나파르트의 독일 침공으로 프랑스령에 편입된 상태였다. 황제로 등극한 나폴레옹은 천미한 태생을 극복하기 위해 샤를마뉴의 후계자를 자처한 인물로 유명하다. 대관식 때 쓴 왕관에도 ‘샤를마뉴의 왕관’이라는 이름을 붙일 정도로 샤를마뉴의 모든 것에 집착했다. 이

● 알렉상드르 뒤마가 그의 저서 『스위스 여행의 인상*Impressions de Voyages Suisse*』(1833년)에서 ‘부적’이라 부르기 시작했다.

07 아헨 대성당. 샤를마뉴가 묻혀 있는 아헨 대성당은 936년부터 1531년까지 서른여 명의 독일 왕이 대관식을
   치른 곳이다. 대성당의 보물고에는 샤를마뉴의 왕관과 오토 왕조의 복음서, 하인리히 2세의 설교단 등이, 소
   성당에는 각종 유물이 보관되어 있다.(위)

08 아헨 대성당 내 샤를마뉴의 왕좌.(아래)

09　샤를마뉴의 유골함.(위)

10　아헨 대성당의 보물고에 있는 샤를마뉴의 흉상.(아래 왼쪽)

11　아헨 대성당의 보물고에 있는 샤를마뉴의 성유물함.(아래 오른쪽)

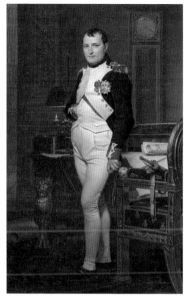

12 자크-루이 다비드, 〈튀일리 궁 집무실의 나폴레옹〉, 1812년.(왼쪽)

13 하인리히 크니르, 〈아돌프 히틀러 초상〉, 1937년.(오른쪽)

나폴레옹 1세와 아돌프 히틀러. '하나의 유럽'을 꿈꾸며 인류 역사에 큰 영향력을 행사한 3대 정복자는 샤를마뉴, 나폴레옹, 히틀러다. 그중 가장 먼저, 가장 오랫동안 유럽을 다스렸고, 유배나 자살이라는 비참한 최후 없이 성인으로 추앙받은 인물은 샤를마뉴뿐이다. 히틀러는 나폴레옹을 영웅으로 여겼고, 나폴레옹은 샤를마뉴를 롤모델로 삼았다.

런 나폴레옹의 간절한 마음을 읽은 사람이 바로 아헨 대성당의 마르크-앙투안 베르도레Marc-Antoine Berdolet 주교였다. 그는 나폴레옹이 조제핀 황후와 함께 아헨 성당을 방문했을 때 부부에게 '샤를마뉴의 부적'을 선물했다(바쳤다는 표현이 맞을 수도 있다).

하지만 나폴레옹이 조제핀과 이혼하면서 '샤를마뉴의 부적'은 조제핀의 개인 소유 주얼리로 남는다. 1814년 조제핀이 사망한 후에는 딸 오르탕스 드 보아르네의 소유가 된다. 오르탕스는 홀란트(지금의 네덜란드 서부 지방)의 왕이 된 나폴레옹의 둘째아우 루이 나폴레옹 보나파르트와 결혼해 홀란트의 왕비로 봉해졌지만, 둘은 8년 만에 이혼했고 오르탕스는 둘 사이에 태어난 셋째아

14 펠릭스 코트로, 〈오르탕스 드 보아르네〉, 1834년.
  '샤를마뉴의 부적'에 체인을 연결해 망토를 여미는 클래스프^{clasp}로 착용하고 있다. 그 당시 의복을 고정하는
  용도로 주얼리가 널리 쓰인 것은 사실이지만, 펜던트가 리모델링되었다는 기록은 존재하지 않기 때문에 화
  가의 상상력이 반영된 그림으로 추측된다.

들 샤를 루이 나폴레옹 보나파르트(훗날의 나폴레옹 3세)와 함께 살았다. 오르
탕스는 어머니에게서 받은 '샤를마뉴의 부적'을 당연히 샤를 루이에게 상속
했다.

　샤를 루이는 한때 빚에 시달리면서 현금 확보를 위해 '샤를마뉴의 부적'
을 처분하려고도 했지만 성공하지는 못했다. 마침내 그가 나폴레옹 3세로 황
제에 오르자 상황은 반전되어 샤를마뉴의 정신을 기리기 위해 '샤를마뉴의
부적'에 케이스까지 맞추어 보관했다. 심지어 그의 아내 외제니 황후는 이 펜
던트에 더욱 특별한 의미를 부여한 듯하다. 황태자를 출산할 때 침대 맡에 둘

15 제1차 세계대전 때 독일의 공격으로 불타는 랭스 대성당.

정도였고, 아헨으로 돌려달라는 독일 제국의 황제 빌헬름 2세의 간청도 단호하게 거절했다. 더욱 놀라운 것은 이 펜던트를 1919년 프랑스의 랭스 대성당에 기증까지 했으니, 누구도 예상치 못한 결정이었다. 외제니 황후는 제1차 세계대전 때 독일의 공격으로 훼손된 성당의 참혹한 모습에 큰 충격을 받았고, 백년전쟁 때 샤를 7세가 잔 다르크의 도움으로 대관식을 치른 역사적인 성당의 재건을 간절히 바랐던 것이다. 불행 중 다행이었을까? 그녀는 남편과 일가를 몰락시킨 독일 제국의 패망을 목격한 후 1920년에 세상을 떠났다.

성유물이 무엇이기에

11~12세기 서유럽의 수도원에서는 샤를마뉴를 수호성인으로 내세우는 분위기가 만연했다. 저마다 샤를마뉴가 건립한 수도원이라고 주장했고, 샤를마뉴와 관련 있다는 성유물이 넘쳐났다. 당시에는 성인의 유해나 유품에 신비한 능력이 있다고 믿어 숭배하는 문화가 널리 퍼져 있었다. 특히 신앙이 다

시 부흥하고 경제적으로 여유가 생기자 유명한 성유물을 안치한 수도원에 순례자가 쇄도하기 시작했다. 헌금이 쌓이는 즐거움에 눈을 뜬 수도원에서 너도나도 성유물을 유치하기 위한 경쟁에 뛰어든 것이다.

그중에서도 '샤를마뉴 스토리텔링'으로 짭짤한 수익을 올린 '투 톱'은 남프랑스의 콩크 수도원과 파리 북쪽의 생드니 수도원이었다. 수도원 부흥에 나선 수도사들은 샤를마뉴의 유물로 수도원의 명성과 권위를 드높이고 경제적인 수익을 창출하는 데 열성을 다했다. 심지어 당대에 새로 제작한 금 세공품에 샤를마뉴의 강렬한 서사를 갖다 붙이는 날조 행위도 서슴지 않았다.

'샤를마뉴의 부적' 역시 펜던트의 형태나 보석의 커팅, 세공 기법 등을 분석한 결과 샤를마뉴의 사망 이후인 9세기 중후반에 제작된 것이라는 데 대체로 의견이 일치한다(그가 비슷한 종류의 목걸이를 걸고 전투에 나간 것은 사실이다). 물론 그 안에 담긴 성십자가의 진위 여부도 확인할 수 없다. 오죽하면 마크 트웨인이 "예수가 못 박힌 십자가의 조각을 모두 모으면 배 한 척은 만들 수 있을 것"이라고 비아냥거렸을까. 게다가 이 펜던트에 '부적'이라는 명칭을 최초로 쓴 알렉상드르 뒤마의 낭만적인 묘사도 신비로움과 유명세에 일조했다.

하지만 설사 '샤를마뉴의 부적'이 가짜 성물함이라고 한들, 적어도 과학을 초월하는 중세 시대의 깊은 신앙심만큼은 진짜로 보인다. 샤를마뉴가 순례자들을 유치하는 데 효과적인 홍보 모델이었고, 신앙심이 투철한 순례자들이 참배하는 성스러운 대상이었음은 확실하니 말이다. 게다가 가짜가 넘쳐나는 와중에 진실의 상징인 사파이어가 세팅되었다는 데서 수도원의 간절함도 읽을 수 있다. 대천사가 전하는 거룩한 하늘의 메시지가 신의 영역이라면, 그 한계에 다다르게 할 가장 영험한 부적은 인간의 간절한 소망과 의지가 아닐까?

3

아쟁쿠르 전투를 승리로 이끈 흑태자 루비

헨리 5세의 승리의 부적

"운명은 우리를 행복하게도 불행하게도 만들지 않는다.
다만 그 기회와 재료와 씨를 제공해줄 뿐이다."
―미셸 드 몽테뉴, 『수상록』

나는 미국에서 GIA^{Gemological Institute of America}를 졸업한 이래 한 해도 빼놓지 않고 뉴욕, 라스베이거스, 홍콩으로 주얼리 페어를 다니고 있다. 시장 조사와 동향 파악이 주요 목적이지만, 바이어로 거래를 트면서 단골 보석 딜러도 적잖이 생겼다. 그중에 유달리 보석의 색깔 묘사에 일가견이 있는 인도 출신의 딜러가 있다.

그는 루비의 경우 '비둘기의 핏빛', '토끼의 핏빛', '소의 핏빛'처럼 동물의 피로 색의 차이를 설명하곤 했다. 미얀마의 모곡^{Mogok} 광산에서 채굴된 최상급 루비의 경우 '갓 죽은 비둘기의 우심실에서 나온 첫 피 두 방울'의 색깔이라는 '신박한' 표현까지 구사했다. 아마도 가장 맑고 선명한 빨간색을 설명하기 위해 역사 속의 누군가가 만들어낸 수식어일 테지만, 도대체 '비둘기의 우심실'이라니! 하마터면 왜 좌심실은 안 되는지 반문할 뻔했다. 그만큼 유색 보석의 가치는 미세하고 촘촘한 색의 차이에서 결정된다고 해도 과언이 아니다.

인류는 오래전부터 눈에 보이는 자연의 색을 보석의 가치를 판단하는 기준으로 삼았다. 더불어 피가 없으면 생명을 유지할 수 없다는 자연의 섭리를 일찍이 깨우쳐 붉은 보석을 가장 귀히 여겼다. 예부터 루비가 힘, 생명, 에너지의 상징이자 유색 보석의 왕으로 자리 잡은 것은 극히 당연한 결과였다. 그러다보니 붉고 투명한 보석이면 대부분 루비로 일컫는 부작용도 속출했다. 심지어 오늘날 영국 왕실의 제국관^{Imperial State Crown} 한가운데를 차지하고 있는 170캐럿의 '흑태자 루비^{Black Prince Ruby}' 역시 루비가 아니다. 이름만 루비일 뿐, 붉은 스피넬^{spinel}이라는 사실은 아는 사람은 다 아는 공공연한 비밀이 된 지 오래다.

01 필자가 'JA 뉴욕 주얼리 쇼'에서 모잠비크 루비를 고르는 장면.

02 '비둘기 핏빛'의 루비 목걸이.(위) ©Bulgari

03 '비둘기 핏빛'의 루비 반지.(아래) ©Cartier

04 영국 왕실의 제국관에 세팅된 '흑태자 루비'. 그 아래에는 '컬리넌 II' 다이아몬드가, 꼭대기 십자가에는 '성
에드워드 사파이어'가 장식되어 있다. 총 2,868개의 다이아몬드, 17개의 사파이어, 11개의 에메랄드, 269개
의 진주와 4개의 루비가 세팅된 왕관이다. (위)

05 제국관의 뒷면. 거대한 타원형의 푸른 보석이 '스튜어트 사파이어'다. 이 사파이어는 원래 왕관의 앞면에 장
식되었는데, 1909년 그 자리를 '컬리넌 II' 다이아몬드에 내주면서 뒷면으로 옮겨졌다. (아래)

하지만 14세기부터 영국 왕실의 극적인 운명과 함께해온 이 '흑태자 루비'의
숨겨진 정체는 18세기 말까지 그 누구도 알아채지 못했다.

흑태자 루비의 등장

'흑태자 루비'에서 흑태자는 과연 누구를 말하는 것일까? 그는 바로 영국
의 왕 에드워드 3세의 장남인 에드워드 왕세자 Edward the Black Prince다. 그가 전
투에 나갈 때 늘 검은색 갑옷을 입은 탓에 붙은 별명이라는데, 일각에서는 적
을 잔인하게 유린했기 때문에 붙은 별명이라는 설도 있다. 그는 수많은 전투
를 승리로 이끈 잉글랜드의 위대한 영웅이자 프랑스에게는 공포의 대상이었
다. 잉글랜드와 프랑스의 백년전쟁에서 크레시 전투(1346년)의 승리는 물론이

06 벤저민 버넬, 〈흑태자 에드워드의 초상〉, 1820년경.(왼쪽)

07 호아킨 도밍게스 베커, 〈잔혹왕 페드로 1세〉, 1857년.(오른쪽)
     페드로 1세는 적들에겐 무자비한 처벌을 내렸지만, 백성에겐 공정한 판정을 내려 '잔혹왕'과 '정의왕'이라는
     두 개의 별명을 얻었다.

08 〈나헤라 전투〉, 15세기에 제작된 『장 프루아사르의 연대기』 장식 필사본의 삽화.
　왼쪽이 흑태자 군대와 연합한 페드로 1세의 군대이다.

고, 푸아티에 전투(1356년)에서 프랑스의 왕 장 2세를 포로로 붙잡아 잉글랜
드에 결정적인 승리를 안겨준 주역이었다.

　어느 날 카스티야 왕국(오늘날의 스페인)의 왕 페드로 1세가 흑태자에게 원
조를 요청했다. 알고 보니, 그는 왕위 계승 다툼으로 이복형제 엔리케 2세(훗
날 카스티야-레온의 왕)에 의해 폐위될 위기에 몰린 상황에 처해 있었다. 다급해
진 페드로 1세는 흑태자에게 카스티야 소유의 영지를 분할해주고 군사 유지
비용을 지급하는 등 후한 보답을 약속했다. 조건을 수락한 흑태자의 군대와
연합한 페드로 1세는 나헤라 전투(1367년)에서 승리해 왕좌에 복귀한다. 하지
만 이미 재정이 바닥난 그는 흑태자에게 약속한 보상금을 지불할 수 없었고,
고심 끝에 보석 한 점으로 사례를 대신했다. 이것이 바로 '흑태자 루비'다.

덕분에 흑태자는 닭 쫓던 개 지붕 쳐다보는 신세가 되었다. 이 전투를 치르기 위해 엄청난 세금을 징수한 터라 귀족들이 반란을 일으켜 자신의 영지인 아키텐에서 세력을 잃어버린 것이다. 약속한 돈과 땅 대신 보석 한 점만 달랑 갖게 된 흑태자는 크게 실망한 채 잉글랜드로 돌아갔다. 그런데 이때를 틈타 엔리케 2세가 돌아와 페드로 1세를 죽인 후 카스티야의 왕위를 빼앗아버린다. 불운은 흑태자에게도 닥쳤다. 흑사병에 걸리는 바람에 왕위에 오르지도 못하고 마흔여섯 살의 나이로 사망하고 만 것이다. 결국 '흑태자 루비'는 아들 리처드 2세가 물려받는데, 그 또한 사촌인 헨리 4세의 왕위 찬탈로 사망함으로써 보석의 소유권은 이제 랭커스터 왕가로 넘어가게 된다.

헨리 5세의 신화, 아쟁쿠르 전투

헨리 4세의 아들 헨리 5세의 손에 '흑태자 루비'가 들어온 것은 1413년경이었다. 그런데 이때부터 '흑태자 루비'는 불운의 보석에서 행운의 보석으로 방향을 선회한 듯 보인다. '중세의 마지막 위대한 전사'로 불린 헨리 5세는 백년전쟁에서 잉글랜드가 가장 큰 승리를 거둔 아쟁쿠르 전투의 일등공신이 되었기 때문이다.

흑태자가 중요한 전투마다 승리를 거둔 사실에서 영감을 받은 헨리 5세는 전장에 나갈 때 투구 위에 '흑태자 루비'가 박힌 왕관을 썼다. 왕관에는 크고 작은 루비, 사파이어, 진

09 작자 미상, 〈헨리 5세〉, 16세기 후반.

주가 장식되었고, 갑옷 위에 걸친 겉옷에는 프랑스 왕실의 문장인 백합 문양을 금박으로 새겼다. 프랑스의 왕위를 차지하겠다는 헨리 5세의 강렬한 의지가 여기서도 엿보인다.

헨리 5세는 할아버지인 에드워드 3세 때부터 제기된 프랑스 왕위에 대한 법적 권리를 다시 주장하며, 원래 영국의 봉토인 아키텐을 포함해 북프랑스 일부의 땅을 양도할 것을 프랑스에 요구한다. 그러나 끝내 프랑스와 협상이 결렬되자 헨리 5세는 프랑스를 치기로 결심한다. 1415년 8월 노르망디에 상륙한 헨리 5세는 참모들의 반대를 무릅쓰고 온 마을을 불태우며 칼레로 진격했다. 마침내 10월 25일, 헨리 5세의 군대는 샤를 7세를 옹립하려는 아르마냐크파가 이끄는 프랑스군과 칼레의 작은 마을 아쟁쿠르에서 격돌한다. 이때 헨리 5세의 군대는 약 1만 2천 명, 프랑스 육군의 총사령관 샤를 달브레Charles

10　작자 미상, 〈아쟁쿠르 전투에서 싸우는 헨리 5세〉, 16세기 후반.
　헨리 5세는 프랑스 왕실의 상징인 백합 문양이 새겨진 겉옷을 갑옷 위에 입음으로써 프랑스 왕위 계승을 향한 강한 집념을 드러냈다.

d'Albret가 이끄는 프랑스 군대는 약 6만 명으로 병력부터 네 배 이상의 차이가 났다.[*] 장비도 프랑스가 훨씬 우수했다. 누가 봐도 프랑스의 승리가 점쳐지는 분위기였다.

그런데 '흑태자 루비'가 행운의 여신을 불러온 것일까? 밤새 쏟아진 폭우에 전장이 진흙밭으로 변해버려 25킬로그램의 갑옷으로 중무장한 프랑스 병사들은 제대로 걸을 수조차 없었다. 심지어 비가 고인 물에 익사하는 일도 속출했다. 이 틈을 타 잉글랜드의 주력 부대인 장궁을 쏘는 궁노수들이 프랑스군을 제압하기 시작했다. 이때 '흑태자 루비'가 결정적인 힘을 발휘한다. 프랑스군의 제2대열을 지휘한 장 1세 달랑송Jean Ier d'Alençon 공작이 헨리 5세의 투구를 도끼로 가격한 순간, 도끼는 왕관의 일부만 잘랐을 뿐 '흑태자 루비'를 맞고 튕겨나갔다. '흑태자 루비'가 헨리 5세의 목숨을 지켜낸 것이다. 이후 헨리 5세와 '흑태자 루비'는 아수라장이 된 아쟁쿠르 전투에서 모두 무사히 살아남았다.

헨리 5세의 삶을 희곡으로 옮긴 윌리엄 셰익스피어는 아쟁쿠르 전투를 빛낸 헨리 5세의 리더십을 그 유명한 '성 크리스핀 날의 연설'에 멋지게 담았다. 혈전을 치르기 전날, 비가 주룩주룩 내리는 전장에서 헨리 5세는 사기가 떨어진 병사들을 모아놓고 이렇게 호소한다.

소수의 우리들, 소수의 행복한 우리들, 우리는 한 형제들이다.
오늘 나와 함께 피 흘리는 자는
모두 나의 형제일지라.

부하들을 독려하는 왕의 진정성이 담긴 연설에 병사들은 밤을 새워 전

● 양 군대의 병력 규모는 셰익스피어의 희곡 『헨리 5세』에 근거한 것으로, 최근에는 이 수치가 잉글랜드군의 열세를 강조하기 위해 부풀려졌다는 연구가 제기되었다.

11 존 길버트 경, 〈아쟁쿠르 전투 날의 아침(1415년 10월 25일)〉, 1884년.

투 준비에 돌입했다. 잉글랜드 쪽의 기록에 따르면 프랑스군은 1만여 명이 전사했으나 잉글랜드군은 사상자가 1백여 명에 불과할 정도로 대승을 거두었다. 프랑스군을 궤멸시키며 프랑스 북부를 정복한 헨리 5세는 오늘날 영국인들이 가장 자랑스러워하는 전설을 남겼다. 프랑스에게 가장 뼈아픈 패배를 안겨준 이 전투로 인해 헨리 5세는 샤를 6세의 뒤를 이어 프랑스의 왕이 될 수있는 권리를 확보하게 된다.

헨리 5세는 아쟁쿠르 전투에서 뛰어난 군사력과 강력한 카리스마로 잉글랜드군을 한데 묶고 프랑스를 공포로 굴복시켜 영웅으로 추앙받았다. 하지만 아이러니하게도 이 과정에서 약탈과 방화, 포로 학살을 일삼은 탓에 프랑스군의 적개심을 자극해 훗날 잉글랜드가 최종적으로 패배하는 원인이 된다. 잉글랜드군에 대한 공포가 프랑스군을 단합하게 만든 것이다.

이후 헨리 5세는 십자군을 조직해 예루살렘 원정을 떠나겠다는 원대한계획까지 세웠으나 1422년에 이질로 갑자기 사망하면서 꿈을 이루지 못했다.

프랑스 왕위 계승권도 무효가 되었다. 한편 그가 세상을 떠난 후 프랑스에는 잔 다르크라는 소녀가 등장했다. 그녀는 프랑스군의 사기를 진작시켜 백년전쟁을 승리로 이끌며 프랑스의 구국 영웅으로 추대받는다.

찰스 1세의 대관식 왕관을 장식하다

시간이 흘러 '흑태자 루비'는 스튜어트 왕조의 제임스 1세 때 왕실 보석으로 지정되었다. 대관식 왕관으로 쓰인 것은 그의 아들 찰스 1세 때다. 이후 '흑태자 루비'는 역사 속에서 몇 번의 위기를 더 맞았다. 청교도혁명 당시 올리버 크롬웰이 찰스 1세를 처형한 후 왕권의 상징인 왕실 주얼리를 모두 해체시킨 적이 있다. 크롬웰의 의회파는 왕홀과 보주寶珠는 녹여서 동전을 만들고

12 폴 들라로슈, 〈크롬웰과 찰스 1세의 시신〉, 1831년.

13 존 마이클 라이트, 〈찰스 2세의 대관식 초상화〉(부분), 1661~1662년.(위 왼쪽)

14 조지 헤이터, 〈빅토리아 여왕의 대관식〉(부분), 1838년.(위 오른쪽)
왕관 정면에 '흑태자 루비'가 장식되어 있다.

15 작자 미상, 〈빅토리아 여왕의 제국관〉, 19세기 중반.(아래 왼쪽)
'흑태자 루비'와 '스튜어트 사파이어'가 함께 세팅되어 있다.

16 제럴드 켈리, 〈조지 6세의 대관식 초상화〉(부분), 1937년.(아래 오른쪽)
오른쪽 탁자 위에 '흑태자 루비'가 박힌 제국관이 놓여 있다.

보석은 헐값에 팔아버렸다. '흑태자 루비'도 단돈 15파운드에 처분해버렸다. 하지만 1660년 왕정복고 이후 찰스 2세가 되찾아와 1661년 '성 에드워드 관St. Edward's Crown'에 장식했다. 1841년에는 런던탑 화재로 소실될 뻔했으나 또 한 번 살아남았다. 심지어 제2차 세계대전 때 히틀러의 런던탑 대공습도 무사히 견뎌냈다. 1838년에 빅토리아 여왕의 제국관에 안착했고, 현재의 제국관으로 옮겨진 것은 1937년 조지 6세의 대관식 때다.

역사 속에서 온갖 위기를 뚫고 내려온 '흑태자 루비'는 현재 런던탑의 주얼 하우스Jewel House 깊숙한 곳에 안전하게 보관되어 있다. '흑태자 루비'가 박혀 있는 영국의 제국관은 대관식 후 국왕이 웨스트민스터 사원을 떠날 때 착용하는 관례가 있다. 또 의회 개회 연설에서도 착용하기 때문에 요즘도 엘리자베스 2세 여왕의 머리 위에서 종종 그 모습을 확인할 수 있다. 그런데 여기서 흥미로운 사실은 여왕이 제국관을 쓰고 연설하는 국회의사당 앞에 올리버 크롬웰의 동상이 세워져 있고, 맞은편 교회 건물에는 찰스 1세의 두상이 걸려 있다는 점이다. '흑태자 루비'는 크롬웰에게 참수된 찰스 1세의 대관식 보석이 아니던가. 영국은 실로 모순의 나라가 아닐 수 없다.

7백여 년 전, 흑태자 에드워드 손에 들어온 스피넬은 페드로 1세의 왕위와 목숨을 지켜준 대가였다. 두 사람 모두 '피의 대가'로 주고받은 보석이 루비가 아닐 것이라고는 상상도 못 한 채 세상을 떠났다. 만약 그들이 '흑태자 루비'가 스피넬이란 사실을 알았다면 어땠을까? 흑태자는 과연 스피넬을 기꺼이 받았을까? 만약 페드로 1세가 약속대로 보상금을 제대로 지불했다면, '흑태자 루비'는 영국이 아닌 스페인 왕실에 남게 되었을까? 그 결과 헨리 5세는 '흑태자 루비'가 박힌 왕관을 쓰지 못했더라도 아쟁쿠르 전투에서 무사히 살아남았을까? 역사에 만약은 없다고 하지만, '흑태자 루비'의 정체가 일찍이 밝혀졌다면 영웅들의 운명과 영국의 역사는 어떻게 바뀌었을지 자못 궁금해진다.

17 대관식 직후의 엘리자베스 2세와 필립 공, 1952년.
   엘리자베스 2세가 '흑태자 루비'가 박힌 제국관을 쓰고 있다.

루비를 닮은 스피넬

스피넬은 색이나 화학성분이 루비나 사파이어와 매우 유사해 '위대한 사기꾼'이라는 별명이 붙었을 정도로 오랫동안 세상 사람들을 혼동에 빠뜨린 보석이다. 과학이 발전하기 전까지 빨간색 보석은 거의 다 루비로 간주되었다. 1783년에야 장-바티스트 로메 드 릴Jean-Baptiste Romé de L'Isle이라는 프랑스의 광물학자가 루비와 스피넬이 서로 다른 광물이라는 사실을 공식적으로 밝혀냈다. 과거 유럽인들은 발라스 루비Balas ruby(아프가니스탄 북동부의 바다흐샨Badakhshan 지역에서 생산된 붉은 스피넬. 바다흐샨의 고어가 '발라시아'였다)를 루비의 한 종류라고만 생각했다. 때문에 발라스 루비란 이름이 붙은 보석은 모두 빨간색 스피넬로 봐도 무방하다. 다만 무굴 제국

무굴 제국의 후마윤 황제가 스피넬이 박힌 터번 장신구를 들고 있다. 1650년경.

(1526년에서 1857년 사이에 인도를 통치한 이슬람 왕조)에서는 두 보석을 구별한 기록이 있다.

'흑태자 루비'가 최초로 발견된 곳은 오늘날 아프가니스탄과 타지키스탄이 국경을 접하고 있는 바다흐샨 주의 '쿠히랄Kuhilal 광산'이었다. 험준한 산과 계곡으로 둘러싸인데다 눈이 3미터씩 쌓이는 혹독한 기후 때문에 요즘에도 일 년에 몇 달만 접근이 가능한 곳이다.

스피넬의 산지 환경을 보면 화강암이나 변성암에서 루비, 사파이어와 함께 산출된다. 따라서 루비 주변에서 발견되고 붉은색을 띨 경우 루비라고 여길 만도 했다. 사실상 같은 캐럿이면 루비가 스피넬보다 작지만 색은 더 우수하다. 같은 크기의 루비와 스피넬을 비교하면 루비의 선명도가 더 높고 밝다. 대신 스피넬은 루비보다 크고 경도가 낮아 글씨나 그림을 새기기에 적합하다.

루비라고 철석같이 믿은 각국의 왕실 보석 중에도 훗날 스피넬로 밝혀진 것들이 꽤 있다. 유럽에서 가장 화려한 러시아 제국관에 장식된 398.72캐럿짜리 루비도, 페르시아의 나디르 샤가 탈취한 352.5캐럿의 '티무르 루비Timur Ruby'도 모두 스피넬이다. 무굴 제국의 황제들은 루비와 스피넬을 중점적으로 수집했는데, 특히 루비보다 경도가 낮은 스피넬에 황제의 이름이나 코란의 글귀를 각인한 후 터번이나 왕관에 장식해 부적처럼 사용했다. 티무르 루비도 현재 영국의 왕실 보석으로 지정되어 있다. 그러고 보니 거대한 스피넬은 영국 왕실이 독점하고 있는 듯하다.

4

최초로 다이아몬드를
착용한 여성, 아녜스 소렐

프랑스 왕실의
첫 번째 공식 정부

"만약 자연 상태의 다이아몬드를 발견하게 된다면
당신은 줍지 않을 것이다."
—귀스타브 플로베르,『통상 관념 사전』

중세 유럽에 대변혁을 가져온 백년전쟁은 봉건 시대를 끝내고 절대왕정의 문을 연 신호탄이었다. 그러나 전쟁이 벌어진 프랑스 땅은 116년의 시간 속에 초토화되어 절체절명의 위기를 잇달아 겪어야 했다. 마침내 지루한 전쟁을 종식시킨 프랑스의 국왕은 샤를 7세였다. 그의 치적 뒤에는 두 명의 여인이 있었다. 그에게 직접적인 도움을 준 여인은 프랑스를 멸망의 위기에서 승리로 이끈 오를레앙의 성녀 잔 다르크다. 그녀의 활약으로 1429년 무사히 대관식을 치른 샤를 7세는 왕으로서의 정통성을 확보했고, 전세를 역전시켜 '승리왕'으로 우뚝 섰다.

샤를 7세의 불안한 마음을 진정시켜준 여인도 있었다. 샤를 7세는 정신병에 걸린 아버지 샤를 6세와 어머니 이자보 왕비의 문란한 사생활로 비극적인 성장 과정을 겪었다. 그가 샤를 6세의 친자가 아니라 이자보 왕비가 혼외정사로 낳은 아들이라는 루머는 평생 그를 괴롭혔다. 게다가 처음에는 아버지를 대신해서 그다음엔 어린 왕인 자신을 대신해서 섭정할 자리를 두고 벌어진 권력 다툼은 왕의 자리까지 위협했다. 이런 그의 처지를 다독거리며 암흑 시기의 프랑스 왕실을 쥐고 흔든 여인이 있었으니, 샤를 7세의 정부^{情婦} 아네스 소렐^{Agnès Sorel}이 바로 그 두 번째 여인이다.

빌린 다이아몬드로 왕을 유혹하다

"남자는 여자가 늙으면 차가워지지만 보석은 본모습을 잃지 않아. 다이아몬드는 여자의 가장 친한 친구야!"

영화 〈신사는 금발을 좋아해〉의 하이라이트는 핑크색 드레스를 입은 메릴린 먼로가 매혹적인 눈빛을 반짝이며 '다이아몬드 예찬가'를 부르는 장면이다. 탐욕스럽기보다는 해맑고 사랑스러운 얼굴로 노래하는 그녀에게 세상의 여자들은 환호했다.

하지만 메릴린 먼로의 열연이 무색하게도 한동안 다이아몬드는 남자의 전유물이었다. 그마저도 왕족과 성직자로 자격이 엄격히 제한되었다. 그런 시대에 자신의 매력을 어필하기 위한 개인 장신구로, 그것도 공개적으로 다이아몬드를 착용한 최초의 여자가 아네스 소렐이다. 사료마다 의견은 갈리지만, 그녀는 처음으로 다이아몬드 목걸이를 착용한 여성이면서 프랑스 왕실의 역사상 첫 번째 메트레상티트르maitresse-en-titre(왕의 공식 정부)로 기록된다. 왕의 애첩은 늘 있었지만 겉으로 드러나지 않다가 중세 암흑기의 터널을 빠져나오면서부터 그 존재가 부각되기 시작한다. 아네스 소렐이 최초의 메트레상티트르였다는 사실은 그녀가 '왕의 정부'라는 은밀하고 부적절한 지위를 준공직의 위치로 격상시킨 인물이라는 것을 뜻한다.

어느 날 밤, 가슴골이 깊게 파인 드레스에 다이아몬드 목걸이를 착용하고 무도회에 등장한 아네스에게 샤를 7세는 눈을 떼지 못했다. 2세기 전 왕과 성직자만이 다이아몬드를 착용할 수 있다고 공포한 루이 9세의 칙령 이후 다

01 장 푸케, 〈샤를 7세〉, 1445~1450년.

이아몬드는 일반인이 감히 만져서는 안 되는 귀한 보석이었다. 왕은 '금지된 보석'을 목에 건 아녜스의 두려움 없는 당돌한 눈빛에 사로잡혔다.

'보세요, 나는 이런 다이아몬드도 가질 수 있는 특별한 여자예요.'

그녀가 한쪽 어깨를 으쓱해 보이자, 흔들리는 촛불의 빛을 받은 다이아몬드가 가느다란 목선을 따라 영롱하게 반짝였다. 순식간에 관심의 표적이 된 그녀, 도무지 종잡을 수 없는 이 여인은 도대체 누구란 말인가? 그녀의 발길이 닿는 곳마다 귀족들의 수군거림이 뒤따랐다. 왕족도 아닌 보잘것없는 지방 군인의 딸이 어떻게 다이아몬드 목걸이를 손에 넣은 것일까?

사실 아녜스의 다이아몬드 목걸이는 빌린 것이었다. 일찍이 왕의 눈길을 끄는 데 다이아몬드만 한 게 없음을 간파한 그녀는 자크 쾨르^{Jacque Coeur}를 찾아가 은밀한 거래를 제안했다. 자크는 동방을 왕래하며 각종 사치품을 수입하는 무역상이자 스페인에 선박을 14척이나 가지고 있는 재력가였다. 광범위한 네트워크를 기반으로 인도에서 다이아몬드도 수입하고 있었다. 15세기 상반기에 이전에는 볼 수 없던 크기의 다이아몬드가 대거 유럽에 들어온 것은 그의 공이 컸다. 당시의 다이아몬드는 현대의 개념과는 사뭇 달랐다. 연마 기술이 발달하지 않았을 때라 찬란한 광채는 최우선적인 가치가 아니었다. 물론 하늘을 찌르는 비싼 가격에, 영원성을 대변하는 단단한 성질과 희소성으로 그 돌이 귀한 존재임은 다들 알고 있었다. 아녜스의 빼어난 미모와 금지된 보석을 여봐란듯이 걸친 대범함은 샤를 7세의 애간장을 녹였다. 이날 부로 가슴골이 깊게 파인 관능적인 드레스와 그 위에 드러난 목선을 감싸며 반짝이는 다이아몬드 목걸이는 '로열 럭셔리'의 새로운 본보기로 등극했다.

왕의 마음을 사로잡은 대가는 실로 찬란했다. 왕은 다이아몬드가 박힌 브로치와 버클 등 그녀에게 끊임없이 보석 공세를 퍼부었다. 한편 아녜스가 왕실에 입성하자 자크 쾨르는 베네치아와 콘스탄티노플의 솜씨 좋은 연마사들을 프랑스로 데려와 본격적으로 그녀를 위한 주얼리를 제작하기 시작했다. 마침내 왕은 당시의 최신 기술로 '깎은' 첫 번째 다이아몬드조차 그녀에게 선물하기에 이른다. 점점 재산이 불어난 자크는 잉글랜드와 전쟁을 치르느라 자금난에 허덕이는 왕을 위해 영리하게도 기꺼이 지갑을 열었다. 1448년 왕실에 빌려준 돈만 해도 지금의 화폐 가치로 10조 원이 넘는 규모였다. 서로 돕고 돕는 공생 관계, 아네스와 자크의 파트너십은 완벽했다.

15세기의 다이아몬드

그렇다면 아네스가 선물로 받은 최초의 '깎은' 다이아몬드는 어떤 모양이었을까? 사실 채굴 직후의 다이아몬드는 아름다운 모습과는 거리가 멀다. 오죽하면 프랑스의 소설가 플로베르가 "다이아몬드 원석(깎지 않은 자연 상태)을 길에서 발견한다면 아마 줍지 않을 것"이라고 말했겠는가.

마치 깨진 유리 조각처럼 칙칙한 다이아몬드 원석을 아름다운 보석으로 만들기 위해서는 일련의 연마 과정을 거쳐야 한다. 유럽에 원시적이나마 '연마'라는 개념이 도입된 시기는 14세기쯤이다. 이전까지는 8면체의 원석 그대로 세팅되었고, 14세기 하반기에 개발된 포인트 컷point cut은 여기에 약간의 광택만 낸 수준이었다. 그러다가 본격적인 커팅 기술이 적용된 것이 15세기 중반에 개발된 테이블 컷table cut이다. 이 시기는 이탈리아 상인들의 중개로 유대

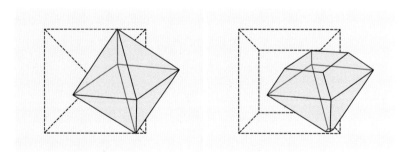

02 14세기 말에서 15세기가 되어서야 가능해진 포인트 컷(왼쪽)과 테이블 컷(오른쪽).

인들의 손을 거쳐 유럽에 다이아몬드 공급이 증가한 때와 궤를 같이한다. 포인트 컷의 뾰족한 윗부분을 다이아몬드 가루를 사용해 평평하게 자르면서(테이블 컷) 숨어 있는 다이아몬드의 광채가 미세하게나마 드러나기 시작했다. 따라서 아녜스가 자크에게 빌린 다이아몬드 목걸이는 다듬어지지 않은 8면체의 원석이거나 기껏해야 포인트 컷일 확률이 높다. 물론 왕실에 입성한 후 왕으로부터 선물 받은 다이아몬드는 최신식의 테이블 컷으로 '깎은' 보석으로 봐도 무방하다.

다이아몬드의 3단계 연마 과정이 정착된 것은 다음 세기인 16세기에 들어서이다.

먼저 클리빙cleaving(벽개면에 타격을 주어 쪼개기)이나 소잉sawing(다이아몬드 가루가 입혀진 톱으로 벽개면 이외의 선을 따라 절단)을 거쳐 원석을 자른다. 다음으로 두 개의 다이아몬드를 맞비벼 원석의 외곽 부분을 만드는 브루팅bruting이 이어진다. 최종적으로 스카이프scaife를 사용해 패싯facet(보석 내부의 광채를 끌어내도록 각이 진 면)을 만든다. 패싯이 늘어나면 당연히 다이아몬드의 광휘brilliance(다이아몬드의 표면과 내부로부터 반사되는 백색광의 강도)도 증가한다.

스카이프는 빠르게 돌아가는 동그란 연삭기로 다이아몬드 가루와 올리브 오일을 섞어 다이아몬드의 표면을 갈아낼 수 있게 고안된 철제 기구다. 정밀한 커팅을 위해서는 지속적인 회전운동, 높은 속도, 그리고 최소한의 진동

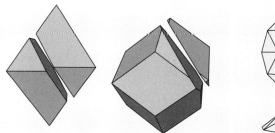

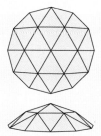

03 다이아몬드 클리빙.　　　　　　　　　　04 로즈 컷을 위와 옆에서 본 모습.

05·06 한스 뮐리히, 『오스트리아의 안나 여대공의 보석 책』에 묘사된 보석 디자인 세밀화, 1552~1555년.
포인트 컷 다이아몬드와 테이블 컷 다이아몬드가 섞여서 세팅되어 있다.(왼쪽)
방패 모양의 로즈 컷 다이아몬드가 세팅되어 있다.(오른쪽)

이 필요하다. 이 스카이프가 발명되면서 다이아몬드 연마 기술은 괄목할 만
한 성장을 이룬다. 즉 다이아몬드의 패싯을 대칭적으로 세공해 단순히 표면
에 광을 내는 수준에 그쳤던 연마 기술이 더욱 창의적으로 발전해간 것이다.
다이아몬드를 많이 갈수록 다이아몬드 가루 역시 더욱 늘어나 생산력도 크
게 증가했다. 마침내 1520년대에는 [도4]처럼 전체로는 반구 형태에 잘게 분
포된 삼각형 패싯이 부드럽게 빛을 발산하는 로즈 컷rose cut이 개발되어 '스파
클sparkle'(다이아몬드나 광원 또는 관찰자가 움직일 때 각 패싯으로부터 나오는 섬광)을 가
져다주었다. 이제 다이아몬드는 광채만으로도 여심을 매혹하기 시작한다. 하
지만 17세기 중후반에 '파이어fire'(다이아몬드를 통과한 빛이 분광 효과를 일으켜 무
지개 색을 보이는 현상)까지 갖춘 '브릴리언트 컷brilliant cut'이 등장하면서 서서히
선두자리를 내주게 된다. 브릴리언트 컷은 지속적으로 진화해 오늘날 최고의
커팅으로 자리매김했다.(371쪽 참조)

한쪽 가슴을 드러낸 성모 마리아

1422년 프랑스 중부의 투렌Touraine 지방에서 군인의 딸로 태어난 아녜스
는 1443년 마리 왕비의 시녀로 처음 프랑스 궁정에 들어갔다. 아녜스의 눈부
신 미모와 번뜩이는 재기는 금세 왕의 마음을 녹였으니, 그녀가 선택한 '다이
아몬드 목걸이' 패는 절묘한 한 수였다. 열네 명의 아이를 양육해야 했던 왕비
는 대외적인 활동에 소홀했고, 왕을 수행하는 '왕비 권한 대행' 자리는 자연
스레 아녜스의 차지가 되었다. 결국 샤를 7세는 공식적인 모임에도 그녀를 대
동해 아녜스는 프랑스 왕실의 '첫 번째 공식 정부' 타이틀을 거머쥔다.

아녜스 소렐이 궁정에 유행시킨 것은 다이아몬드 목걸이만이 아니었다.
목선이 아찔하게 파인 드레스도 그녀의 계산된 연출이었다. 그녀의 초상화로
널리 알려진 [도7]에서처럼 프랑스의 첫 번째 공식 정부는 한쪽 가슴을 내놓

07 작자 미상, 〈아녜스 소렐의 초상화〉, 16세기.(왼쪽)

08 장 푸케, '믈룅 두 폭 제단화' 중 〈천사들에게 둘러싸인 성모자〉, 1452~1458년.(오른쪽)
성모 마리아가 낮을 상징하는 푸른 천사 케루빔(지품천사)과 밤을 상징하는 붉은 천사 세라핌(치품천사)들
에게 둘러싸여 있다.

은 파격적인 모습으로 기억되고 있다. 그러나 이 그림은 그녀가 죽고 나서 1세기 후에 그려진 것으로, 실제 모습을 상상해보려면 이 작품에 영감을 준 전작부터 살펴봐야 한다. 그 그림은 프랑스 왕실의 초상화가 장 푸케가 1452년부터 7년에 걸쳐 그린 [도8]이다. 샤를 7세의 재무대신인 에티엔 슈발리에가 부인이 사망한 후에 성당에 봉헌할 목적으로 주문한 두 폭짜리 제단화의 일부다. 성모 마리아를 그린 것인데도 이 그림에서 아녜스를 떠올리는 이유는 남몰래 아녜스를 흠모한 슈발리에가 친구인 화가 장 푸케에게 아녜스를 모델로 성모 마리아를 그려달라고 요청했다는 설이 있기 때문이다.

성모 마리아가 머리에 커다란 왕관을 쓰고 아기 예수를 안고 있는 이 그림은 현재 안트베르펜 왕립미술관에 있다. 구원의 여신인 성모를 예술적으로 표현한 그림이 대거 탄생한 시기의 작품이다. 성모가 입고 있는 드레스는 15세기 귀족 의복의 전형을 보여준다. 담비 털을 덧댄 망토와 왕관은 진주와 다이아몬드, 루비, 에메랄드로 화려하게 장식해 착용자의 위엄과 명망을 드높였다. 특히 순결과 옥좌를 상징하는 진주를 풍성하게 배치해 천상의 여왕인 성모의 힘을 강조했다.

이 그림은 성모를 풍만한 육체로 묘사한 15세기 이탈리아 화가들의 작품에서 영향을 받은 것으로 보이지만, 흥미롭게도 경멸과 모방을 동시에 불러일으켰다. 전통적인 성모의 순결한 이미지에서 벗어난 도발적인 장치 때문이다. 당시 유럽에서 가장 아름다운 여인으로 꼽힌 아녜스 소렐이 성모 마리아로 등장한 것은 꽤 납득할 만한 일이었다. 그러나 푸케는 성스러움이라는 전통을 깨고 봉긋한 가슴을 한쪽만 드러낸 관능적이고 패셔너블한 여인으로 성모를 묘사했다. 모성애를 강조했다고 보기에도 마땅치 않다. 성모의 무릎에 안긴 아기가 어머니의 가슴에는 관심이 없는 듯 다른 곳을 응시하고 있기 때문이다. 무심한 표정의 성모 역시 아기에게 젖을 물릴 생각은 없어 보인다. 아기 예수의 시선과 그의 검지가 가리키는 방향을 따라가보자.

나머지 제단화 한쪽을 왼쪽에 나란히 붙여놓으니, 아기 예수의 시선이

09 장 푸케, '믈룅 두 폭 제단화' 중 〈에티엔 슈발리에와 성 스테파누스〉.(왼쪽)

머문 곳이 비로소 명확해진다. 바로 이 그림의 의뢰인인 슈발리에다. 베를린 국립회화관에 소장되어 있는 [도9]에서 에티엔 슈발리에는 낮은 자세로 무릎을 꿇고 경건하게 기도를 올리는 중이다. 화가는 아기 예수의 관심을 독차지할 만큼 그림의 의뢰인이 중요한 위치에 있다는 점을 강조하고 있다.

그런데 유럽에서 16세기까지는 여성이 가슴보다는 발목과 다리를 드러내는 것을 훨씬 음탕하게 여기는 분위기였다. 한쪽 가슴을 내보이는 것쯤은 패션의 일환으로 볼 수도 있다는 말이다. 오히려 그 당시 프랑스의 귀족들은 성모가 가슴을 노출한 것보다 아녜스가 목에 건 다이아몬드에 더 충격을 받았다.

아녜스가 실제로 한쪽 가슴을 노출하고 다녔는지는 확인할 길이 없다. 다만 왕과 공개적으로 성性관계에 있는 여성을 가장 성聖스러운 여인의 대명사인 성모 마리아로 그린 것이 논란의 핵심이었던 것은 분명하다.

비선 실세 아네스 소렐

샤를 7세가 아네스를 공식 정부(메트레상티트르)로 발표한 것은 둘의 첫아이 마리가 태어난 1444년이었다. 공식 정부라는 타이틀은 왕궁의 그 누구도 아네스를 무시할 수 없다는 것을 의미했다. 어쩌면 왕의 눈에 그녀는 왕비보다도 높은 존재였을지 모른다. 왕은 몸과 마음의 안식처가 되어준 그녀에게 고마움을 표시하기 위해 잔 다르크와 처음 대면했던 로슈 성과 보테 성을 하사했다. 사람들은 이때부터 아네스를 보테 부인^{Dame de Beauté}이라고 불렀다. 왕은 값비싼 수입 원단으로 만든 드레스와 태피스트리, 보석 등 남들에게 과시할 수 있는 선물도 후하게 안겨주었다. 이런 사치품들은 그녀가 궁정에서 권세를 자랑하기에 모자람이 없었다. 특히 아무나 가질 수 없는 귀한 다이아몬드는 그녀를 순식간에 격조 높은 여인으로 상승시켰다. 세련되고 화려하기로 소문난 궁정의 여인들조차 그녀가 걸친 다이아몬드에 눈이 휘둥그레졌다. 아네스는 다이아몬드 하나로 프랑스를 럭셔리 패션의 중심지로 만드는 데 일조했지만, 동시에 질투와 시기도 한 몸에 받아야 했다.

다이아몬드를 남보다 앞서 착용한 트렌드세터로만 논하기엔 아네스 소렐이 프랑스 왕실에 기여한 공헌 또한 만만치 않다. 그녀는 정부라는 은밀한 이미지에 주눅 들어 뒷방에 숨어 지내는 수동적인 여인이 아니었다. 왕과의 관계를 공개적으로 과시했고, 심지어 자신의 과오에 대해서는 간계를 부려서라도 교황의 면죄부를 받아냈다. 의외로 신앙심도 깊어 봉사 활동도 열심히 했다.

왕에 대한 영향력 또한 그 누구보다 막강했다. 앞서 말했듯이 샤를 7세는 부모 양쪽 모두로부터 온전한 사랑을 받을 수 없는 상황에서 질투가 심하고 늘 마음을 졸이며 남을 믿지 못하는 인물로 성장했다. 성인이 되어서도 기분 변화가 심하고 게으른데다 충직한 신하를 토사구팽하는 일도 잦았다. 심지어 프랑스를 구한 잔 다르크조차 왕권을 위협하는 존재로 여겨 내치지 않았

10　루이-마리 란테, 〈아녜스 소렐〉, 1827년.

던가. 그런 왕이 아녜스의 품에서 변하기 시작했다. 그녀를 만난 후부터 입고
먹고 생각하는 모든 것이 바뀌었다고 해도 과언이 아니었다. 그녀의 말 한마
디에 우울한 기분이 일순간에 날아갔다. 샤를 7세는 비로소 국정에 관심을 갖
고 중요한 조언을 귀담아듣기 시작했다. 자신감이 부족한 눈빛에서 용기와 지
혜가 날카롭게 반짝일 정도로 왕은 변해갔다. 아녜스는 전쟁을 기피하는 샤
를 7세를 부추겨 군대를 규합하도록 만들어 프랑스에서 잉글랜드 군대를 몰
아내는 데도 일조했다.

아네스는 타고난 매력과 재치로 신하들과 귀족들을 왕의 편에 서도록 유도했다. 어느덧 그녀를 따르는 파벌이 생겼고, 전쟁 자금이 필요할 때마다 교묘하게 그들의 후원을 이끌어냈다. 마침내 왕비에 준하는 의전을 받으며 막강한 실세로 거듭난 그녀의 정치적인 행보는 훗날 프랑스 메트레상티트르의 본보기가 되었다. 디안 드 푸아티에(앙리 2세의 애첩)나 마담 퐁파두르(루이 15세의 애첩)가 왕의 등 뒤에서 나라를 다스리는 실력자로 군림할 수 있었던 것은 이미 아네스 소렐이라는 발판이 있었기 때문이다.

하지만 죽음의 전령은 생각보다 일찍 그녀를 찾아왔다. 바람이 세차게 불고 진눈깨비가 날리는 1450년 겨울, 넷째 딸을 임신한 상태로 전쟁 중인 샤를 7세를 응원하러 들른 아네스는 전장에서 눈을 감았다. 그녀의 나이 불과 스물여덟 살이었다. 뻣뻣하게 굳은 그녀가 실려 나가자 왕은 감당할 수 없는 슬픔과 절망감으로 주저앉았다. 비록 목숨이 끊어지는 순간 곁을 지킬 수 없는 관계였지만, 왕은 자신의 인생에 커다란 활력과 기쁨을 선사한 그녀를 위해 극진한 장례식을 치러주었다. 뒤늦게나마 공작부인으로도 책봉했다.

아네스의 사인은 이질로 알려졌는데, 2005년 DNA를 감식한 결과 유해에서 다량의 수은이 검출되었다. 무려 열 명의 목숨을 앗아갈 수 있는 양이었다. 사방이 적으로 둘러싸여 있던 그녀가 누군가에게 독살되었을 가능성을 배제할 수 없는 대목이다. 그녀가 사망할 당시에도 부친에게 반기를 든 샤를 7세의 장남 루이(훗날 루이 11세) 왕세자가 그녀의 죽음에 관여했을 것이라는 추측이 무성했었다. 왕세자는 아버지를 좌지우지한 그녀를 지독하게 미워한 것으로 알려져 있다.

탐욕과 야심, 수많은 정적들에 의한 독살이 난무하는 가운데에서 다이아몬드는 아네스의 불안한 미래를 담보로 한 보험 같은 것이 아니었을까? 적어도 샤를 7세에게 프랑스 최초의 공식 정부라는 존재는 최초의 다이아몬드 목걸이 그 이상의 의미였을 것이다.

5

다이아몬드 약혼반지의 탄생

합스부르크 가문의
노련한 결혼 정책

"다른 이들은 전쟁을 하게 하라.
행복한 오스트리아여, 그대는 결혼을 하라!"
―라틴 시

누군가 나에게 미국 드라마 〈섹스 앤드 더 시티〉에서 가장 기억에 남는 장면이 무엇인지 물은 적이 있다. 나는 일말의 주저함도 없이 약혼반지 에피소드를 꼽았다. 남자 주인공 에이든이 여자 주인공 캐리에게 청혼하기 위해 약혼반지를 몰래 준비하는데, 캐리가 우연히 이를 발견하는 장면이 그중 백미다. 물방울 모양이긴 한데 홀쭉해서 왠지 '없어 보이는' 다이아몬드에, 할머니에게서 물려받은 듯한 샛노란 금에 세팅된 '예스러운' 디자인의 조합이라니! 할 말을 잃은 캐리는 마치 세상이 무너지기라도 한 얼굴을 하며 마음속으로 주문을 건다.

'아, 제발 그가 청혼하지 않았으면!'

우여곡절 끝에 결국 그녀는 평소 꿈꾸던 해리 윈스턴의 '어셔 컷asscher cut' 다이아몬드 반지로 청혼을 받아내는 집념을 보인다.

이 세상에 여자가 없다면 다이아몬드는 한낱 탄소 덩어리에 불과할지 모른다. 지구상에서 가장 단단한 광물이 여자들이 꿈꾸는 가장 찬란한 빛의 대명사로 진화하기까지 다이아몬드는 빛나는 돌을 탐하는 인간의 본능을 지배하며 사랑과 욕망의 경계선을 아슬아슬하게 넘나들었다. 하지만 수십억 년간 지구의 에너지를 고스란히 담아온 그 내공을 헤아려볼 때 이 반짝이는 타임캡슐을 향한 열병을 이해하지 못할 것도 없다.

01 어셔 컷 다이아몬드.

02 다이아몬드 반지. ©Tiffany & Co.　　　　03 다이아몬드 반지. ©Cartier

　남자가 다이아몬드를 선물한다는 것은 '당신만을 특별히' 행복하게 만들어주고 싶다는 의미다. 그런 애틋한 열망이 세월이 흘러도 변하지 않는 가치를 만나 사랑의 증표를 탄생시킨 것이다. 그리고 시대를 뒤흔든 보석에 극적인 사연이 더해지면서 다이아몬드는 '위대한 사랑'과 동의어로 거듭났다. 어쩌면 그 도도함과 투명한 무심함에 이끌려 자신도 모르는 사이에 신묘한 의미를 부여했을지도 모를 이 빛나는 인류의 자서전은 매일 새로운 주인을 만나 또 다른 역사를 써내려 간다. 다이아몬드가 영원히 빛날 수밖에 없는 이유이다.

나와 내 땅을 지켜주세요

　여자들을 그토록 웃고 울게 만든 다이아몬드가 결혼을 약속하는 반지에 사용된 것은 언제부터일까? 시간을 되돌려 15세기 유럽으로 떠나보자. 아녜스 소렐이 일반 여성에게 금지된 다이아몬드 목걸이로 샤를 7세의 혼을 빼놓은 지 약 30년 후인 1477년, 오스트리아의 막시밀리안 대공과 마리 드 부르고뉴 여공작이 백년가약을 맺었다. 이때 막시밀리안이 마리에게 다이아몬드가 박힌 금반지를 건네는데 이것이 오늘날 약혼반지의 효시로 전해진다.

04 알브레히트 뒤러, 〈막시밀리안 1세〉, 1519년.(왼쪽)
왼쪽 상단의 합스부르크 문장 아래에 황금양털기사단(91~92쪽 참조)의 휘장이 달려 있다.

05 작자 미상, 〈마리 드 부르고뉴〉, 15세기 중후반.(오른쪽)
머리 장식과 목걸이에 포인트 컷 다이아몬드가 세팅되어 있다.

사실 다이아몬드 약혼반지의 시작점으로만 논하기에는 이 결혼에 훨씬 복잡한 정치적인 배경이 깔려 있다. 막시밀리안은 신성로마제국의 황제 프리드리히 3세의 장남이었고, 마리는 부르고뉴의 마지막 공작 용담공勇膽公 샤를의 무남독녀로 당시 유럽에서 가장 부유한 상속녀로 통했다. 부르고뉴는 오늘날 벨기에, 네덜란드, 룩셈부르크, 프랑스의 일부 지역을 아우르는 중세 국가의 이름이다. 저지대低地帶 국가로도 불리는데, 모직물 생산으로 성장해 상공업과 교역이 발달한 금싸라기 땅이었다.

그런데 1477년, 마리의 아버지 샤를 공작이 로렌에서 전사하면서 프랑스의 왕 루이 11세가 부르고뉴 땅에 마수를 뻗치기 시작한다. 부르고뉴 가문은 원래 프랑스 왕가의 방계였는데 정치 문제로 서로 등을 돌린 상태였다. 루이 11세는 벨기에의 겐트 지방에 군대를 보내 마리를 탑에 가두고 일곱 살 난 자

06 작자 미상, 〈루이 11세〉, 1470년경.

기 아들(훗날 샤를 8세)과 결혼할 것을 강하게 압박했다. 이로 인해 막시밀리안과 마리는 일생일대의 선택을 하게 된다.

사면초가에 내몰린 마리는 무엇보다 자신과 부르고뉴를 지킬 강력한 보호자가 절실했다. 그때 "위기 상황이 닥치면 오스트리아에 도움을 청하라"는 아버지의 유언을 떠올린 마리는 막시밀리안에게 서둘러 편지를 보낸다. 자신과 부르고뉴를 구해준다면 막대한 지참금을 들고 결혼하겠다는 제안과 함께 자기의 머리카락까지 잘라 넣었다. 마리의 결연한 의지에 기사도 정신이 발동한 막시밀리안은 잉글랜드의 도움으로 군대를 모집해 마침내 그녀를 구출해낸다.

그런데 마리가 보낸 편지에는 사실 한 가지 조건이 더 들어 있었다.

"우리의 결혼을 위해 다이아몬드 반지와 금반지를 준비해주세요. 당신의 우아함을 담아서."

요즘으로 치면 보석이 박힌 알반지와 매일 끼고 다닐 수 있는 민반지를 하나씩 요구한 셈이다. 그러나 1477년에도 다이아몬드는 여전히 아무나 가질 수 있는 보석이 아니었다. 이름만 대공작일 뿐 경제적으로 쪼들린 막시밀리안은 가문의 사비를 털고 대출까지 받아서 다이아몬드를 간신히 마련했다. 이윽고 마치 영화의 한 장면처럼 마리를 구출한 그는 다이아몬드 반지를 건네며 정식으로 청혼한다.

07 안톤 페터, 〈1477년 8월 19일 막시밀리안과 마리의 결혼식〉, 1813년경.

당시 브뤼헤의 흔한 약혼반지

막시밀리안이 마리에게 다이아몬드로 청혼한 15세기에 다이아몬드는 어느 정도로 귀한 보석이었을까? 당시 왕족이나 귀족들의 흔한 약혼반지를 짐작해볼 수 있는 그림이 있는데, 실제로 금세공사의 도제 경력을 가진 네덜란드의 화가 페트뤼스 크리스튀스의 그림([도8])이다. 이 그림은 15세기에 다이아몬드 연마로 이름을 떨친 벨기에의 브뤼헤라는 도시를 배경으로 삼고 있는데, 막시밀리안이 다이아몬드 약혼반지를 획득한 곳도 바로 이곳이다. 당시 브뤼헤는 금 세공품을 비롯해 은행과 환전업 등 금융업이 발달한 북유럽 무역의 중심지였다.

그림을 보면, 화려한 의상과 모자를 쓴 남녀 한 쌍이 보석상의 공방으로 보이는 공간에 들어와 있다. 남자는 목에 두툼한 금목걸이를 걸고 있고, 검정색 모자에는 루비와 진주로 만든 브로치가 달려 있다. 여자는 진주가 일정한 간격으로 장식된 거대한 금빛 모자를 쓰고 석류 문양이 새겨진 강렬한 황금빛 드레스를 입고 있다. 중세 유럽에서 석류는 왕가의 권위를 상징하는 과일이므로 그녀가 왕족임을 짐작할 수 있다.

붉은 옷을 입은 금세공사는 이 커플의 반지 무게를 재는 중이다. 성 엘리기우스로 알려진 이 세공사는 기술이 뛰어나 주로 왕과 귀족들의 장식품을 만들었는데, 사후에 금속 장인들의 수호성인으로 추앙받은 실존 인물이다.

테이블 위에는 빨간 혼례용 벨트가 놓여 있어 이 남녀가 결혼을 앞두고 있고 저울 위의 반지는 이들의 예물이라는 추측이 가능하다 저울 위의 반지를 확대해보면 보석이 전혀 박히지 않은 밋밋한 금반지다. 만약 당시 약혼반지에 흔히 다이아몬드를 세팅했다면 공방 어딘가에는 분명히 다이아몬드가 있을 것이다.

그림에서 보석이 잔뜩 진열되어 있는 선반으로 눈을 돌려보자. 우선 선반 밑에 걸려 있는 알록달록한 색의 비드는 호박, 블루 캘세더니, 백수정, 유리,

08 페트뤼스 크리스튀스, 〈금세공 작업실의 성 엘리기우스〉, 1449년.
　그림에 보이는 남녀가 스코틀랜드의 제임스 2세와 겔데른의 마리아라는 해석이 있는데, 이들이 걸치고 있
　는 고급스러운 의상과 값비싼 보석 때문이다.

산호다. 그 아래 세 개의 브로치에는 루비, 사파이어, 진주가 박혀 있다. 테이블의 검정 박스 안에도 13개의 반지 뭉치가 있는데 금반지를 빼고는 모두 유색 보석이 세팅되었다. 그 왼편에는 다양한 나석이 있고, 봉투에는 진주가 잔뜩 들어 있다. 하지만 그림 어느 곳에서도 다이아몬드는 발견할 수 없다. 이를 통해 우리가 역으로 짐작할 수 있는 것은, 이 시기에 다이아몬드는 왕족으로 보이는 이 커플조차 소유하기 어려운 귀한 보석이었으며, 브뤼헤의 고급 보석상에서도 구하기 힘든 보석이었다는 사실이다. 막시밀리안이 다이아몬드 반지 하나를 마련하기 위해 전 재산을 탈탈 털고 대출까지 받아야 했던 이유다.

다시 마리의 약혼반지 이야기로 돌아가 보자. 당시 마리가 받은 약혼반지는 [도9]처럼 다소 칙칙한 빛깔의 다이아몬드 11개가 마리의 이니셜 'M'을 만들고, 반지의 양 어깨에는 왕관 문양이 새겨진 것으로 알려져 있다. 그런데 이 M자 이니셜은 애초에 마리가 원한 디자인이었다고 하니 여자들이 약혼반지에 까탈스러운 건 시공을 초월한 본성임에 틀림없다. 물론 이 결혼으로 저지대 국가는 합스부르크 가문의 세속 영토가 되었으므로 그녀는 '밀고 당기기'에도 발군의 실력을 발휘한 듯 보인다. 용담공 샤를이 브뤼헤에 종종 다이아

09 최초의 다이아몬드 약혼반지. 다이아몬드로 이니셜 M을 채웠다고 알려져 있다.

몬드를 보내 최신식으로 연마시키곤 했다는데, 아마도 그런 아버지의 영향으로 보석에 일찌감치 눈을 떴을 수도 있다.

이렇듯 다이아몬드 반지로 부부의 연을 맺은 두 사람은 아들 하나 딸 하나를 낳고 행복한 나날을 보냈다. 그런데 1482년, 마리가 낙마 사고로 사망하면서 안타깝게도 이들의 사랑에 제동이 걸린다. 실의에 빠진 막시밀리안은 십 년이 넘도록 재혼

하지 않았다. 하지만 막시밀리안 1세로 신성로마제국의 황제에 오른 뒤, 밀라노의 대가문인 스포르차의 상속녀 비앙카 마리아 스포르차와 두 번째 정략결혼을 단행한다. 덕분에 밀라노 영토를 획득했지만 비앙카는 막시밀리안의 마음까지는 사로잡지 못했다. 그는 평생 마리를 찬양하는 시를 쓰고, 왕실 초상화가 니클라스 라이저를 시켜 스물네 살의 마리를 반복적으로 그리게 했다. 심지어 유언으로 "내가 죽으면 내 심장을 꺼내서 마리의 무덤에 같이 묻어달라"라

10 조반니 암브로조 데 프레디스 공방, 〈비앙카 마리아 스포르차〉, 1493~1495년

는 말을 남길 정도였다. '가문의 은인'을 늘 마음에 품고 산 한 남자의 열부전烈夫傳은 그렇게 역사의 중요한 페이지를 장식했다.

행복한 오스트리아여, 결혼하라!

[도11]을 보면 합스부르크 가문을 확장하는 데 큰 공을 세운 인물들이 집결해 있다. 왼쪽에 가장 크게 묘사된 인물이 막시밀리안이고 오른쪽 끝이 마리다. 마리의 뒤편에 서 있는 남자는 이들의 장남 미남왕 필리프이다. 후에 펠리페 1세로 즉위하는데, 아버지보다 먼저 요절하는 바람에 신성로마제국의 황제가 되지는 못했다. 막시밀리안의 앞줄에는 손자들이 앉아 있다. 오른팔에 안긴 작은 아이는 페르디난트 1세이고, 커다란 모자에 긴 턱이 두드러지는 남자가 합스부르크 가문의 전성기를 이끈 카를 5세이다. 두 사람 모두 막

11 베른하르트 슈트리겔, 〈막시밀리안 1세의 가족〉, 1515~1516년.
　　막시밀리안과 마리의 사후에 그려진 그림으로 합스부르크 가문의 결혼 정책을 상징한다.

시밀리안의 뒤를 이어 신성로마제국의 황제로 즉위한다.

　　그림을 자세히 보면 막시밀리안과 카를은 최고의 엘리트 가톨릭교도만
가입할 수 있었던 황금양털기사단* 목걸이를 걸고 있다. [도12]와 [도13]을
보면 필리프와 페르디난트 역시 같은 목걸이를 착용하고 있다. 황금양털기사
단은 1430년 부르고뉴의 선량공 필리프가 창단한 이래 부르고뉴의 공작이 단

장을 역임하다가 마리와 막시밀리안의 결혼으로 합스부르크 가문으로 넘어 갔다. 앞줄 우측의 소년은 펠리페 1세의 사위로 훗날 헝가리와 보헤미아의 왕 러요시(루드비크) 2세가 된다. 러요시 2세는 합스부르크 가문 출신은 아니지 만, 후계 없이 사망하면서 페르디난트 1세가 헝가리와 보헤미아의 왕위를 승 계 받는다. 이를 기점으로 합스부르크 가문이 헝가리와 보헤미아의 왕위까지 세습하게 되니 그를 '합스부르크 가문의 숨은 영웅'으로 볼 수도 있다.

10세기만 해도 스위스의 별 볼일 없는 지방 세력에 불과하던 합스부르크 가문은 3세기 뒤 신성로마제국의 황제를 배출하며 오스트리아를 거점으로 세력을 키워나갔다. 앞서 언급한 것처럼 15세기에 막시밀리안이 저지대 지방 을 획득하면서는 유럽 최고의 가문으로 굳히기에 들어갔다. 막시밀리안은 여 세를 몰아 스페인과 결혼동맹을 맺어 아들 필리프를 스페인 카스티야 왕국 의 후아나와, 딸 마르가레테는 왕세자 후안과 결혼시켰다. 그의 손자들은 헝 가리-보헤미아 왕국의 후계자들과 결혼했는데 스페인 왕국과 헝가리-보헤 미아 왕국의 대가 끊기면서 왕위는 모두 그 후손들에게 돌아갔다.

막시밀리안의 손자 카를 5세는 16세기에 유럽 최대의 영토와 아메리카 대륙까지 차지하면서 대제국의 수장으로 등극했다. 이후 합스부르크가는 수많은 왕관을 쓰게 되지만 반복된 근친혼으로 저 유명한 '주걱턱'을 비롯해 각종 유전병으로 고통을 받았다. 결국 직계는 18세기에 끊어지는데 방계를 통해 20세기 초까지 오스트리아를 거점으로 명맥을 유지했다. 합스부르크 가문의 자손이 왕이 된 나라만도 신성로마제국, 포르투갈, 스페인, 이탈리아 등 최대 14개국이나 됐다. 물론 강력한 중앙집권 체제가 아닌 느슨한 연방 형 태이긴 했으나 오늘날까지 중세 유럽을 가장 넓게 장악한 가문으로 꼽힌다. 결국 막시밀리안의 용맹함이 담긴 다이아몬드 반지는 피 한 방울 흘리지 않

● 황금양털기사단의 모태가 된 것은 그리스 신화에 등장하는 이아손의 영웅담이다. 이아손은 숙부인 펠리아스에 게 빼앗긴 왕권을 되찾기 위해 그의 요구에 따라 잠들지 않는 용이 지키는 콜키스의 황금 양털을 가져와 왕권을 되찾았다.

12 괵지 미싱, 〈펠리페 1세(미남황 펠리프)〉, 1500년경.(위 왼쪽)

13 한스 복스베르거, 〈페르디난트 1세〉, 16세기 중반.(위 오른쪽)

14 작자 미상, 〈러요시 2세〉, 1526년.(아래 왼쪽)

세 사람 모두 황금양털기사단 목걸이를 착용하고 있다.

15 크리스토프 암베르거, 〈신성로마제국 황제 카를 5세〉, 1532년경.(아래 오른쪽)

황금양털기사단 목걸이와 포인트 컷 다이아몬드 반지를 착용하고 있다. 카를 5세는 다른 합스부르크 황제들과 마찬가지로 다이아몬드를 악으로부터 자신을 지켜주는 도구로 인식했으며, 연마할수록 마법의 힘이 줄어든다고 믿었다.

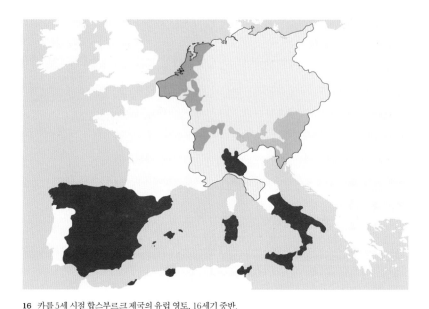

16 카를 5세 시절 합스부르크 제국의 유럽 영토, 16세기 중반.

노랑: 할아버지 막시밀리안 1세로부터 받은 오스트리아.

주황: 할머니 부르고뉴의 마리로부터 받은 저지대.

빨강: 외할아버지 페르난도 2세로부터 받은 아라곤, 발렌시아, 나폴리, 시칠리아, 밀라노, 사르데냐.

자주: 외할머니 이사벨 1세에게 받은 카스티야, 레온, 나바라 및 카를 5세가 정복한 북아프리카 전진 기지.

검은 선: 신성로마제국 황제의 명목상 영토.

고도 정당하게 영토를 확장시킨 '가성비' 최고의 외교 작품이었던 것이다.

물론 천하의 합스부르크 가문이라고 해서 매번 결혼 정책에 성공한 것은 아니다. 루이 16세의 왕비 마리 앙투아네트는 단두대에서 목이 잘렸고, 나폴레옹 1세의 두 번째 황후가 된 마리 루이즈는 본전도 뽑지 못한 채 아들과 함께 짐을 싸서 친정으로 돌아가야 했다. 그렇지만 대부분의 결혼은 합스부르크 가문에 타의 추종을 불허하는 명성과 수익을 가져다주었으니 누군가는 이렇게 외칠 만도 했다.

"다른 이들은 전쟁을 하게 하라.

행복한 오스트리아여, 그대는 결혼을 하라!"

고대 로마의 역사학자 플리니우스에 따르면 로마 시대에 이미 민반지를 교환하는 풍습이 있었다. 결혼반지의 가장 오래된 자료다. 심장과 직결된 정맥이 흐른다고 믿어 왼손 네 번째 손가락에 반지를 꼈다. 이 시기 결혼반지의 일종인 페데 반지federing도 꽤 많이 발견된다. 페데는 '믿음', '믿음의 손'이라는 뜻이다. 두 개의 손이 교차되는 디자인으로 중세 시대에 큰 인기를 누렸고 르네상스 시대에도 유행했다. 이후 몇 세기 동안 두 손을 마주 잡거나 하트를 받치고 있는 디자인이 인기를 끌었는데 간혹 그 위에 왕관이 올라간 형태도 있었다. 결혼식에서 신랑이 신부에게 반지의 반쪽을 전달하면 두 개의 반지가 만나 교차될 수 있게 만들어져 믿음과 결속을 뜻했다.

르네상스 시대의 페데 반지, 1500~1650년.(위)
19세기 초의 페데 반지.(아래) ⓒS. J. Phillips

결혼반지와 약혼반지의 존재가 별개로 받아들여지기 시작한 것은 15세기부터다. 보통 약혼반지에는 귀보석이 박히고, 결혼반지는 대부분 심플한 디자인이었다. 그런데 17세기와 18세기에 오면 약혼반지의 형태도 다양해진다. 다이아몬드뿐 아니라 루비, 사파이어, 에메랄드가 세팅되기도 했다.

오늘날 우리에게 익숙한 모델은 19세기 하반기에 등장했다. 1860년대에 남아프리카에서 대규모의 다이아몬드 광산이 발견되면서 다이아몬드를 좀 더 폭넓은 층에서 소유할 수 있게 된 것이다. 물론 여기에는 산업혁명의 덕도 컸다. 다이아몬드가 풍부하게 시장에 공급되자 보석의 품질에 대한 관심도 덩달아 폭발했다. 패션을 앞서간 여성들은 그저 그런 다이아몬드 여러 개보다 더 크고 더 좋은 다이아몬드 한 개로 차별화하고자 했다. 반지에서 강조된 대상이 '세팅'에서 '보석 그 자체'로 바뀐 것이다. 무겁고 커다란 세팅은 사라졌고, 섬세한 오픈 워크 콜렛open work collet(투조 세공된 난집)과 프롱prong(난발)이 유행하면서 더욱 많은 빛이 보석을 투과하도록 세공되었다.

한편 연마사들은 다이아몬드의 중량을 살리기 위해 노력했다. 쿠션 컷cushion cut(구선 모양으로 양 모서리가 둥글게 된 커팅)의 다이아몬드는 가성비가 뛰어났지만 다소 뚱뚱한 형태는 다이아몬드의 광학적 특성인 굴절과 분산을 극대화시키지 못했다. 빛이 들어와 반사되고 무지갯빛을 극대화시키기 위해서는 커팅 방법이 수정되어야 했다. 그 결과 보석은 날씬해졌고, 동그랗게 됐고, 큘렛culet(연마한 보석 아랫부분 끝의 꼭짓점. 충격으로부터 손상을 방지하는 역할을 한다)의 크기는 줄어들었다. 이 새로운 브릴리언트 컷은 결국 원석의 50퍼센트를 깎아내는 손해를 감수해야 했다.

커다란 다이아몬드가 하나만 박혀 있는 솔리테어 반지는 당시의 기술 수준을 나타내는 지표이기도 했다. 플래티넘(백금)을 정복하고 주얼리 연마 기술이 발전하면서 디자인에 대한 선택권도 다양해졌다. 결론적으로 가보로 물려 내려오든 신부가 직접 고르든 다이아몬드 약혼반지는 19세기 이래로 낭만적인 사랑의 상징이 되었다.

약혼반지는 그 존재를 관통하는 메시지를 생각하면 영속성이 가장 중요하다. 그렇다면 '다이아몬드는 영원히', 이 말은 왜, 무엇 때문에 등장한 것일까? 다이아몬드는 지구에 존재하는 천연 광물 중 가장 단단하다. 이 단단함 때문에 고대 그리스인들은 정복할 수 없다는 뜻의 아다마스adamas라고 불렀다. 가장 단단하니 같은 다이아몬드 외에는 긁히지 않아, 서로에게 상처만 주지 않으면 영원히 행복하게 지낼 수 있다는 의미로 해석됐고, 눈부신 광채는 계속해서 타오르는 사랑의 불꽃으로 해석됐다. 땅속에서 최소 수십억 년을 견디고 고온 고압도 이겨냈으니 인내의 상징이 될 수밖에 없었다. 합스부르크 가문의 결혼 정책에도 그 시작점에는 다이아몬드 약혼반지가 있었다.

그렇게 정복할 수 없는 것을 인류가 정복하자 '아니다'의 뜻을 가진 접두사 a가 빠져 diamond가 되었다.

올드 마인 컷 다이아몬드 반지, 1800년.
©FD Gallery

19세기에 개발된 다이아몬드 솔리테어 반지.
©Tiffany & Co.

다이아몬드 약혼반지와 결혼반지. ©Tiffany & Co.

6

대항해 시대, 포르투갈과
스페인의 채굴 잔혹사

신대륙의 에메랄드 이야기

"설산을 황금 덩어리로 바꾸어 그것을 두 배로 불린다 해도
사람의 욕심을 채울 수는 없다."

—『상응부경전相應部經典』

2017년 6월, 록펠러 가문이 소장한 에메랄드를 공교롭게도 뉴욕의 록펠러 센터에서 경매에 부친다는 흥미진진한 소식이 들려왔다(뉴욕 크리스티 경매장은 록펠러 센터 안에 있다). 마침 뉴욕 출장 중이던 나는 한걸음에 전시장으로 달려갔다. 사방이 새하얀 작은 방에 들어서자마자 거대한 다이아몬드 몇 점을 제치고 짙은 초록빛의 에메랄드가 한눈에 들어왔다. 마법에 걸린 듯 그 앞으로 이끌려간 나는 혼잣말로 소리쳤다.

"이럴 수가! 1948년 디자인치고는 정말 심플한데? 양옆을 받치고 있는 사다리꼴 다이아몬드는 군더더기 없이 에메랄드만 부각시키고 있고……. 이건 오로지 에메랄드의, 에메랄드에 의한, 에메랄드를 위한 디자인이구나."

신데렐라의 유리 구두라도 발견한 양 혹시나 하는 마음에 조심스럽게 손가락을 넣어보지만 역시나 내게는 너무 큰 반지다. 묵직한 에메랄드의 무게를 이기지 못하고 자꾸만 옆으로 돌아가는 반지를 간신히 고정시킨 후에야 '인증 샷'을 한 장 찍을 수 있었다.

드디어 에메랄드의 심장을 들여다볼 차례. 태생적으로 내포물이 많은 에메랄드는 오일 처리●를 한 후 투명도를 높인 상태로 유통되는 것이 관례다. 하지만 에메랄드가 나고 자란 '역사의 산 증거'인 내포물을 무조건 부정적으로 보지는 않는다. 에메랄드의 내포물은 마치 정원의 모습을 닮았다고 하여 자르댕jardin이라는 시적인 별명까지 붙어 있을 정도다.

록펠러 에메랄드의 감정서를 훑어보던 나는 "오일 처리를 하지 않은 자연 상태 그대로"라고 적힌 문구를 발견했다. 원산지 표시에는 '클래식' 콜롬비아라는 반가운 단어도 적혀 있었다.

'어쩌면 내가 생각한 것보다 훨씬 오래전에 세상과 만난 에메랄드일 수도

● 시중에 유통되는 에메랄드의 약 90퍼센트 이상은 투명도를 개선하기 위해 에메랄드와 비슷한 굴절률을 가진 오일이나 수지로 내부의 균열을 메우는 작업을 거친다. 따라서 오일 처리되지 않은 에메랄드는 '비처리No-Oil'로 표시되며 매우 고가에 거래된다.

01 록펠러 가문이 소장했던 18.04캐럿의 콜롬비아 에메랄드 반지를 껴보았다. 1930년 존 록펠러가 아내에게 선물한 브로치였는데, 이 에메랄드를 물려받은 아들 데이비드 록펠러가 반지로 리세팅했다.

있겠구나!'

  기대감에 갑자기 맥박이 빨리 뛰기 시작했다. 확대경으로 아무리 들여다봐도 내포물은 크게 눈에 띄지 않았다. 그저 짙은 초록빛 에너지만 내뿜을 뿐이었다.

  '오일 처리도 안 된, 그것도 18캐럿이나 되는 콜롬비아 에메랄드가 이렇게 맑고 깨끗하고 싱그럽다니……. 이런 귀한 보물의 새로운 주인은 누가 될까?'

  좀처럼 흥분이 가라앉지 않은 나는 그 길로 메트로폴리탄 박물관으로 단숨에 달려갔다. 그곳에 16세기의 에메랄드가 한가득 장식된 '안데스의 왕관Crown of the Andes'이 있기 때문이었다. 사실 나는 완벽에 가까운 록펠러 에메랄드를 마주한 순간부터 스페인 정복자들의 탐욕이 서린 초창기의 에메랄드와 비교하고 싶은 충동을 느꼈다. 과연 어떤 매력이 그들을 그토록 잔혹하게 만든 것일까? 방금 나의 오감과 만난 록펠러 에메랄드의 잔상과 여운이 사라지기 전에 '안데스의 왕관' 속 에메랄드의 숨결을 빨리 확인해야겠다는 생각뿐이었다.

그날, 같은 고향에서 나고 자랐지만 전혀 다른 디자인과 사연을 품고 있는 녹색 돌에 매료된 나는 그 시작점부터 되짚어보기로 마음먹었다. '콜롬비아'라는 이름의 뿌리가 된 크리스토퍼 콜럼버스의 시대로 지금, 여러분을 초대하는 이유다.

대항해의 선구자, 포르투갈과 스페인

콜롬비아 에메랄드가 세계적으로 인정받게 된 것은 선구자들의 신항로 개척이 있었기 때문이다. 유럽의 서쪽 끄트머리에서 대서양과 마주하고 있는 포르투갈과 스페인이 가장 먼저 바닷길로 뛰어들었다. 이들은 항해에 자신감도 있을뿐더러 동양에 기독교를 전파하겠다는 사명감도 충만했다. 15~16세기 대항해 시대의 포문을 연 '항해의 왕'은 포르투갈의 엔히크 왕자였다. 그는 일찍이 항해술을 과학으로 발전시키고 전략적으로 항해를 준비했다. 엔히크 사후에는 주앙 2세의 후원으로 바르톨로메우 디아스가 1488년 남아프리카의 최남단 희망봉을 발견했다.

이 희망봉을 거쳐 1497~1499년에 인도로 가는 항로를 개척한 사람이 포르투갈의 대부호 바스쿠 다 가마였다. 그의 인도 항해는 편도 1년, 왕복 2년이 걸리는 험난한 여정이었으나, 역사상 최초로 바닷길을 통해 유럽과 아시아를 직접 연결하는 시대를 열었다는 점에서 큰 의의가 있다. 이렇듯 왕실의 정책적인 후원을 받은 포르투갈은 인도로 가는 서아프리카 항로의 기초를 튼튼히 다졌다. 동시에 그 길은 세계화를 여는 문이자 식민지 정복을 둘러싸고 벌어질 제국주의의 피바람을 알리는 예고편이 된다.

한편 포르투갈의 라이벌인 이웃 나라 스페인은 서쪽 바다를 향했다. 이것이 바로 우리가 잘 알고 있는 1492년 '콜럼버스의 대항해'다. 이탈리아 제노

02 누노 곤살베스, 〈포르투갈의 엔히크 항해왕자〉, '성 빈센트 6폭 패널화'의 부분, 1470년경.(왼쪽)
03 작자 미상, 〈바스쿠 다 가마의 초상〉, 1525~1550년.(오른쪽)

바 출신의 크리스토퍼 콜럼버스는 인도로 가는 바닷길을 개척하기 위해 열심히 자금줄을 찾고 있었다. 포르투갈을 비롯해 여러 왕실을 찾아다니며 새로운 동아시아 항로를 개척하자고 제안해봤지만, 그때마다 번번이 거절만 당하기 일쑤였다. 그러던 중 이슬람과 성전聖戰을 치른 후 자금난에 처한 스페인의 여왕 이사벨 1세가 기적처럼 지원에 나섰다. 당시 왕실과 귀족은 계약 관계였기 때문에 전쟁에서 얻은 영토의 대부분은 귀족들이 차지했다. 그러니 전쟁에서 이기고도 스페인 왕실은 재정난에 허덕일 수밖에 없었다. 이런 상황을 영민하게 알아챈 콜럼버스는 이사벨 여왕에게 인도에서 돈이 될 만한 향신료와 보석, 그리고 황금을 가져오겠다고 큰소리쳤다. 마침 23년에 걸쳐 이교도를 몰아내고 스페인의 국토 회복Reconquista을 이뤄낸 이사벨 1세는 가톨릭 포교에 대한 의지가 최고조에 달해 있었다. 결국 본인이 소유한 보석까지 담보로 잡혀 항해 자금을 마련해 콜럼버스를 지원한다. 그렇게 세 척의 배를 이끌고 서쪽을 향한 콜럼버스가 대서양을 거쳐 발견한 미지의 땅은 인도가

04 작자 미상, 〈카스티야의 이사벨 1세〉, 1490년경.(왼쪽)
05 세바스티아노 델 피옴보, 〈크리스토퍼 콜럼버스로 추정되는 남자의 초상〉, 1519년.(오른쪽)

아닌 바하마 제도의 한 섬이었으니……. 앞서 콜럼버스의 제안을 거절한 포르투갈의 주앙 2세는 이 소식을 듣고 발만 동동 구를 뿐이었다.

스페인의 황금과 에메랄드 수탈사

아메리카 대륙을 처음 발견한 스페인과 후발주자로 합세한 포르투갈은 1494년 상호 조약을 맺고 경계선을 그어 식민지를 나눠 가졌다. 동쪽을 차지한 포르투갈이 브라질을, 서쪽을 차지한 스페인은 중남미 대부분을 손에 넣는 식이었다. 하지만 유토피아를 향해 떠난 제2, 제3의 콜럼버스들은 탐험가에서 정복자로 탈바꿈해 금, 은, 보석을 '약탈'하는 방식으로 고대 라틴 아메리카의 문명을 멸망시켰다. 1521년 에르난 코르테스가 아스테카 왕국(오늘날의 멕시코)을, 1533년에는 프란시스코 피사로가 황금 제국으로 알려진 잉카

06 작자 미상, 〈에르난 코르테스〉, 18세기.(왼쪽)
07 아마블 폴 쿠탕, 〈프란시스코 피사로〉, 1834~1835년.(오른쪽)

제국(오늘날의 페루, 에콰도르, 콜롬비아 남부, 볼리비아 일부, 아르헨티나 북서부, 칠레 북부)을 차례로 정복했다. 그들은 황금을 약탈하고, 광산 개발에 원주민을 강제 동원한 것은 물론이고, 유럽의 전염병까지 퍼트려 인구를 말살시켰다. 코르테스와 피사로는 6촌 지간이었으니 한 집안에서 중남미의 문명을 모두 파괴한 셈이다.

중남미에는 유색 보석의 매장량도 어마어마했다. 온갖 보석 중에서도 16세기 중반에 발견된 콜롬비아의 에메랄드가 최고의 수확이었다. 기원전 1000년경부터 에메랄드를 다뤄온 원주민들은 에메랄드에 관한 갖가지 지식과 공예술까지 보유하고 있었다. 남쪽으로는 페루와 칠레, 북쪽으로는 멕시코에 이르기까지 서로 다른 부족 간에 물물 교환을 할 때도 에메랄드를 사용했다. 무덤에서 꺼낸 미라의 눈과 배꼽에 달걀 크기만 한 에메랄드가 박혀 있을 정도였다. 하지만 2천 년 이상의 역사를 자랑하던 '아메리카 대륙의 에메랄드'는 스페인 정복자들에 의해 재빨리 상품화되면서 스페인의 국고를 불려

08 〈잉카 제국의 황제 아타우알파와 만난 피사로〉, 1532년.(왼쪽)

　　1832년 11월 15일 아타우알파Atahualpa 황제는 자신의 8만 병사가 둘러싸고 있는 카하마르카에서 피사로를
접견하지만, 이튿날 다시 만날 것을 요청한 피사로를 찾아갔다가 매복한 스페인 병사들에 의해 체포되고 만
다. 피사로는 2백 명의 병력에 불과했지만 대포와 총칼로 잉카의 군사 5천 명 이상을 학살했다.

09 작자 미상, 〈아타우알파 황제〉, 1750~1800년.(오른쪽)

나갔다. 유럽의 왕족과 인도 무굴 제국 통치자들의 수요가 늘어갈수록 원주
민의 강제 노역은 더욱 심화되었다. 정복자들은 우상을 숭배하는 원주민들
을 악마로 몰아세우고 에메랄드를 하나님이 허락한 전리품이라고 우기며 집
단 학살을 정당화했다.

　　가장 먼저 에메랄드를 손에 넣은 정복자는 에르난 코르테스였다. 1520년
아스테카 왕국의 수장 모크테수마 2세Moctezuma Ⅱ는 짙은 초록빛의 커다란 에
메랄드 원석 10개를 코르테스에게 건넸다. 그때까지 유럽인들이 알고 있던 에
메랄드는 고대 이집트, 오스트리아, 그리고 중앙아시아의 광산이 유일했다.
이토록 뛰어난 품질과 크기, 선명한 녹색의 에메랄드는 그 어디에서도 본 적
이 없었다. 눈이 뒤집힌 코르테스는 테노치티틀란(아즈텍의 왕도, 현재의 멕시코
시티)의 신전에 있는 거대한 에메랄드까지 훔쳐 스페인의 국왕이자 신성로마

제국의 황제 카를 5세에게 보냈다. 그날 이후로 아즈텍 신전에서 약탈한 에메랄드는 거의 다 유럽으로 넘어갔다.

1532년에는 강철 갑옷을 입고 강철 검과 총으로 무장한 프란시스코 피사로의 군대 168명이 돌칼과 돌창을 들고 싸우는 수천 명의 잉카인들을 무너뜨렸다. 에메랄드를 신성한 보석으로 숭배한 잉카인들에게 에메랄드의 초록빛은 신神의 본질 그 자체였다. 피사로 일행도 잉카의 신전과 무덤에서 에메랄드를 약탈해 본국으로 보내기 시작했다. 욕심에 눈이 먼 그들은 에메랄드 광산에 대한 정보까지 알아내기 위해 잔혹한 고문도 마다하지 않았다.

그러던 1537년, 마침내 콜롬비아의 에메랄드 광산을 손에 넣은 정복자가 등장한다. 바로 곤살로 히메네스 데 케사다였다. 원래 케사다 일행은 엘도라도의 전설 속 황금을 찾기 위해 탐사를 떠났는데 무이스카족Muisca(치브차족)을 만나 어부지리로 에메랄드를 획득했다.

잉카 제국에 이어 남미에서 두 번째로 발달된 정치 체계를 갖춘 무이스카에서는 에메랄드를 '작은 초록빛 돌'이라 부르고 있었다. 케사다는 에메랄드의 존재를 발견하자마자 족장을 납치하고 원주민들을 고문한 끝에 광산 정보를 얻어냈다. '녹색 돌의 신'이라 불린 치보르Chivor 광산

10 작자 미상, 〈콜롬비아 보고타 초원을 바라보는 곤살로 히메네스 데 케사다〉.
엘도라도는 원래 '황금의 도시'가 아니라 '황금을 몸에 바른 사람'을 뜻하는 말이었다. 무이스카의 족장은 온몸에 송진을 칠하고 황금 가루를 바른 채 과타비타 호수에서 뗏목을 타고 황금과 에메랄드를 물에 던졌다. 호수에 사는 영을 위로하는 무이스카족 고유의 의식이었다. 호수에 황금을 던진다는 금빛 소문은 케사다 일행의 귀에도 들어갔고, 황금에 눈이 먼 정복자들은 금은보화가 가득한 호수로 앞다퉈 달려갔다.

콜롬비아

페냐 블랑카스

코스쿠에즈

무조

치보르

11 콜롬비아의 대표적인 에메랄드 생산 지대인 페냐 블랑카스, 무조, 코스쿠에즈, 치보르 광산.

을 차지한 케사다의 부대는 50년에 걸쳐 원주민들의 노동력을 착취하며 에메
랄드를 수탈했다.

사실 남아메리카 원주민들은 키도 작고 면역력도 약해 혹독한 노동에
는 맞지 않는 신체 조건을 갖고 있었다. 이에 대한 해결책으로 정복자들은 아
프리카에서 노예를 데려왔다. 어린아이와 여자들까지 동원된 에메랄드 채굴
현장은 처참한 전쟁터나 다름없었다. 참혹한 치보르 광산의 소식을 전해 들
은 무조Muzo 원주민들은 자신들의 에메랄드 광산을 급히 닫고 밀림으로 위
장했다. 그러나 30년간의 격렬한 저항에도 불구하고 스페인의 정복자들은

1568년 마침내 무조 광산까지 점령했다. 짙은 초록빛 물감을 풀어놓은 것 같은 무조의 에메랄드는 이제까지 만나본 그 어떤 에메랄드와도 비교할 수 없을 정도로 아름다웠다. 게다가 치보르 광산보다 접근도 쉽고 생산량도 월등히 높아 금세 에메랄드의 대표 광산으로 우뚝 섰다. 1587년 스페인의 예수회 선교사로 아메리카 대륙의 자연과 문화를 상세히 기록한 호세 데 아코스타Jose de Acosta에 의하면, 18년간의 선교 활동을 마치고 스페인으로 돌아가는 상선에 실린 에메랄드만 무려 50만 캐럿이 넘었다고 한다.

전염병을 이겨낸 승리의 표상, 안데스의 왕관

이 모든 생생한 식민 시대의 채굴 역사가 고스란히 담긴 왕관 한 점이 오늘날 뉴욕의 메트로폴리탄 박물관에 전시되어 있다.

이 왕관이 품고 있는 이야기는 1537년 스페인이 건설한 콜롬비아의 도시 포파얀Popayán을 배경으로 전개된다. 안데스 산맥의 고지에 위치한 이 도시는 깎아지른 듯한 수직 절벽이 병풍처럼 펼쳐진 절경과 새하얀 건축물의 대비가 아름다운 곳이다.

1590년, 스페인 정복자들로부터 유입된 천연두가 에콰도르, 베네수엘라, 볼리비아, 페루에 이어 콜롬비아까지 창궐했다. 가톨릭 주교는 두려움에 떠는 포파얀 주민들에게 부디 도시를 떠나지 말고 성모에게 기도를 올리라고 당부했다. 그들의 간절한 기도가 하늘에 닿은 것일까? 수천 곳의 마을을 무너뜨리며 총 2백만 명의 생명을 앗아간 천연두가 다행히 포파얀에는 퍼지지 않았다. 기적처럼 목숨을 건진 포파얀의 주민들은 감사의 뜻으로 성모상에 장식할 왕관을 제작하기로 의견을 모으고 황금과 에메랄드를 십시일반으로 기증했다.

1593년, 세상에서 가장 고귀한 왕관을 제작하기 위해 포파얀에 거주하

12 올드 마인 에메랄드 443개가 장식된 안데스의 왕관, 1590~1770년. ©The Metropolitan Museum of Art
16세기 무굴 제국에 콜롬비아 에메랄드를 판 보석업자들은 원석을 '오리엔탈(올드 마인, 고품질)'과 '옥시덴탈
(뉴 마인, 일반 품질)'로 구분했다. 사실상 서양의 에메랄드 품질이 동양보다 못하다는 오랜 인식 때문에 생겨
난 마케팅 용어다. 이 때문에 일부러 이집트로 보냈다가 다시 인도로 들여오는 업자도 있었다.

는 스페인 세공사 24명이 투입되었다. 이들은 왕관의 꼭대기에 그리스도를 상징하는 십자가부터 만들기 시작했다. 왕관의 중심에는 1532년 프란시스코 피사로가 잉카 제국 최후의 황제 아타우알파에게서 강탈한 24캐럿의 '아타우알파 에메랄드'를 세팅했다. [도12]에서 한가운데에 박힌 가장 큰 사각형의 에메랄드가 바로 그것이다. 수많은 세공사들이 세대를 바꿔가며 공들여 제작한 왕관은 1660년에 일차적으로 완성되었는데 1770년에 아치 부분을 추가하면서 더욱 웅장한 모습을 갖추었다. 식민 시대를 상징하는 '올드 마인 콜롬비아 에메랄드'(17세기까지 콜롬비아의 치보르 광산과 무조 광산에서 채굴된 고품질의 에메랄드) 총 443개가 곳곳을 채우고, 두툼하고 무겁게 세공하는 스페인의 금세공술과 콜롬비아의 전통 공예 기법이 절묘하게 어우러졌다. 성모상의 머리 위에 왕관이 올라간 모습은 대략 [도13]을 상상하면 된다.

안데스의 왕관은 두 번이나 도난당했고, 총 1,521캐럿에 달하는 올드 마인 에메랄드만 따로 처분될 뻔한 적도 있다. 하지만 1938년 새로운 주인이 된 뉴욕의 보석상 오스카 헤이맨Oscar Heyman은 이 역사적인 왕관을 수익 대신 미국인들에게 널리 알리는 쪽으로 방향을 틀었다. 이후 수십 년간 미국 내 각종 전시를 순회한 왕관은 1970년 오스카의 딸 앨리스가 상속받았고, 2015년부터 메트로폴리탄 박물관이 소장하고 있다. '잉카 제국의 황금과 에메랄드, 유럽인이 퍼트린 전염병, 성모의 놀라운 기적' 등 돈으로 환산할 수 없는 스토리가 응집된 안데스의 왕관은 스페인의 식민 시대를 상징하는 세상에 단 하나뿐인 유물이다.

유색 보석의 보고 브라질

브라질 또한 포르투갈의 아메리카 대륙 탐험이 시작된 1500년대부터 각종 보석과 귀금속을 산출해온 역사를 자랑한다. 남미 국가 중 최대 면적의 나

13 페루의 화가, 〈구아풀로의 성모〉, 18세기.(왼쪽)

14 작자 미상, 〈과달루페의 성모〉, 1700년경.(오른쪽)

성모상은 스페인의 식민 시대 초기에 기독교인의 삶에서 매우 중요한 존재였다. 17세기 말에는 수호신이자 어머니 같은 존재인 성모의 조각상을 모사模寫한 이런 류의 그림이 안데스 지방에 크게 유행했다. 성모의 기적으로 유명한 '과달루페의 성모'를 모태로 제작된 [도13]은 현재 에콰도르의 구아풀로 성당에 있다. 실제로 '과달루페의 성모'는 가무잡잡한 피부를 가진 아메리카 원주민 처녀의 모습을 하고 있어서 피식민지 포교에 결정적인 역할을 했다.

15 시카고 엑스포에서 전시 중인 안데스의 왕관. ©Oscar Heyman

라답게 지금까지도 단일국으로는 최대 규모의 유색 보석 광산을 보유하고 있다. 오늘날 유통되는 유색 보석의 65퍼센트가 브라질산이라고 해도 과언이 아니다. 자수정, 토파즈, 투르말린, 크리소베릴, 스포듀민(쿤자이트와 히데나이트), 시트린의 최대 산출국이고 에메랄드, 가닛, 아이올라이트, 오팔의 주요 생산국이다.

　　당시 유럽인의 기준에서 보면 브라질은 높은 기온과 습도, 접근이 어려운 정글, 열대성 질환, 독성을 지닌 파충류와 맹수, 사나운 원주민, 그리고 기반 시설의 부족 등 여러 가지 높은 장벽을 갖고 있었다. 그럼에도 불구하고 금, 은, 보석을 채굴해서 부를 획득하겠다는 포르투갈 정복자들의 집념은 막을 수 없었다. 초기에는 극히 소량의 자수정과 은이 발견될 뿐이어서 고전을 면치 못했다. 게다가 브라질의 원주민들은 캘세더니chalcedony(옥수)와 쿼츠quartz(석영) 같은 원석을 가공해서 장식품과 생활도구를 만드는 사람들이었기 때문에 정복자들이 가장 원하는 황금을 채굴하는 데는 큰 도움을 주지 못했다. 이에 정복자들은 아프리카에서 수많은 흑인들을 실어 와 노예로 부리기 시작했다. 결국 끈질긴 집념 끝에 17세기 말에는 금광을, 1730년에는 다

16　각종 유색 보석과 다이아몬드.(상단에서 시계방향으로 사파이어, 루비, 에메랄드, 자수정, 다이아몬드)

이아몬드 광산까지 발굴해내는 결실을 맺는다. 브라질 원주민의 땅이 산산조각 날수록 포르투갈의 왕실에는 금은보화가 쌓여갔다.

스페인과 포르투갈 정복자들의 채굴 경쟁이 치열해지는 것과 맞물려 유럽에는 엄청난 규모의 부가 밀려들어 왔다. 아메리카 대륙의 각종 보석은 포르투갈 상인들이 장악한 신항로를 타고 인도의 무역 센터인 고아Goa로 들어가 무굴 제국의 통치자들을 호사스럽게 꾸몄다. 버마, 스리랑카, 인도 등 동방의 보석도 같은 길을 통해 유럽으로 수월하게 유입되었다. 어느덧 지중해의 베네치아를 대신해서 포르투갈의 리스본과 스페인의 세비야, 바르셀로나가 유색 보석 거래의 중심지로 급부상했다. 탄력을 받은 포르투갈은 브라질뿐 아니라 스리랑카까지 점령해서 사파이어와 루비 광산을 차지했다. 천연석의 보고인 스리랑카는 17세기에는 네덜란드가, 18세기에는 영국이 들어와 4백 년간 유럽 열강들의 수탈 대상이 된다. 그렇게 서양의 강대국들이 점차 동쪽의 대륙을 지배하게 되는 서세동점西勢東漸의 시대가 열렸다.

대항해 시대의 진화와 선구자의 몰락

그렇다면 대항해 시대의 독보적인 선구자이자 '이베리아 반도의 신화'로 이름을 떨친 스페인과 포르투갈은 왜 주변국들에게 거대 강국의 자리를 내주게 된 것일까? 포르투갈은 내실을 다지기도 전에 식민지 확장에 거의 모든 국가 재산을 쏟아부었고, 왕실의 부정 축재로 일찌감치 내리막길을 걸었다. 급기야 1580년에는 스페인에 합병되면서 하락세에 접어들더니 1640년에 독립을 회복하고도 해상 대국으로서의 지위를 되찾지 못했다.

스페인 역시 기존 질서를 굳게 믿고 변화를 악이라 여기며 새로운 기술에 대한 투자를 거부한 채 오로지 가톨릭 수호와 식민지 확장에 온 힘을 쏟았다. 이사벨 1세 여왕의 외손주인 카를 5세와 그의 아들 펠리페 2세는 스페인

17　인도 무굴 양식으로 카빙한 콜롬비아 에메랄드가 세팅되어 있는 투티 프루티^{Tutti-Frutti}(과일 샐러드) 스타일의 목걸이. ©Vincent Wulveryck, Cartier

무굴 제국에서는 녹색을 무함마드 망토의 색이라고 여겨 에메랄드를 다른 보석보다 신성하고 귀하게 여겼다. 자신들이 알라신의 보호를 받는다는 것을 보여주기 위해 통치자들은 에메랄드에 코란의 구절이나 상징을 새긴 뒤 부적처럼 착용했다.

에 들어온 막대한 부를 이교도와의 전쟁에 다 써버렸다. 치솟는 전쟁 비용으로 여기저기서 돈을 빌린 결과 1598년 스페인의 공식 부채는 1억 두카트(1두 카트는 금 3.5그램에 해당하므로, 현재 가치로는 약 10조 원)에 달했다. 특히 네덜란드에 대한 끈질긴 집착으로 30년 전쟁에서 패한 뒤에는 유럽의 영원한 이류 국가로 전락했다.

무엇보다 스페인은 아메리카 대륙에서 손쉽게 축적한 황금에 지나치게 의존했다. 그리고 그 황금을 중국의 차와 도자기 같은 값비싼 외국 제품을 사들이는 데 썼다. 주변 강국들이 국가 주도로 제조업을 육성하고 있을 때 상공업 발전에는 관심을 기울이지 않았으니 국내 산업이 위축된 것은 당연한 결과였다.

1545년부터는 볼리비아의 포토시Potosi 은 광산을 대규모로 수탈해 값싼 은이 스페인을 통해 대거 유럽으로 유입되어 물가가 4배나 상승하는 '가격혁명'이 일어났다. 원주민 착취와 압제의 결과물이자 유럽의 경제를 뒤흔들어 놓은 은은 차와 도자기의 종주국인 중국으로 흘러들었다가 결국 아편을 사는 데 소비되는 허탈한 결과를 맞는다.

최고의 전리품인 에메랄드마저 공급량이 포화 상태에 이르러 한때 가치가 크게 폭락하기도 했다. 스페인의 정복자들이 수탈한 콜롬비아 에메랄드는 황금이 절실했던 스페인이 외국 왕실에 팔아댄 결과 오늘날에는 오히려

18 록펠러 에메랄드 반지. ©Christie's   19 록펠러-윈스턴 에메랄드 반지. ©Harry Winston

인도와 이란의 문화재로 존재감을 떨치고 있다.

타민족의 문화를 억누르고, 이교도를 죄악시하며, 변화에 대응하지 못한 두 나라의 화려했던 전성기는 밀물같이 들어왔다가 썰물처럼 빠져나갔다. 잉카 제국을 뺏긴 아타우알파 에메랄드의 저주였을까? 스페인과 포르투갈이 문을 연 대항해 시대는 네덜란드, 프랑스, 영국으로 주도권이 옮겨가면서 세계사의 새로운 승자를 배출했다.

에필로그

2017년 6월 20일, 록펠러 에메랄드는 크리스티 경매에서 '에메랄드의 캐럿당 가격' 부문 세계 기록을 갱신했다. 세기의 주얼리 아이콘인 엘리자베스 테일러의 에메랄드가 보유한 기록을 단숨에 갈아치운 비결은 "좀처럼 보기 힘든 크기, 유명인의 소장 기록, 오일 처리 없는 자연 그대로의 상태" 등 모든 가치의 탁월한 조합이었다.

그리고 모두가 궁금해한 기록 갱신의 주인공은 미국의 보석상 해리 윈스턴이었다. 2년 뒤인 2019년 10월, 해리 윈스턴은 브랜드의 상징적인 디자인과 세팅으로 완성한 록펠러-윈스턴Rockefeller-Winston 반지를 언론에 공개했다. 이렇게 보석은 새로운 주인을 만나 또 다른 역사를 써나가고 있다.

에메랄드는 베릴beryl이라는 광물의 변종으로, 생성될 때 크롬이나 바나듐 원자의 함유량에 따라 아름다운 녹색을 띠게 된다. 크롬이나 바나듐이 많을수록 녹색이 짙어지고, 철이 증가할수록 푸른색이 짙어진다. 콜롬비아의 에메랄드는 그 어느 산지보다 크롬이 많이 내포돼 있고 철이 적어서 태양 아래 가장 아름다운 녹색으로 평가된다.

한편 거대한 크롬 원자가 에메랄드 결정에 스트레스를 주면 내부에 균열이나 내포물이 생긴다. 이는 빛의 투과를 방해하지만, 콜롬비아 에메랄드의 내포물은 마치 정원 같은 모습을 연출해 '자르댕'이라는 이름으로 불린다.

고대 점술가들이 이 내포물을 통해 미래를 예측할 정도로 에메랄드는 오래전부터 신비로운 존재로 자리매김했다. 때로는 닭이 원석을 삼켜 모래주머니에서 발견되는 일도 있었기 때문에 콜롬비아에서는 죽은 가축의 배까지 가르곤 했다.

오늘날에도 콜롬비아산 에메랄드 하면 가장 아름답고 따뜻하며 높은 채도를 띠는 녹색의 대명사로 통한다.

그러나 콜롬비아 에메랄드라고 다 같은 것은 아니다. 아메리카 대륙의 발견 이후 17세기까지 콜롬비아의 치보르 광산과 무조 광산에서 채굴된 초기의 에메랄드를 특별히 '올드 마인old mine 에메랄드'라고 부른다. 보통 둥글게 다듬어진 형태가 많은데 당시에는 원주민 부족의 이름을 따서 '치보차Chibocha 스톤'이라고도 불렀다. 무조 광산에서 채굴된 것은 벨벳 같은 부드러운 광택에 잔디 같은 녹색을 띠며, 치보르 광산은 좀 더 푸르스름하고 짙은 녹색이 많다. 지질학적으로는 치보르가 더 오래됐다. 두 광산은 1675년에 문을 닫았다가 무조는 1895년에, 치보르는 1920년대에 채굴을 재개했다. 오늘날 올드 마인 에메랄드는 최고 품질의 에메랄드로 간주되어 높은 프리미엄이 붙는다.

요즘도 콜롬비아 에메랄드의 위상에는 그 누구도 이의를 제기하지 못한다. 상질의 것은 다이아몬드보다 훨씬 비싸고, 심지어 내포물이 많더라도 깊고 풍부한 녹색 빛을 띤다면 내부가 깨끗한 옅은 색깔보다 훨씬 가치가 높다.

콜롬비아 에메랄드 목걸이. ©Bulgari

7

엘리자베스 1세의 특명,
스페인의 진주를 훔쳐라

영국과 스페인의
역대급 보석 경쟁

"나는 이미 영국과 결혼했소."

―엘리자베스 1세

내가 런던에서 제일 좋아하는 장소 중 하나가 국립초상화 미술관^{National} Portrait Gallery이다. 과거로 시간 여행을 떠나 이미 사라진 사람들의 희로애락을 다시 만나는 일은 언제나 야릇한 흥분을 맛보게 한다. 특히 그들이 착용하고 있는 다양한 보석을 하나하나 들여다보며 온갖 상상력을 동원하다보면 어느새 설렘으로 가슴이 뛰기 시작한다. 전에는 보이지 않던 부분이 문득 눈에 들어올 때면 보람과 즐거움은 배가 된다.

흥미로운 이야기로 가득한 이 미술관에서 가장 많은 관람자의 발길이 닿는 곳은 2층에 자리한 '튜더 왕가'의 방이다. 종교 개혁으로 영국 국교회를 수립하고 스페인의 무적함대를 무너뜨리며 극적인 변혁을 가져온 16세기 전시실답게 늘 인파로 붐빈다. 이 방은 몇 년 전만 해도 미술관 내에서 유일하게 사진을 찍을 수 없는 공간이었다. 이 때문에 화가의 미세한 붓질 하나라도 놓칠세라 두 눈에 불을 켜고 살펴보던 기억이 새록새록 떠오른다.

나는 올해도 튜더 왕조의 마지막 군주인 엘리자베스 1세가 진주 목걸이를 걸고 있는 초상화 앞에 한참을 서 있었다. 배우자와 자식 대신 권력을 택한 여인이자 수많은 암투와 신경전 속에서 파란만장한 역사를 감내한 여왕을 보며 과연 진주가 없었다면 그녀는 무엇으로 마음을 달랬을까 궁금해졌다. 강력한 권세를 휘두른 그녀에게 어쩌면 진주만이 유일한 위로가 아니었을까 하는 생각도 들었다. 그렇게 역대 영국의 왕들 중 가장 극적인 서사를 연출하고 퇴장한 엘리자베스 1세의 삶을 초상화에 담긴 그녀의 보석과 함께 촘촘히 들여다보았다.

인간의 본성에 충실한 르네상스의 주얼리

신에서 인간으로 무게중심이 옮겨간 르네상스 시대에는 인간의 몸, 의복, 주얼리가 조화를 이루는 모습에 관심이 집중되었다. 금욕과 절제의 시대를

01 작자 미상, 〈엘리자베스 1세〉, 16세기.
여왕은 오른손 엄지와 검지로 커다란 다이아몬드에 진주가 매달린 펜던트를 집고 있다.

02 한스 홀바인, 〈헨리 8세〉, 1540년.

벗어난 이들은 주얼리를 화려하게 착용해도 더 이상 종교적인 죄의식을 느끼지 않게 되었다. 드레스 전체를 보석으로 장식했고, 요즘 널리 사랑받고 있는 '반지 겹쳐 끼기'도 적극적으로 즐겼다. 특히 16세기 상반기에는 남성들의 주얼리 착용이 두드러졌다. [도2]에서 헨리 8세의 두툼한 손가락을 장식한 유색 보석 반지, 어깨부터 가슴까지 가로지르는 웅장한 금빛 목걸이, 모자에 붙어 있는 아기자기한 브로치들은 마치 총천연색의 날개를 펼친 수컷 공작새를 연상시킨다.

그러나 역시 가장 많이 회자되는 모습은 머리끝에서 발끝까지 진주와 다이아몬드, 유색 보석으로 치장한 엘리자베스 1세의 의미심장한 초상화들이다. 과학, 건축, 문학, 예술이 대거 발전한 르네상스 시대라는 점을 감안하면 다소 우스꽝스럽게 보일 수도 있지만, 문맹률이 높은 시대였으므로 친절하고 자세한 묘사는 필수였다. 물론 어디까지나 화가의 시선이므로 사실을 백퍼센트 구현했다고는 볼 수 없다. 무엇보다 누가 감히 절대 권력의 요구를 거부할 수 있었겠는가?

15세기를 반쯤 지날 무렵 얀 반에이크 형제를 필두로 유화 기법이 크게 개량된 덕에 르네상스 화가들은 각종 보석과 금속의 영롱하고 오묘한 광택을 정밀하게 표현하기 시작했다. 오일로 물감의 투명도와 질감을 섬세하게 조절할 수 있어서 다양한 색조와 실감나는 묘사가 가능해진 것이다. 특히 화가들은 진주를 탁월하게 그려냈다. 청순하고 연약해 보이는 외관과 달리 조개에서 태어난 모습 그대로 보석으로 사용할 수 있는 진주는 여성성, 처녀성, 신성함을 대표하는 외유내강의 보석이었다. 당시에는 진주 채취 자체가 어려워 일찍이 부의 상징으로 자리 잡아 시대마다 왕실의 권위와 이미지 메이킹에 빠지지 않고 등장했다. 특히 튜더 가문의 이복자매인 엘리자베스 1세와 메리 1세의 진주 사랑은 너무나 열렬해서 16세기의 영국 역사에 큰 획을 그었다.

이들의 아버지 헨리 8세는 잉글랜드의 계몽 군주이자 예술 후원가로서 '프랑스 르네상스의 아버지'로 불린 프랑수아 1세와 경쟁 구도를 형성하고 있

03 얀 반에이크, 〈아르놀피니 부부의 초상〉, 1434년.
  유화 기법을 크게 발전시켜 미술계에서 유화가 본격적으로 그려지게 만든 작품. 혁신적인 구도의 투명한 볼
  록 거울, 번쩍거리는 천장의 황동 샹들리에, 여인이 착용한 고급스러운 광택의 황금 팔찌와 목걸이, 벽에 걸
  린 투명한 수정 구슬 등 금속과 보석을 사실적이고 정밀하게 묘사해 주인공의 부를 한층 강조할 수 있었다.

었다. 덕분에 미술품 수집에 열을 올린 헨리 8세는 때마침 국교회로 개종하면서 가톨릭교회의 재산을 몰수해 방대한 보석 컬렉션을 축적할 수 있었다. 그런 아버지의 성정을 물려받은 것인지 메리와 엘리자베스 역시 보석 수집에 강한 애착을 보였다. 두 자매의 애증 관계는 메리가 죽을 때까지 소리 없는 전쟁을 부르게 된다.

스페인의 보석 '메리 튜더 진주'

헨리 8세의 장녀 메리 1세는 튜더 왕조의 네 번째 왕이자 잉글랜드의 첫 여왕으로 즉위했지만, 잉글랜드의 입장에서는 사실상 시한폭탄이나 마찬가지였다. 우선 그녀는 헨리 8세에게 강제로 이혼당한 캐서린 왕비의 딸이자 당시 유럽의 최강대국인 스페인의 이사벨 1세의 외손녀였다. 어머니의 영향으로 신실한 가톨릭 신봉자로 성장한 메리는 잉글랜드를 가톨릭으로 되돌려놓았을 뿐만 아니라 신교도 6백여 명을 화형에 처해 '피의 메리'라는 섬뜩한 별명을 얻었다. 스페인 왕실의 피를 물려받은 사실에 은근히 자부심을 갖고 있던 그녀는 5촌 조카이자 열한 살이나 어린 골수 가톨릭교도 펠리페 2세와의 결혼도 기쁘게 받아들였다. 물론 두 나라 사이에 동맹을 맺는 차원이었으나 스페인의 속국이 되는 것이나 마찬가지였던 이 결혼으로 영국인들의 마음은 메리에게서 떠나게 된다.

펠리페 2세는 잉글랜드의 기선을 제압하기 위해 누가 봐도 놀랄 만한 양의 황금과 진주로 스페인의 부와 권세를 끊임없이 과시했다. 심지어 결혼 선물로 메리 여왕에게 오늘날 '메리 튜더 진주'라 불리는 무려 64.5캐럿에 달하는 거대한 진주를 보냈다. 살짝 휜 물방울 모양의 이 진주에는 [도4]에서처럼 '에스탕크Estanque'(연못이라는 뜻)라는 이름의 큼지막한 블루 다이아몬드까지 달려 있었다. 16세기 유럽에서 진주는 사실상 스페인의 보석으로 간주되었는

04 안토니스 모르, 〈메리 1세〉, 1554년.(왼쪽)
커다란 사각형 다이아몬드 밑에 달린 진주가 '메리 튜더 진주'로 이제까지 공개된 천연 진주 중 세 번째로 크다.

05 메리 튜더 진주.(오른쪽) ©Symbolic & Chase
스페인의 후아나가 사망한 후인 1581년 스페인의 은세공사 디에고 루이즈$^{Diego Ruiz}$가 경매에서 낙찰 받은 뒤
한동안 자취를 감추었다. 4백여 년이 흘러 2004년 크리스티 경매장에 등장한 이 진주는 영국의 앤티크 주얼
리 딜러 심볼릭 앤드 체이스에서 낙찰 받았고, 이후 중동의 컬렉터가 구입한 것으로 전해진다.

데 스페인이 진출한 아메리카 대륙에서 엄청난 양의 진주가 산출되었기 때문
이다.

이 진주는 원래 펠리페 2세의 어머니인 포르투갈의 이사벨라의 소장품
이었다. 1539년 황후가 사망하면서 딸 후아나가 물려받았는데 오빠인 펠리
페 2세가 결혼하게 되자 기꺼이 양보했다. 메리 1세는 그토록 동경하던 스페
인의 보석, 그것도 왕실의 진주를 갖게 되어 뛸 듯이 기뻐했다. 덕분에 그녀의
초상화에서 가슴 정중앙에 진주를 착용한 모습을 어렵지 않게 만날 수 있다.
그런데 자신이 죽으면 펠리페 2세에게 받은 보석을 모두 스페인에 반환할 것
을 유언장에 명시했기 때문에 결국 진주는 메리가 사망한 1558년부터 다시
후아나의 소유가 되었다. 왕위는 어쩔 수 없다 쳐도 진주만큼은 결코 엘리자

06 티치아노, 〈포르투갈의 이사벨라 황후〉, 1548년.(왼쪽)
　　사후에 그려진 초상화이지만 메리 튜더 진주를 착용하고 있는 모습으로 추정된다.

07 한스 에보르트, 〈펠리페 2세와 메리 튜더의 결혼 초상화〉, 1558년.(오른쪽)

베스에게 물려주고 싶지 않았던 것일까? 어쩌면 자신의 어머니를 이혼녀로
만든 앤 불린과 그녀의 딸에 대한 소심한 복수였는지도 모르겠다.

처녀왕 엘리자베스 1세의 진주

　　메리 1세의 후임으로 왕위에 오른 엘리자베스 1세는 국민들의 대대적인
환영을 받았다. 메리와 달리 순수 잉글랜드 혈통인데다 국교회를 부활시킨
그녀는 스페인에게 넘어갈 뻔한 나라를 구한 영웅이었다. 게다가 그녀는 평생
결혼하지 않았다. 물론 전근대 사회에서는 왕위 계승자를 얻는 것 또한 왕의
중요한 임무 중 하나였기 때문에 적합한 배우자를 찾기 위한 노력을 게을리
하지는 않았다. 하지만 잉글랜드의 왕위를 노리는 이들이 워낙 많았으므로

08 윌리엄 스크롯츠의 작품으로 추정, 〈공주 시절의 엘리자베스 1세〉, 1546~1547년.(왼쪽)
   엘리자베스 1세가 즉위하기 전에 그려진 그림 중에서는 가장 독보적인 작품이다. 공주는 금실을 섞어 석류
   문양을 짠 붉은 드레스를 입고 있어 왕가의 신분임을 나타낸다. 이 그림에서는 특히 두 권의 책이 눈에 띄는
   데 뒤에 보이는 큰 책은 구약성서를, 손에 쥐고 있는 작은 책은 신약성서를 암시한다.

09 마르쿠스 헤라르츠 2세, 〈엘리자베스 1세 여왕〉, 1592년경.(오른쪽)
   여왕은 순결을 상징하는 새하얀 드레스를 입고 머리끝부터 발끝까지 빼곡하게 진주를 두르고 있다. 발밑에
   는 잉글랜드 지도가 펼쳐져 있고, 하늘에서는 번개가 치고 폭풍이 몰려오고 있다. 그러나 한줄기 밝은 햇살
   만은 오로지 여왕을 비추고 있다.

온갖 걸림돌과 이해득실을 꼼꼼하게 따져야 했다.

 일단 결혼하게 되면 궁내에서 남편의 영향력이 강해질 가능성이 높았는
데 이는 여왕의 독자적인 권력을 불안하게 만들 수 있는 위협 요소였다. 언니
메리 1세가 가톨릭의 수호자인 펠리페 2세와 결혼한 후 급격하게 인기가 떨어
진 것을 목도한 그녀는 종교적 관계까지 고려해야 했다. 게다가 어린 시절 생
모(앤 불린)와 계모(캐서린 하워드)가 아버지로부터 잔인하게 처형당한 평탄치
않은 성장 과정도 결혼에 대한 공포심을 갖게 하는 데 한몫했다. 결국 권력을
위협할 정도는 아니되 적당한 지위를 갖춘, 가톨릭이 아닌 개신교 국가 출신

중 몇 명을 남편 후보에 올렸다. 물론 그들의 청혼을 바로 거절하지 않고 여지를 남겨 미혼 신분을 외교적으로 이용하는 영리한 행보를 보였다.

　엘리자베스 1세는 독신이라는 신분을 '위대한 통치자'로 끌어올리기 위해 의복, 보석, 가발, 화장을 요긴하게 활용했다. 특히 진주는 국가를 위해 헌신한 '처녀왕'의 정숙하고 품위 있는 이미지와 동경심을 자극하는 데 탁월한 도구로 쓰였다. 일련의 연마 과정이 필요 없는 순수한 속성과 신비로운 광택은 진주만이 가질 수 있는 강력한 무기임을 그녀는 일찍이 간파했다. "나는 이미 영국과 결혼했소"라고 단호하게 외친 여왕에게 진주는 강렬하면서도 신성한 '처녀성'의 상징으로 거듭났다. 엘리자베스 1세의 총애를 받은 탐험가 월터 롤리 경Sir Walter Raleigh이 영국의 첫 북아메리카 식민지를 '버지니아Virginia'로 명명한 것도 처녀왕인 엘리자베스 1세를 기리기 위해서였다.

　또한 진주는 라이벌인 스페인에 견줄 만한 부를 얻었다는 사실을 널리 알릴 수 있는 완벽한 선전 도구였다. 이 때문에 엘리자베스는 진주가 가진 덕성을 온통 자신에게 투영하는 데 돈을 아끼지 않았다. 그녀가 소유한 진주 장식 드레스만 해도 3천여 벌에, 진주가 장식된 가발도 80여 점이나 되었다. 그러나 왕실 살림은 최소한도로 운영해 '절약왕'이라는 또 다른 별명을 얻을 정도로 지도자로서 선택과 집중을 적절하게 꾀했다.

스페인의 진주를 훔쳐 오라

　엘리자베스 1세의 진주에 대한 열정은 점차 상상을 뛰어넘는 수준으로 진화했다. 심지어 자신의 왕위를 위협하는 스코틀랜드의 메리 스튜어트를 반란죄로 처형하면서 그녀의 6줄짜리 진주 목걸이와 25점의 물방울 모양 진주부터 재빨리 챙겼다. 이 진주 컬렉션은 메리가 프랑스의 왕 프랑수아 2세와 결혼했을 때 시어머니인 카트린 드 메디시스로부터 받은 선물인데, 원래는 카

10 작자 미상, 〈카트린 드 메디시스〉, 1547~1559년.(왼쪽)
　　드레스 장식에 물방울 모양의 진주가 여러 점 보인다.

11 작자 미상, 〈프랑수아 2세와 메리 스튜어트의 결혼 초상화〉, 1558년경.(오른쪽)
　　메리의 머리와 목에 장식된 진주가 메디치 진주의 일부로 추정된다.

트린이 프랑스로 시집올 때 지참금으로 가져온 메디치 가문의 보석이었다. 훗날 카트린 왕비는 웃돈을 주고라도 이 메디치 진주를 되찾으려 했으나 엘리자베스 1세는 단호히 거절했다.

　　이처럼 한 번 손에 넣은 진주는 결코 내놓는 법이 없던 여왕은 1582년, 펠리페 2세가 구입한 '라 페레그리나La Peregrina'(순례자) 진주의 소문을 듣게 된다. 왕국을 건설할 수 있을 정도의 금액과 맞먹는 메디치 진주까지 소유한 그녀였지만, 이토록 거대하면서 '완벽한' 대칭을 이루는 물방울 모양의 진주는 지금껏 만나본 적이 없었다. 이 진주만 갖게 된다면 위대한 '처녀왕' 이미지에 방점을 찍을 것만 같았다. 결국 엘리자베스 1세는 스페인의 보물선을 약탈하

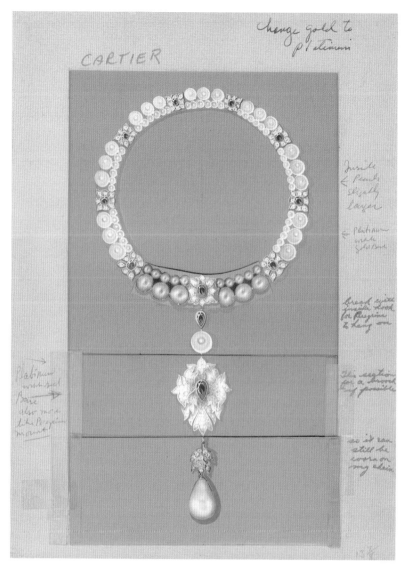

12 1972년 카르티에가 엘리자베스 테일러를 위해 제작한 라 페레그리나 진주 목걸이 디자인 도안. 맨 아래에
달린 물방울 모양의 진주가 라 페레그리나다. Cartier Archives, New York ⓒCartier

던 잉글랜드의 해적을 이용해 라 페레그리나와 비슷한 진주를 구해보기로 결심한다.

당시 아메리카 대륙의 금은보석을 실은 스페인의 보물선을 중간에서 약탈하던 잉글랜드의 해적은 스페인에게 큰 골칫거리였다. 사실 잉글랜드의 사략선私掠船(무장한 사유 선박)은 몰락한 기사들의 밥벌이 수단이었다. 그 배경에는 인클로저 운동이 있었다. 16세기 잉글랜드에서 땅을 소유한 지주들이 너나 할 것 없이 부가가치가 높은 목양업에 뛰어들어 농경지를 개조해 목장으로 바꿔버린 것이다. 하루아침에 쫓겨난 농민과 기사들은 스페인의 상선을

13 마르쿠스 헤라르츠 2세, 〈프랜시스 드레이크 경의 초상화〉, 1591년.(왼쪽)
    허리 부분에 여왕의 초상화가 담긴 '드레이크 펜던트'를 착용하고 있다.

14 드레이크 펜던트.(오른쪽)
    그림에서 드레이크 경이 착용하고 있는 엘리자베스 1세의 초상화 펜던트는 1588년 스페인 무적함대를 무찌른 기념으로 여왕이 직접 하사했다. 펜던트의 뒷면에는 사도닉스(홍마노)로 조각한 카메오가 장식되어 있다. 카메오 속에 보이는 검은색 남자는 고대 로마의 농경신 사투르누스, 흰색 여인은 처녀신 아스트라이아를 조각한 것이다. 여왕이 다스리는 잉글랜드는 사투르누스의 평화와 번영, 아스트라이아의 축복으로 황금시대를 누릴 것이라는 메시지를 담고 있다.

15 작자 미상, 〈엘리자베스 1세〉(일명 아르마다 초상화), 1588년경.(위)
　이 초상화는 엘리자베스 1세의 가장 유명한 치적인 '1588년 스페인 무적함대 격파'를 기념해 그려진 3개의 '아르마다(함대) 초상화Armada Portrait' 중 풀 버전에 해당한다. 이 그림에서는 여왕의 뒤로 왼쪽에 영국의 소방선이 맑은 날씨에 출항하고, 오른쪽에는 스페인 함대가 바위투성이의 해안에서 좌초되고 있다. 여왕의 오른손은 지구본의 아메리카 대륙 위에 놓여 있어 영국의 지배가 신세계로 확장되고 있음을 나타낸다.

16 여왕이 가신이자 랭커스터 공국상인 토머스 헤니지Thomas Heneage 경에게 하사한 로켓, 1595년경.(아래)
　앞에는 니컬러스 힐리어드가 그린 엘리자베스 1세의 초상화가, 뒷면에는 폭풍 속에도 끄떡없는 영국의 배가 그려져 있다. 배는 여왕이 수장으로 있는 영국 국교회를 상징한다.

약탈하고 전쟁 시에는 잉글랜드의 정식 해군으로 활동하기 시작했다.

라 페레그리나와 비슷한 진주를 찾기 위해 진주란 진주는 보이는 대로 모두 빼앗으라는 명령을 내린 여왕은 탐험가이자 사략선장인 프랜시스 드레이크Francis Drake와 존 호킨스John Hawkins 등을 기용해 해적질을 중요한 경제 정책이자 군사 전략으로 활용하기 시작했다. 무자비하게 공격해 오는 해적 떼에 격노한 스페인 측은 드레이크에 대한 강력한 처벌을 요구했다. 하지만 여왕은 보란 듯이 1581년 드레이크를 해군 중장에 임명하고 기사 작위까지 내리는 초강수를 둔다. 드레이크가 탈취한 스페인의 보물을 나눠 가진 여왕은 사재를 털어 투자하는 것은 물론 해군 병력까지 내주며 해적질을 더욱 부추겼다. 당시 잉글랜드 왕실의 공식 수입은 초라하기 그지없었으므로 국고의 세입을 뛰어넘는 수익을 안겨주는 노략질은 여왕으로서 포기할 수 없는 수입원이었다. 사활을 건 여왕을 좇아 마침내 지주들도 해적 약탈에 투자하면서 결과적으로는 목양업에 대한 집착이 줄어들기 시작했다.

여왕의 적극적인 후원으로 활기를 띤 잉글랜드의 해군은 급기야 1588년에 난공불락인 스페인의 무적함대까지 격파했다. 스페인이 독점한 바다에 발을 담그며 식민지 건설에 겨우 걸음마를 내딛은 잉글랜드는 이 전투를 계기로 몇 세기 후 세계의 바다를 호령할 수 있는 견실한 기반을 마련했다. 바다에 미래가 있다는 것을 깨달은 여왕이 해군의 혁신을 통해 국가적 번영을 도모하기로 굳게 마음을 다진 것도 당연했다. 덕분에 잉글랜드를 점령해서 전 유럽을 가톨릭으로 통일하고자 한 펠리페 2세의 야심 찬 계획●은 수포로 돌아갔다. 이후에도 지나친 종교 전쟁으로 국력을 소모하면서 스페인은 서서히 쇠퇴의 길로 접어들었다.

● 가톨릭의 수호자로 종교적 신념이 투철하고 이단에게 가혹했던 펠리페 2세의 눈에 엘리자베스 1세가 이끄는 잉글랜드는 눈엣가시인 이단국이었다. 그는 잉글랜드를 가톨릭으로 되돌리기 위해 한때 처제였던 엘리자베스 1세에게 청혼까지 하며, 전 유럽을 강력한 스페인 제국의 휘하에 두는 것을 목표로 삼았다.

결국 엘리자베스는 그토록 원한 라 페레그리나를 닮은 완벽한 진주는 찾지 못했다. 그러나 국가를 부흥시키고 군주의 권위와 위엄을 강화하기 위한 처녀왕의 열정과 포부는 변방의 섬나라 잉글랜드를 '해가 지지 않는 제국'으로 조금씩 성장시키고 있었다.

초상화에서 빛나는 보석과 여왕의 이미지 메이킹

펠리컨 초상화와 불사조 초상화

엘리자베스 1세가 '위엄 있고 순결한' 여왕의 이미지 메이킹에 보석을 얼마나 효과적으로 활용했는지는 수많은 초상화에서도 확인할 수 있다. 그중에 새를 모티프로 한 주얼리로 여왕을 비유한 초상화는 총 두 점이 있는데 [도17]의 펠리컨 초상화와 [도18]의 불사조 초상화다. [도17]은 왕실 초상화가인 니컬러스 힐리어드Nicholas Hilliard가 그렸다. 당시는 글을 읽을 수 있는 이들이 많지 않은 때라 화가는 여왕의 권력과 위대함을 구체적으로 이해시키는 데 중점을 두었다. 그림 속의 불사조는 여왕의 장기 집권과 인내력을, 펠리컨은 국가를 위해 헌신하는 여왕을 상징한다.

16세기의 금세공 기법과 보석 커팅, 세팅법, 그리고 에나멜링의 수준을 단번에 확인할 수 있는 〈펠리컨 초상화〉는 정치 선전이란 무엇인가를 단적으로 보여준다. 수많은 진주와 유색 보석이 여왕을 뒤덮고 있는 이 초상화의 핵심은 가슴 한가운데에 배치된 펠리컨 브로치다. 커다란 테이블 컷 다이아몬드 밑으로 어미 펠리컨이 연결되어 있는데 그 아래에는 조그만 새끼들이 쪼르르 모여 루비 위에 고정되어 있다. 어미와 새끼는 모두 흰색 에나멜로 제작되었다.

성가에도 "자애로운 예수 펠리컨이여"란 가사가 등장할 정도로 펠리컨은 배고픈 새끼를 위해 부리로 자기 가슴을 쪼아 피를 내서 먹이는 모성애의

17 니컬러스 힐리어드, 〈펠리컨 초상화〉, 1573~1574년.(위)

근엄함이 느껴지는 빨간 입술과 창백할 정도로 하얗게 표현된 피부에서 여왕이 추구한 미의 기준을 읽을 수 있다. 당시에는 땡볕에서 밭일하는 농부들이나 그을린 피부를 가졌기 때문에 높은 신분일수록 더 하얀 피부를 선호했다. 평소에 여왕이 납과 비소가 들어 있는 파우더로 얼굴을 하얗게 단장했기 때문에 여왕의 사망 원인이 납중독이었다는 견해도 있다.

18 니컬러스 힐리어드의 작품으로 추정, 〈불사조 초상화〉, 1575~1576년.(아래)

여왕의 가슴 한가운데에 불사조 브로치를 착용하고 있는 초상화이다. 이집트와 그리스 신화에 등장하는 불사조는 영원히 죽지 않고 영생한다는 전설의 새로 기독교에서는 예수의 부활을 상징한다. 여왕이 손에 들고 있는 붉은 장미는 성모 마리아를 뜻하는 것으로 순결한 처녀왕의 이미지를 강조하고 있다. 온몸을 장식한 진주 역시 순결한 처녀성을 의미한다.

대명사로 알려져 있다. 그 의미가 기독교에 전파되면서 자신의 몸과 피를 나누는 예수의 수난과 희생을 떠올리게 하는 상징으로 추앙받게 되었다. 여왕은 자신을 이 펠리컨에 빗대어 백성들을 위해 희생하는 이타적인 존재이자 영국 국교회의 어머니라는 인상을 깊이 새긴 것이다.

여왕은 자신의 우아하고 가느다란 손을 늘 자랑스러워했다. 따라서 그 끝에는 무언가를 들고 있을 때가 많았다. 〈불사조 초상화〉에서는 오른손에 순결의 대명사인 성모 마리아를 상징하는 붉은 장미를 잡고 있고, 〈펠리컨 초상화〉에서는 보석으로 감싼 고급스런 리본을 잡고 있다. 또한 〈펠리컨 초상화〉의 왼쪽 상단을 보면 튜더 왕조를 상징하는 두 개의 장미가 합쳐져 있고, 드레스에는 도처에 장미가 배치되어 있다. 이는 장미전쟁(1455~1485년)이 끝난 후 랭커스터 가문의 붉은 장미●가 요크 가문의 흰 장미와 결합되어 튜더 가문의 대표 문장으로 자리매김한 것을 상기시킨다. 장미 위에는 왕관을 얹어 군주로서의 위엄을 강조했다. 여왕의 오른쪽 귀에 달린 두 개의 체리 역시 순결을 뜻한다. 우측 상단의 백합 문양은 프랑스 왕족의 상징인데, 여왕이 사실상 프랑스의 왕위까지 염두에 두고 있었음을 추측할 수 있다. 메리 1세 시절인 1558년에 칼레 지방을 프랑스에 빼앗겼음에도 엘리자베스는 늘 '잉글랜드와 프랑스의 여왕'이라고 서명했다.

무지개 초상화

말년에 그려진 〈무지개 초상화〉를 보면 그녀가 얼마나 강력한 군주로 보이고 싶어 했는지 한눈에 파악할 수 있다. 여왕의 왼팔 한가운데에 보석으로 수놓은 뱀을 보면 입에 빨간 하트 모양의 루비를 물고 있다. 심장의 열정을 뱀의 지혜로 통제하는 여왕의 자부심을 부각시키는 요소다. 하트와 뱀을 연계

● 알려진 것과 달리 랭커스터 가문의 문장은 붉은 장미가 아니었고, 월터 스콧의 소설(1829년)에 '장미전쟁'이라는 용어가 등장하면서 변형되었다는 주장이 있다.

19 마르쿠스 헤라르츠 2세의 작품으로 추정, 〈무지개 초상화〉, 1600~1602년.

시킨 것은 고대 로마의 처녀신이자 순결의 여신인 아스트라이아(정의의 여신 디케와 동일시된다)를 상징하는 것이기도 하다. 뱀의 머리 위에 놓인 보주는 천구를 나타내는 요소로 세계 정복에 대한 여왕의 강한 의지를 보여주고 있다.

여왕은 오른손으로 평화와 번영을 상징하는 무지개를 잡고 있는데 그 위를 보면 라틴어로 "태양 없이는 무지개도 없다"라고 씌어 있다. 특이하게도 무지개에는 알록달록한 색이 빠져 있는 상태다. 이 부분은 여왕이 무지개를 띄울 수도 억제할 수도 있는 전지전능한 능력자임을 보여주는 장치다. 여왕만이 평화와 번영을 좌지우지하는 유일한 인물이라는 점을 강조한 것이다.

화가는 오렌지색 드레스 안감에 눈, 귀, 입을 그려 넣어 여왕이 모든 것을 보고 듣고 알고 있는 지혜로운 군주라고 다시 한 번 쐐기를 박는다. 16세기의 첩보전에서 가장 뛰어난 인물이라는 평가를 받은 여왕의 캐릭터를 반영한 것으로 모든 일의 최종 결정자는 엘리자베스 1세뿐이라는 사실을 거듭 확인시켜준다.

담비 초상화

대부분의 여왕 초상화에는 백진주가 등장하는 데 반해 〈담비 초상화〉에서는 독특하게 흑진주로 잉글랜드의 부와 번영을 강조하고 있다. 그녀의 왼팔에 올라탄 흰색 담비는 고결함과 순수함을 상징하는 동물인데, 머리 위를 장식한 흑진주 왕관까지 합세해 엘리자베스 1세가 '처녀왕'임을 힘주어 강조하고 있다. 담비 옆에 놓인 황금 어검御劍 또한 왕이 가진 강력한 힘을 보여주기 위해 그려 넣었다.

이 초상화에는 흑진주 외에도 특별한 보석이 있는데 바로 가슴 한가운데에 놓인 3개의 빨간 보석이다. '삼형제 루비'로 불리는 이 보석은 현재 행방이 묘연해 몇몇 초상화에서만 만날 수 있다. 각각 70캐럿 정도 되는 거대한 크기인데 테이블 컷으로 연마되어 있으며, 자세히 보면 주변에 30캐럿 정도 되는 포인트 컷 다이아몬드와 진주 장식이 함께 어우러져 있다. 사실 이 보석

20 윌리엄 시거의 작품으로 추정, 〈담비 초상화〉, 1585년경.(위)

21 작자 미상, 〈삼형제 루비를 모자에 착용한 제임스 1세〉.(아래 오른쪽)

은 이름과 달리 루비가 아닌 스피넬이다. 예전에는 아프가니스탄과 타지키스탄 경계의 발라시아 지방에서 나오는 빨간 돌을 모두 발라스 루비라고 불렀다.(67쪽 참조) 1783년에 루비와 스피넬이 별개의 보석임이 밝혀지자 한동안 루비가 아니라는 이유로 외면받기도 했다. 하지만 오늘날에는 장점이 많은 보석으로 재평가되어 고급스러운 하이 주얼리의 단골손님으로 널리 쓰이고 있다.

이 삼형제 루비가 영국 왕족들의 소장품이 된 것은 1551년부터다. 그전까지는 1404년 용담공 필리프를 시작으로 대대로 부르고뉴 공작의 보석으로 기록되어 있다. 엘리자베스 1세 여왕의 후임으로 왕위에 오른 제임스 1세는 삼형제 루비를 모자에 착용했고 1606년에는 왕실 주얼리로 지정했다. 그러나 이 공표가 무색하게도 잉글랜드 내전 때 네덜란드에 저당 잡힌 후로 영원히 자취를 감춰버렸다.

한동안 '메리 튜더 진주'와 혼동되었던 역사적인 진주가 있다. 바로 2011년 엘리자베스 테일러 경매에 등장해서 최고 낙찰가를 기록한 50.56캐럿의 라 페레그리나 진주다. 엘리자베스 1세가 그토록 갖고 싶어 했던, 해적을 동원해서라도 그 비슷한 것을 얻어보려 했던 바로 그 진주다.

사실상 두 진주는 크기에도 차이가 있지만 생김새도 확연히 다르다. 라 페레그리나는 천연 진주로서는 극히 드문, 완벽에 가까운 물방울 형태인 데 반해 메리 튜더 진주는 가지 모양에 가깝다. 메리 1세가 라 페레그리나를 소유했다는 소문 또한 사실이 아니다. 라 페레그리나는 메리 1세가 사망하고 20여 년 뒤 세상에 모습을 드러냈기 때문이다.

엘리자베스 테일러 경매를 주최한 크리스티에 따르면 라 페레그리나 진주를 둘러싼 진실은 다음과 같다. 1579년 파나마 총독인 돈 디에고 데 테베스Don Diego de Tebes가 스페인에 가져온 진주를 1582년 스페인의 펠리페 2세가 구입했다. 1598년 펠리페 2세가 사망하면서 진주는 브로치에 세팅되어 왕실 주얼리로 지정되었다. 이후 2백여 년 동안 총 8명의 스페인 왕을 거친 라 페레그리나는 나폴레옹 1세의 친형 조제프 보나파르트가 1813년 스페인 왕에서 폐위되면서 왕실의 그림, 조각품과 함께 본국으로 가져갔고 훗날 조카인 나폴레옹 3세에게 물려주었다(조제프에게 친딸이 있었음에도 조카에게 상속했다는 대목은 여전히 논란의 여지가 있다). 씀씀이가 워낙 헤펐던 나폴레옹

3세는 망명 중에 현금을 확보하기 위해 진주를 영국의 애버콘 공작 부부에게 처분했다. 시간이 흘러 1969년 소더비 경매에 등장한 진주를 리처드 버턴이 구매해 엘리자베스 테일러에게 선물했고, 2011년 크리스티 경매에서 아시아의 컬렉터가 낙찰 받았다.

애초에 아메리카 대륙에서 발견된 진주는 스페인, 프랑스, 영국, 미국을 거쳐 현재 아시아에 정착한 상태다. 과거 절대왕정을 다스린 권력자들의 진주가 오늘날 재력가의 차지가 되었다는 점이 흥미롭다.

역대 소장자(괄호 안은 소장한 기간)

스페인 펠리페 2세(1582~1598), 펠리페 3세(1598~1621), 펠리페 4세(1621~1665), 카를로스 2세(1665~1700), 펠리페 5세(1700~1746), 페르난도 4세(1746~1759), 카를로스 3세(1759~1778), 카를로스 4세(1778~1808)

프랑스 조제프 보나파르트(1808~1844), 나폴레옹 3세(1844~1848)

영국 애버콘 공작 부부(1848~1914), 공작 부부의 후손(1914~1969)

미국 엘리자베스 테일러(1969~2011)

아시아 익명의 컬렉터(2011~현재)

라 페레그리나를 착용한 왕비들

후안 판토하 델라 크루즈 공방, 〈오스트리아의 마르
가리타(펠리페 3세의 황후)〉, 1605~1610년.

디에고 벨라스케스, 〈오스트리아의 마리아나(펠리페
4세의 두 번째 황후)〉, 1655~1657년.
라 페레그리나를 머리 장식으로 착용하고 있다.

작자 미상, 〈이사벨 데 보르본(펠리페 4세의 첫 번째 황
후)〉, 1620년경.

진주조개 속으로 모래나 조개 파편, 기생충 등이 들어가면 진정시키기 위해 진주층 성분(나크레 nacre)을 분비하는데 이를 반복적으로 감싼 결과물이 바로 진주다. 그런데 인간의 손이 닿지 않고 자연적으로 형성될 때만 천연 진주라고 부를 수 있다. 현재 유통되고 있는 진주의 대부분은 양식 진주로 조개 안에 이물질(핵)을 인공적으로 주입해 길러 채취한다(천연 진주는 남획과 환경오염으로 1백여 년 전에 이미 고갈되었다). 바다에 서식하는 해수 조개에서 양식된 진주를 해수 진주, 민물에 서식하는 담수 조개에서 양식된 진주를 담수 진주라고 부른다. 해수 진주로는 아코야 진주, 남양 진주, 타히티 흑진주가 있다.

천연 진주의 구조는 양파와 같다고 보면 된다. 나크레라 불리는 진주층이 까고 까도 또 나오기 때문이다. 반면 양식 진주는 오렌지의 단면을 떠올리면 이해하기 쉽다. 껍질 부분이 진주층이고 알맹이가 인공적으로 삽입한 핵이 차지하는 부분이다. 진주로 불리기 위해서는 진주층이 최소 0.5mm 두께 이상 덮여 있어야 한다. 한 번 쌓일 때 두께가 보통 1㎛(1m의 백만 분의 일) 정도이므로 수천 겹 이상, 즉 수년간 인고의 시간을 견뎌야 한다. 양식 진주는 1년에 1mm 정도 쌓이는데 대부분 3년 이내에 수확하므로 천연 진주보다 진주층이 얇다(두꺼운 화장 정도의 두께라고 보면 된다).

모조 진주는 플라스틱이나 유리구슬에 진주 광택 물질을 바른 것이다. 시중에서 흔히 볼 수 있는 핵진주도 핵에 조개 가루를 반복해서 코팅한 대표적인 모조 진주다. 현미경으로 들여다보면 진짜 진주와의 차이를 쉽게 발견할 수 있다. 진주층 특유의 등고선 모양 구조가 천연 진주나 양식 진주의 표면에서만 관찰되기 때문이다. 따라서 고가의 진주를 구매할 때는 반드시 감별서를 요청해야 한다.

만약 감별서가 없다면 앞니로 살짝 긁어보는 것도 한 가지 방법이다. 가짜 진주는 매끄러운 반면 진짜 진주는 까끌까끌한 느낌이 난다. 잘못하면 흠이 생길 수 있으므로 치아를 아주 살짝만 갖다 대는 것이 적당하다. 비슷한 원리로, 진주알 두 개를 조심스럽게 비볐을 때 지나치게 부드럽게 미끄러진다면 가짜라고 보면 된다. 진짜는 약간의 마찰이 느껴진다. 유기체에서 만들어진 것이므로 미세한 흠집이 보일 수도 있다.

비드 목걸이의 경우 실이 통과하는 구멍을 관찰하는 방법이 있다. 모조 진주는 구멍이 큰 편이고 핵과의 경계가 보이지 않지만, 양식 진주는 구멍이 작고 핵과 진주층의 경계가 잘 보인다. 또한 모조 진주에서는 오버톤이 관찰되기 어렵고, 양식 진주보다 비중(물질의 질량을 부피로 나눈 양)이 낮아 상대적으로 가볍다.

8

『베니스의 상인』,
터키석 반지에 깃든 반유대주의

종교 박해와 보석의 발전

"타국인에게 꾸어주면 이자를 받아도 되거니와
네 형제에게 꾸어주거든 이자를 받지 말라."
—신명기 23:20

나에게 뉴욕은 제2의 고향이다. 보석이라고는 두서너 종류밖에 모르는 문외한이 뉴욕에서 보석 감정을 배우면서 인생의 전환점을 맞았기 때문이다. 유색 보석을 감별하던 시절, 생전 처음 들어보는 이름과 특징을 외우느라 애 먹은 날이 많았다. 그때마다 47번가의 다이아몬드 디스트릭트^{Diamond District}로 가서 그날 배운 보석을 되새김하는 게 어느덧 일상이 되었었다. 구석구석 무수한 영감으로 가득 찬 뉴욕이었지만, 나에겐 특히 이 세상의 모든 보석이 존재하는 도시로 보였다. 곱슬곱슬한 수염을 길게 기르고 둥글납작한 키파^{kippah}를 머리에 쓴, 때로는 한여름에도 검은색 중절모에 양복을 입은 유대인 상인들은 내가 원하는 보석을 다 보여주었다. 심지어 특정 시장에서만 유통되는 보석도 힘들이지 않고 만날 수 있었다. 한국에 돌아온 후에야 그때의 그 보석들이 평소에는 접하기 매우 어려운 종류라는 걸 깨달았으니 생생한 체험을 하게 해준 그들이 그저 고마울 따름이었다.

뉴욕에서 의외로 사람들에게 잘 알려지지 않은 장소가 바로 이곳 맨해튼 47번가다. 전 세계 주얼리의 중심지이자 1캐럿 이상 고품질의 다이아몬드

01 뉴욕 47번가의 다이아몬드 디스트릭트.

가 연마되고 있는 다이아몬드 디스트릭트는 전적으로 유대인들이 장악하고 있다. 나라를 잃은 후 예루살렘에서 쫓겨나 오랜 핍박의 세월을 견디며 남다른 가공 기술과 사업 정신으로 무장한 그들이 선택한 안전한 피난처는 뉴욕이었다. 특히 제2차 세계대전 때, 전 세계를 떠돌던 유대인들은 나치에게 학살당하면서 금융업과 보석업의 중요성을 다시금 절감했다. 사실상 세계대전 후 다이아몬드를 소비할 수 있는 큰 시장은 미국뿐이었으니 이들이 뉴욕으로 집결한 것은 어쩌면 당연했다. 그때 정착한 유대인들이 금융업과 보석업으로 성공해 오늘날까지도 전 세계의 시장을 사수하고 있는 것이다.

그렇다면 그들은 과연 언제부터 어떻게 보석업에 뛰어들게 되었을까? 중세에서 근세로 넘어가는 16세기 말, 셰익스피어의 눈에 비친 유대인의 삶에서 그 답을 찾아보았다.

베니스의 상인 vs 고리대금업자

1568년, 스물한 살의 샤일록 벤 고잔은 스페인의 종교 재판을 피해 베니스(베네치아)로 망명한다. 베니스 공화국은 유럽과 아시아를 잇는 지중해 무역권을 장악해 십자군 원정 때부터 막대한 부를 쌓은 강력한 국가였다. 샤일록은 어린 딸 제시카와 함께 서유럽 경제의 중심지인 베니스에서 새 삶과 자유를 만끽할 꿈에 부풀었다. 먼저 하늘나라로 간 아내 레아가 준 파란 하늘빛 터키석 반지를 어루만지며 샤일록은 이렇게 다짐했다.

"새로운 세상에서는 눈과 마음을 열고 마음껏 호흡하리라."

그러나 유대인에 대한 반감은 베니스의 현실 그 자체였다. 다른 국가들에 비해 부유하고 자유로운 베니스에서조차 유대인들은 낡은 벽으로 둘러싸인 공장이나 게토ghetto에 모여 살아야 했다. 해가 지면 문을 닫고 기독교인들의 감시를 받았으며, 게토를 떠나 있을 때는 빨간 모자를 써서 유대인임을 드러

02 길버트 스튜어트 뉴턴, 〈『베니스의 상인』 2막 2장 중 샤일록과 제시카〉, 1830년.(왼쪽)
"여기 내 열쇠들이 있다. 제시카, 내 딸아"라고 말하는 장면.

03 카를 아우구스트 뷔셸, 〈『베니스의 상인』에서 샤일록으로 분한 연극배우 허버트 비어봄 트리〉, 1914년.(오른쪽)
샤일록이 유대인임을 나타내는 빨간 모자를 쓰고 있다.

내야 했다. 스페인에서 밀려들어온 수많은 유대인 난민으로 베니스의 경제는
번영했지만 그들은 토지나 농장을 소유할 수도, 평범한 직업을 가질 수도 없
었다. 그저 먹고살기 위해 천대받는 고리대금업에나 종사해야 했다. 샤일록
역시 비좁은 게토에 살며 빨간 모자를 쓰고 다녔다. 길에서 느닷없이 얼굴에
침을 맞는 모욕쯤은 일상이 된 유대인 고리대금업자였기에 끝날 줄 모르는
악몽에도 애써 울분을 참아야 했다.

어느 날 바사니오라는 귀족 청년이 벨몬트의 부유한 상속녀 포셔에게 구
혼하기 위해 샤일록에게 돈을 빌리러 온다. 그런데 원수는 외나무다리에서
만난다고 했던가. 샤일록에게 침을 뱉고 발길질하던 '베니스의 상인' 안토니
오가 자신의 배가 싣고 올 자산을 담보로 친구인 바사니오의 보증을 서겠다
고 나선 것이다. 샤일록은 수년간 그에게 받은 모욕과 멸시를 갚아주려고 벼
르고 있었다. 이 사실을 모르는 안토니오는 기한 내에 돈을 갚지 않으면 심장

에서 가장 가까운 살 1파운드를 위약금으로 제공한다는 증서에 기꺼이 서명한다.

마침내 샤일록의 간절한 소망은 현실이 되었다. 안토니오의 배가 악천후로 난파되는 바람에 돈을 갚을 수 없게 된 것이다. 샤일록은 빈털터리가 된 안토니오를 법정에 세우고 그의 인육을 잘라낼 채비에 나섰다. 자비를 베풀라는 베니스 공작의 설득도 거부한 채 법과 정의만을 요구했다. 당시 베니스는 법과 질서가 엄격히 유지되어야 상거래가 발전할 수 있는 국제 상업도시로서 그 누구도 공정한 법 집행을 거부할 수 없었다.

그런데 이때 젊은 청년이 재판관으로 들어와 살 1파운드 외에는 피 한 방울도 허락할 수 없다는 기상천외한 주장을 펼친다. 안토니오를 구출하기 위해 법학박사 다니엘로 변장한 포셔의 기지 넘치는 아이디어였다. 지금의 시각

04 존 에버렛 밀레이, 〈포셔〉, 1886년.(왼쪽)
　　포셔로 분한 당시의 유명한 연극배우 케이트 돌런Kate Dolan을 그린 작품.

05 토머스 설리, 〈포셔와 샤일록〉, 1835년.(오른쪽)
　　판사로 변장한 포셔가 샤일록에게 자비를 베풀라고 호소하면서 계약서를 찢으려고 하는 장면.

으로 보면 한 편의 법정 사기극 같은 엉뚱한 전개이지만, 셰익스피어의 '희극' 속의 샤일록은 이 교묘하고 불공정한 판결로 인해 인육 계약 재판에서 완전히 패소하고 만다. 의기양양해진 안토니오는 샤일록에게 기독교로 개종하면 몰수한 재산을 야반도주한 딸 제시카에게 양도하겠다며 자비를 베풀듯 제안한다. 한순간에 재산과 가정, 종교를 모두 잃게 된 샤일록은 그의 조건을 군말 없이 받아들인다.

유대인의 숙명, 고리대금업

고대 때부터 탄압을 받은 유대인들은 예루살렘을 떠나 북아프리카를 거쳐 상당수가 이베리아 반도에 정착했다. 이들을 '세파르딤Sephardim'이라 불렀다. 중세 시대에 유대인들이 스페인에 가장 많이 거주하게 된 배경이다. 그러나 1492년, 스페인의 이사벨 1세와 페르난도 2세가 이교도를 탄압하고 그들의 재산을 몰수하면서 유대인들은 핍박을 피해 또다시 이동해야 했다. 대부분 중부 유럽과 아프리카 곳곳으로 흩어졌고 네덜란드를 거쳐 영국으로도 망명했다. 탄압을 피해 이주하는 악순환 속에서도 유대인들은 다른 민족과 동화되지 않은 채 자기들끼리 똘똘 뭉쳤다.

그렇다면 왜 유대인이 고리대금업의 대명사가 된 것일까? 중세 기독교 사회에서 유대인은 토지를 소유할 수 없었다. 땅이 없으니 농사가 불가능한데다 길드에도 가입할 수 없으니 수공업도 허락되지 않았다. 어쩔 수 없이 도시에 내몰린 그들이 종사할 수 있는 일은 오로지 높은 이자를 받는 대부업뿐이었다.

중세 시대에 대부업은 신에 대한 죄로 규정되어 천시받는 직업이었다. 기독교 교리상 대부업이란 아무 일도 하지 않고 돈을 번다는 의미였다. 게다가 돈을 벌게 해준 시간은 하나님의 것이므로 '하나님의 시간을 가로채는 범죄'

라고 인식했다. 특히 "네 이웃을 네 몸과 같이 사랑하라"(마태복음 22:39)는 말씀에 의거해 가난한 농민이나 수공업자들로부터 저당물을 담보로 돈을 빌려주는 행위를 최악으로 여겼다. 성경에서는 이율에 관계없이 이자 수취 자체를 금지하고 있었다.

"너는 그에게 이자를 위하여 돈을 꾸어주지 말고 이익을 위하여 네 양식을 꾸어주지 말라."(레위기 25:37)

"아무것도 바라지 말고 꾸어주라."(누가복음 6:35)

심지어 대부업은 이슬람교에서도 금지하는 행위였다.

"오 믿는 자여, 두 배 또 두 배로 지나치게 탐욕을 부리지 말라."(코란 3:130)

대부업은 『탈무드』에도 금지되어 있었다. 하지만 유대인들은 "타국인에게 꾸어주면 이자를 받아도 되거니와 네 형제에게 꾸어주거든 이자를 받지말라"(신명기 23:20)는 말을 근거로 삼았다. 이교도인 기독교인과의 거래는 죄가 아니라는 해석이었다.

어느덧 유대인들은 상인뿐 아니라 귀족과 왕족까지 고객으로 두며 대부업으로 크게 성공했다. 이에 상대적 박탈감을 느낀 기독교인들은 유대인을 탄압과 화풀이 대상으로 여기기 시작했다. 자연재해가 일어나면 그들에 대한 악의적인 소문을 퍼트린 후 재산을 몰수해서 나눠 가졌다. 사실 기독교도인 롬바르디아인들도 고리대금업에 종사했지만 세상은 이교도인 유대인에게 훨씬 가혹했다. 이렇듯 고난의 과정에서 강인한 생존 방법을 터득한 유대인은 도시화와 산업화에 특화된 민족으로 진화해 금융과 국제 감각을 유전자에 새겨 넣었다.

보석 세공업도 대부업과 긴밀한 관계를 유지했다. 세공업자는 금과 보석을 보관하는 업무를 함께 하면서 보증서를 발급하고 이를 담보로 돈을 빌려주는 영업을 했다. 떠돌이 생활을 하는 유대인들은 담보로 잡은 금과 보석을 들고 다녔다. 특히 언제든지 몸에 지닐 수 있고 부피에 비해 가치가 높은 다이아몬드를 선호했다. 그러다 보니 축적한 자본을 들고 다니는 유대인의 이주

경로에 따라 경제력이 이동하는 현상이 생겨났다. 유대인은 한 민족이자 하나의 종교, 하나의 법, 하나의 관습으로 통합되어 흩어져 살아도 사실상 하나의 국가를 이루며 살았던 셈이다.

샤일록의 터키석 반지, 이방인의 보석

한편 샤일록의 재판에 가려 있지만 외동딸 제시카가 훔쳐 야반도주한 터키석 반지 또한 셰익스피어의 메시지를 담은 주요 소재다. 남도 아닌 친딸에게 도난당한 반지는 샤일록의 험한 인생을 대변한다. 게토에서의 삶이 불만족스러운 제시카는 히브리어를 배우는 것도 유대 교리를 배우는 일에도 관심이 없다. 유대인이면서 성모 마리아를 숭상할 정도로, 하루빨리 로렌초와 결혼한 후 기독교로 개종할 날만 기다릴 뿐이다. 결국 그녀는 아버지의 재산을 챙겨 달아나는데, 이때 아버지가 아끼는 터키석 반지를 원숭이 한 마리와 바꾸는 최악의 배신을 저지른다.

무려 2천 두카트(현재 가치로는 약 2억 원)나 되는 다이아몬드를 소유한 샤일록이 기껏 터키석 반지를 도난당한 사실에 그토록 비통해한 이유는 무엇

06 터키석 반지. ⓒOscar Heyman

일까? 그 반지는 세상을 뜬 아내 레아가 영원한 사랑을 맹세하며 쥰, 값을 매길 수조차 없는 소중한 추억이었다. 그러니 샤일록에게는 "원숭이 숲 전체를 주어도 바꿀 수 없다"고 탄식할 정도로 다이아몬드보다도 더 귀한 보석이었던 것이다. 셰익스피어는 터키석 반지 사건을 통해 돈만 아는 수전노 샤일록에게서 인간적인 면모를 끄집어낸다. 이에 반해 불쌍하게 억압된 듯 보인 유대인의 딸 제시카는 이기적이고 부정적인 캐릭터로 비춘다. 여기서 터키석 반

09 『셰익스피어의 여주인공들 도감*The Graphic Gallery of Shakespeare's Heroines*』(1896년) 중 새뮤얼 루크
필즈가 그린 제시카.

지는 현명한 여인의 전형으로 묘사된 포셔와 그녀의 시종 네레사가 각각 사랑하는 남자들에게 준 '기독교인의 반지'와 극적으로 대비되는 포인트이기도 하다.

사실 터키석은 그 이름이 무색하게도, 터키에서는 산출되지 않는 보석이다. 고대에 이집트의 시나이 반도와 페르시아에서 산출된 원석이 터키를 거쳐 유럽으로 들어왔기 때문에 프랑스어로 '터키의 돌*Pierre Turquois*'이라 부르기 시작했다. 소설의 배경이 된 16세기의 유럽인들은 터키석 하면 강력한 패권 국가로 떠오른 오스만 제국을 자연스럽게 떠올렸다. 오스만 제국을 '투르크 제국' 또는 '터키'로 불렀기 때문이다.

셰익스피어 시대의 영국은 합스부르크라는 공공의 적 때문에 오스만 제국과 우호 관계를 맺고 있었지만 유대인과 마찬가지로 무슬림도 이방인으로 인식했다. 영국인과 무슬림은 서로 필요에 의해 이익을 취하면서도 늘 의심을 동반하는 관계였다. 그나마 유대인보다는 대규모로 상업적, 외교적, 사회적 관계를 맺고 있는 무슬림에게 훨씬 관대했지만, 문학이나 신학에서 무슬림은 여전히 이방인으로 묘사되었다. 따라서 셰익스피어가 『베니스의 상인』을 쓴 1596년경 영국에서 터키석은 머나먼 이국땅에서 산출되는 진기하고 귀한 보석이자 영국의 물질문화에 흡수된 이방인의 보석을 상징했다. 당시의 군주는 진주 애호가로 유명한 엘리자베스 1세 여왕으로, 그녀는 이국적인 이슬람 문화에 매혹되어 9개의 터키석 반지를 소장하고 있었다. 진주로 '처녀왕'의 이미지를 강조했다면, 터키석으로는 열린 교역과 제국 확장의 의지를 천명했던 것이다. 하지만 최고 통치자의 혼인이 정략적으로 중요한 당시에 평생 독신으로 생을 마감한 엘리자베스 1세도 어떤 면에서는 이방인이 아니었을까?

10 엘리자베스 1세가 영국의 해군 제독에게 선물한 터키석과 루비 등이 세팅된 반지. 여왕의 얼굴이 새겨져 있다. 1590년경. ©TimeLine Auctions Ltd.

그렇다면 이 모든 내용을 인지했을 법한 셰익스피어가 굳이 터키석 반지를 등장시킨 이유는 무엇일까? 동양에서 터키석은 부부 사이를 화해시키고 미움을 없애주는 사랑의 보석으로 널리 알려져 있었다. 하지만 유럽에서는 약 14세기 후반부터 '여성의 불임'을 유발한다는 속설로 인해 주로 남자들이 애용하는 보석이 되었다. 제시카가 부모님의 사랑의 증표인 터키석을 재빨리 원숭이와 맞바꿔버린 것은 이런 유럽인의 관습에 익숙했기 때문이다. 그녀가 유대 전통을 어기고 남자 복장을 한 채 야반도주한 것도 같은 맥락이다. 그녀가 사용한 모든 패는 유대교를 향한 경멸의 표시이자 유대인이라는 자신의 뿌리 자체를 부정하는 행동이었다.

결국 터키석은 베니스의 경제에서 중요한 역할을 담당했지만 영원히 이방인일 수밖에 없는 샤일록의 애매모호한 존재 자체를 나타낸다고 볼 수 있다. 동시에 제시카에게는 빨리 버려야 할, 기독교인을 사랑하는 가슴 아픈 이방인의 표식이었을 것이다.

모두에게 희극이 되었지만, 샤일록에게만 처절한 비극이 된 『베니스의 상인』은 이방인인 유대인들의 삶을 통해 그들이 죽음을 무릅쓰고라도 돈과 보석을 지켜야 했던 이유와 동기를 재차 확인시켜주고 있다.

9

타베르니에가 가져온
저주의 다이아몬드

호프 다이아몬드,
3백 년의 여정

"참된 예술가란 다른 사람들이 보고 버린 것을 다시 잘 보고,
그 속에 묻힌 가치를 끄집어내는 사람이다."
—오귀스트 로댕

짙푸른 쪽빛 바닷물이 뚝뚝 떨어질 것 같은 거대한 다이아몬드 목걸이 앞에 관람객이 가득 모여 있다. 키 작은 꼬마는 다이아몬드를 보기 위해 아빠의 목말을 타고, 어른들은 두꺼운 방탄유리를 꿰뚫을 기세로 카메라의 초점을 맞추기 바쁘다. 다행인 것은, 다이아몬드가 5초 간격으로 90도씩 빙빙 돌아가니 좋은 위치를 차지하려고 치열한 자리다툼은 하지 않아도 된다는 점이다. 그저 가만히 서서 내 앞에 주어진 시간에 눈을 맞추거나 카메라의 버튼을 누르는 데 집중하면 그만이다. 미국 스미소니언 박물관의 간판스타 '호프 다이아몬드' 앞에서 늘 벌어지는 진풍경이다.

하지만 5초만 바라보게 만든 박물관의 배려가 외려 오싹하게 느껴질 만큼 이 호프 다이아몬드를 둘러싼 이야기는 '세계 4대 저주 다이아몬드(호프, 상시, 레장, 피렌체)' 중에서도 가장 강렬한 존재감을 드러낸다. 영화 〈타이타닉〉에서 여주인공 로즈가 바다 속으로 던져버린 '대양의 심장' 목걸이의 모태가 될 정도로 비극적인 죽음을 불러온 예사롭지 않은 사연은 사람들의 상상력을 끊임없이 충동질해왔다. 그래서일까? 다이아몬드가 내 앞에 멈추는 순간, '한없이 고요한 푸른색과 너무도 휘황한 광채'의 불균형에 놀라 절로 깊은 숨을 들이마시게 된다.

01 호프 다이아몬드.(왼쪽)

02 자외선에서 붉은빛을 발하는 신비로운 호프 다이아몬드.(오른쪽) ©Smithsonian

짙은 푸른색인데 햇빛에 비추면 붉은 핏빛을 띤다는 이 보석에 얽힌 저주는 도대체 왜, 어디에서 비롯된 것일까? 힌두교 사원의 시타Sita 여신 동상에 박혀 있던 다이아몬드를 한 사제가 훔치면서 시작되었다는 전설은 과연 사실일까? 일단 이 보석이 인도에서 태어나 유럽으로 들어온 것만은 확실하다. 그렇다면 최초의 전파자부터 파헤쳐볼 필요가 있다. 17세기 유럽의 위대한 여행가이자 보석 딜러인 장-바티스트 타베르니에 Jean-Baptiste Tavernier의 놀라운 탐험 속으로 들어가보자.

03 니콜라 드 라르질리에르, 〈장-바티스트 타베르니에〉, 1678년경.
국제적인 사업가답게 동양풍의 의상을 입고 있다.

타베르니에의 인도 여행과 태양왕의 프렌치 블루

1605년, 타베르니에가 태어난 유럽은 구교와 신교 간의 종교 분쟁으로 들끓고 있었다. 프랑스에서는 여덟 차례에 걸친 위그노 전쟁(1562~1598년)으로 가톨릭의 박해를 피해 위그노(프랑스의 칼뱅파 신교도)들의 대규모 인구 이동이 한바탕 일어난 후였다. 위그노인 타베르니에의 가족 또한 안트베르펜으로 도피했다가 신앙의 자유를 선포한 낭트 칙령(1598년) 이후에야 파리로 돌아왔다. 당시 위그노들은 상공업에 종사하거나 전문 기술을 가진 엘리트 장인들이 대부분이었다. 가톨릭과 달리 노동을 하나님의 소명이라 여기고, 건전한 이윤 추구를 인정한 개신교 교리에 충실한 결과였다. 타베르니에의 가족 역시 아버지는 유명한 지도 딜러였고, 삼촌은 루이 13세의 지도 제작자로 활동하며 지도에 관한 전문 지식과 제작술을 선도했다. 이런 적극적이고 모험적인 유전자를 타고난 타베르니에는 일찍부터 비단과 향료, 보석이 있는 동방에 이끌렸다. 그중 보석은 부피가 작아서 들고 다니기가 쉽고 썩지도 않아서 장거리 이동에도 전혀 문제가 되지 않았다.

타베르니에는 1631년부터 1668년 사이에 총 여섯 번이나 동방을 여행했는데, 매번 인도를 거점으로 삼았다. 그중에서도 1640년 인도에 입성한 두 번째 여행에서 무굴 제국의 호화로운 보석 컬렉션을 접하고, 역사적인 골콘다Golconda 광산을 방문하게 된다. 남보다 앞서 골콘다 광산의 가치를 간파한 타베르니에는 이때부터 본격적으로 다이아몬드에 눈뜬다. 그는 곧 동방과 유럽의 왕족들을 고객으로 둔 최고의 보석 딜러로 이름을 떨치기 시작했다.

1642년 타베르니에는 드디어 골콘다의 콜루르Kollur 광산에서 채굴된

04 〈전설적인 다이아몬드 광산을 포함한 골콘다 왕궁의 생활〉, 네덜란드의 출판업자 페테르 반 데어 아Pieter van der Aa가 1729년 레이덴에서 출간한 『세계의 유쾌한 갤러리Galerie Agréable du Monde』 여섯 권 중 첫 번째 책에 실린 삽화.

05 콜루르 광산 지도.

06 프랜시스 주크·토머스 앤버리 경, 〈서쪽 바위 경계에서 본 골콘다의 풍경〉, 1799년.

112캐럿의 블루 다이아몬드를 손에 넣었다. 처음 본 순간 살짝 보랏빛이 감도는 다이아몬드의 푸른색에 매료되어 "얼마나 아름다운 보랏빛인가"라며 감탄사를 연발했다고 전해진다. 1668년 고향으로 돌아온 그는 이 다이아몬드를 프랑스의 루이 14세에게 12만 리브르에 팔았다(당시 순금 17만 2천 온스와 맞먹는 값이었으니, 현재 가치로는 약 3천억 원에 달한다). 루이 14세는 이외에도 그가 들고 온 큰 다이아몬드 46점과 작은 다이아몬드 1,102점을 함께 구입했다.

사실 이 '타베르니에 다이아몬드'는 오늘날의 눈부신 광채와는 거리가 멀었다. 삼각형의 다소 납작한 소위 '무굴 양식'으로 거칠게 깎여 있었기 때문이다. 다행히 바로크 시대에 접어든 17세기의 유럽은 다이아몬드 연마 기술이 한창 발달하고 있었다. 무도회가 잦아지면서 사람들은 화려한 궁정의 촛불 아래 반짝이는 다이아몬드의 광채가 얼마나 중요한 가치인지를 깨달았다.

루이 14세는 1673년 왕실 세공사 장 피토Jean Pitau에게 다이아몬드의 광채를 최대한 살릴 수 있는 '브릴리언트 컷'으로 재연마할 것을 명했다. 왕은 68캐럿으로 줄어든 이 짙은 강철색의 다이아몬드를 '프렌치 블루'라 이름 짓고, 금으로 감싸 리본에 걸어 목걸이로 착용했다. 베르사유의 창을 뚫고 들어온 햇살과 부딪치며 프렌치 블루는 신비로운 태양의 형상으로 반짝였다.

어느덧 프렌치 블루는 "짐이 곧 국가다"라며 절대왕권을 과시한 루이 14세의 '태양왕' 이미지를 극대화하는 신묘한 보석이 되었다. 유럽의 거의 모든 국가들을 상대로 전쟁을 벌인 루이 14세에게 빛나는 보석은 프랑스의 패권을 유지하기 위한 탁월한 정치 도구였다. 베르사유를 찾은 각국의 외교관들에게 "프랑스는 언제라도 전쟁을 치를 자금이 이토록 충분하니 함부로 까불지 말라!"는 경고 메시지였던 셈이다.

1749년 루이 15세가 왕위에 오르자, 그는 왕실 세공사 앙드레 자크맹André Jacquemin을 시켜 프렌치 블루를 황금양털기사단 훈장에 새롭게 세팅하도록 명령했다.

황금양털기사단은 1430년 부르고뉴의 선량공 필리프가 창단한 이래 로마 가톨릭교도 중 가장 지위가 높은 귀족을 단원으로 한 유럽 최고의 권력과 명예를 자랑하는 직

07 루이 15세의 명으로 황금양털기사단 훈장에 세팅된 프렌치 블루의 스케치.

위였다. 부르고뉴의 마리가 합스부르크의 막시밀리안과 결혼한 후부터는 합스부르크 가문이 기사단장을 역임했다.(5장 참조) 그러나 1700년 스페인의 합스부르크 왕가가 단절되자 오스트리아와 스페인이 기사단장 자리를 놓고 다퉜는데 결국 1713년 카를 6세가 빈에 기사단을 창설하면서 두 파로 갈라졌다. 오스트리아계 황금양털기사단은 귀족과 성직자로 제한되었고, 스페인계 황금양털기사단은 19세기부터 비가톨릭교인과 일반인도 가입할 수 있었다.

프랑스와 영국의 왕실을 거쳐 간 프렌치 블루

그렇게 124년간 프랑스 왕실의 보석으로 위용을 자랑한 프렌치 블루는 1792년 9월 프랑스 대혁명 기간에 왕실 보물창고 도난 사건으로 행방불명된다. 당시 소장자였던 루이 16세 부부도 이듬해 단두대의 이슬로 사라졌다. 그렇게 영영 자취를 감춘 줄만 알았던 다이아몬드는 1830년, 무려 원래 중량의 3분의 1이 줄어든 45.52캐럿의 앤티크 쿠션 컷의 형태로 런던 보석상에 나타났다. 도대체 그사이에 무슨 일이 벌어진 것일까?

프랑스 왕실에서 도난당한 후 누군가에 의해 재연마된 프렌치 블루는 1812년 은밀하게 영국으로 건너와 조지 4세를 새 주인으로 맞았던 것으로 추측된다. 토머스 로렌스 경이 그린 그림([도8])을 보면, 조지 4세가 목에 걸고 있는 황금양털기사단 훈장 한가운데에 푸른색 보석이 선명하게 드러나 있다. 모양도 오늘날의 호프 다이아몬드와 상당히 비슷하다. 따라서 이 보석이 그 뒤로 8년이 지나 매물로 나온 것은 그해에 사망한 조지 4세가 남긴 막대한 부채를 처리하기 위한 것이라는 해석이 유력하다. 왕가의 보석은 손쉽게 현금화할 수 있었고 왕족이 망명하거나 빚을 갚아야 할 경우에 유용하게 쓰였다.

조지 4세는 왕세자 때부터 '영국의 잘생긴 젠틀맨 1호'로 불리며 사치스러운 사생활로 악명을 떨쳤다. 자신의 화려한 취향을 뽐내느라 수많은 보석을 사들이기도 했다. 당시 유럽의 왕들 중에서 보석에 가장 관심이 많았던 인물로도 손꼽힌다. 이렇듯 국정에 힘쓰기보다 쾌락을 탐하고, 방종한 여성 편력으로 온갖 추문을 뿌리고 다니는 왕을 도덕적인 영국 국민들이 좋아할 리 없었다. 하지만 역설적으로 왕이 물 쓰듯 국고를 탕진하며 예술과 왕궁 건축에 관심을 기울인 덕분에 당시 영국에서는 낭만주의가 꽃을 피운다.

주얼리 분야도 예외가 아니었다. 중세 고딕 양식의 십자가 목걸이와 반지를 유행시켜 영국 주얼리에 낭만주의를 전파한 것도 그였다(17장 참조). 사랑하는 여인과 서로의 초상화를 그린 미니어처 주얼리를 교환하는 풍습도

08 토머스 로렌스 경, 〈조지 4세〉, 1820년경.
　호프 다이아몬드를 착용한 것으로 추정되는 조지 4세의 초상화. 성공회교도임에도 가톨
　릭교도만 가입할 수 있는 황금양털기사단 훈장을 스페인과 오스트리아 양국에서 수여받
　은 영국 최초의 왕이다.

조지 4세로부터 시작됐다. [도8]의 초상화 역시 그의 마지막 정부였던 코닝
엄Elizabeth Conyngham 후작부인에게 선물할 목적으로 주문한 것이다. 또 한편
으로는 애국심을 주제로 한 주얼리를 수집하기도 했다. 하지만 프렌치 블루
만큼은 비밀리에 구입할 수밖에 없었다. 프랑스의 왕실 보석이 영국에 있다
는 사실을 알게 된다면 당시 프랑스의 왕 루이 18세가 반환을 요구할 것이 불
보듯 뻔했기 때문이다.

호프 다이아몬드, 카르티에와 매클레인

1830년 조지 4세의 사망 이후 시중에 모습을 드러낸 '프렌치 블루'는 런던의 대은행가 헨리 필립 호프Henry Philip Hope가 소유하게 되면서 '호프 다이아몬드'로 불리기 시작했다. 호프 집안은 조지 4세와 그 후임 왕인 윌리엄 4세 모두와 친분이 두터워 왕가의 보석을 빠른 시간 내에 잡음 없이 매입할 수 있는 적임자였다. 그러나 1839년 헨리가 사망한 후 이를 상속받은 조카들은 빚에 쪼들려 이 다이아몬드를 처분했고, 여러 딜러와 컬렉터●의 손을 거치다가 마침내 1910년 뉴욕에 갓 진출한 프랑스의 보석상 피에르 카르티에 Pierre Cartier의 수중에 들어온다.

1912년 초, 피에르 카르티에는 호프 다이아몬드를 미국의 재벌 상속녀 에벌린 월시 매클레인Evalyn Walsh McLean에게 우여곡절 끝에 넘겼다. 그 과정에서 피에르의 영민한 세일즈 전략이 빛을 발한다. 그는 과시적이고 타인의 관심을 즐기는 에벌린의 성향이야말로 카르티에 브랜드를 미국 시장에 널리 알릴 수 있는 기회라고 판단했다. 당장 그녀의 마음을 사로잡을 신선한 전략이 필요했다. 피에르는 일단 호프 다이아몬드를 새로운 디자인([도11])으로 리세팅한 후 일주일간 마음껏 착용하게끔 빌려주었다. 그녀가 다이아몬드에 매료될 시간을 제공한 것이다(게다가 그녀는 소유만 할 뿐 반품하는 데 익숙하지 않은 사람이었다). 물론 타베르니에부터 루이 14세, 마리 앙투아네트 등 과거 왕족들의 극적인 스토리도 맛깔나게 곁들였다. 자고로 견물생심은 만고불변의 진리인 법. 에벌린은 차란한 빛을 발하는 호프 다이아몬드를 매일 목에 걸치면서 그런 흉흉한 사건 사고는 자신과는 상관없는 일로 여기기 시작했다. 급기야 남들에게는 불행일지라도 자신에게는 행운이 되리라 믿었다.

● 오스만 제국의 술탄 압둘 하미드 2세도 잠시 소유했다.

09 피에르 카르티에, 1910년.(위 왼쪽) ⓒCartier

10 에벌린 월시 매클레인, 1914년.(위 오른쪽)

11 에벌린 월시 매클레인을 위해 디자인한 호프 다이아몬드.(아래) ⓒCartier
    작은 다이아몬드들로 둘러싼 타원형 세팅으로 푸른색의 호프 다이아몬드를 더욱 부각시켰다.

"호프 다이아몬드의 주인이 되면 죽는다고요? 사람은 누구나 결국 다 죽는걸요!"

에벌린은 이미 마음을 정했으나, 가족과 주변인들의 극심한 반대가 이어졌다. 심지어 호프 다이아몬드를 소장했던 미국의 뮤지컬 배우 메이 요혜May Yohé(프랜시스 호프 경의 전 부인)는 신문 기사를 통해 그녀에게 경고의 메시지를 전달하기도 했다. 망설이던 에벌린은 결국 목걸이를 성당으로 가져가 축복의 기도를 받고 나서야 호프 다이아몬드를 품에 안았다. 이후 그녀는 언제 어디서든 호프 다이아몬드와 함께했다.

하지만 대담하고 정열적인 에벌린의 아이콘이 된 호프 다이아몬드는 공교롭게도 그때부터 저주의 정점을 찍게 된다. 그녀의 자녀들은 교통사고로 죽거나 마약 중독자가 되었고, 남편은 도박과 술, 여자에 빠져 재산을 탕진한 후 정신병원에서 사망했다. 1947년 에벌린도 폐렴 합병증으로 세상을 떠났다. 하지만 그녀의 비극이 세간에 화제가 되자 아이러니하게도 카르티에 브랜드는 미국 내에서 폭발적인 반응을 불러일으키며 유명세를 탔다. 피에르의 탁월한 판매 전략과 선견지명은 지금까지도 마케팅 스토리텔링의 모범 사례로 손꼽히고 있다.

1949년, 에벌린의 주얼리 컬렉션 전체를 구입한 뉴욕의 보석상 해리 윈스턴은 저주의 스토리로 인해 더 이상 구매자가 나타나지 않자 호프 다이아몬드를 특별하게 포장해서 전시회를 개최하기 시작했다. 미국 전역을 돌며 호프에 얽힌 이야기를 전파한 그는 특히 마리 앙투아네트의 이야기를 강조했다. 어느덧 호프 다이아몬드는 저주의 보석에서 가격을 매기기 힘들 정도로 귀하고 신비로운 보석으로 탈바꿈했다. 그와 동시에 제2차 세계대전을 이겨낸 미국의 남성들에게는 사랑하는 사람을 위해 다이아몬드를 선물하라는 메시지를 반복해서 심었다.

그렇게 엔터테인먼트와 사업이라는 두 마리 토끼를 다 잡은 해리 윈스턴은 1958년 호프 다이아몬드를 스미소니언 박물관에 기증했고, 마침내 호

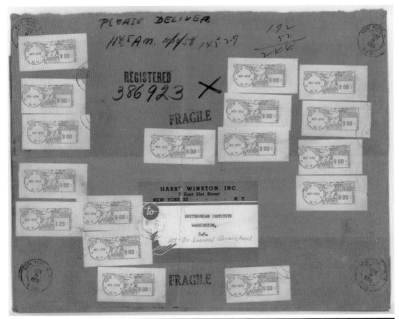

12 해리 윈스턴이 스미소니언 박물관에 호프 다이아몬드를 싸서 보낸 등기우편 포장지.(위)

13 목걸이에 세팅되기 전의 호프 다이아몬드.(아래)
스미소니언 박물관의 국립보석 컬렉션National Gem Collection에서 전시 중인 모습.

프 다이아몬드는 저주의 긴 여정을 마쳤다. 당시 해리 윈스턴의 예상치 못한 기증도 놀랄 일이었지만, 1백만 달러짜리 호프 다이아몬드를 경호원도 한 명 없이 '145달러 25센트'짜리 등기우편으로 보낸 사실은 모두를 경악케 했다. 2달러 상당의 우표 외의 나머지는 보험료였다고 하니, 해리 윈스턴은 혹시 모를 운반자의 탐심과 그로 인한 저주까지 고려했던 것일까?

저주의 진실은?

그렇다면 수많은 소장자들의 죽음과 함께한 저주의 스토리는 어디까지 가 사실일까? 일단 저주의 스토리가 인도의 전통 문화와 어느 정도 관련이 있는 것은 분명하다. 인도의 고대 경전에 블루 다이아몬드의 악운을 경고하는 구절이 있기 때문이다. 여기에 햇볕을 쬘 때 나타나는 붉은 인광(물체에 빛을 쬐었을 때 빛을 제거한 후에도 장시간 빛을 내는 현상)이 섬뜩한 아우라를 더했을 것으로 보인다.

소장자들의 실제 수명은 어땠을까? 이 다이아몬드를 유럽으로 가져온 타베르니에나 처음 구입한 루이 14세는 수십 년을 더 살다가 '늙어서' 죽었다. 그의 증손자인 루이 15세도 64세까지 나름대로 장수했으며, 왕위도 58년 동안이나 유지했다. 루이 16세와 마리 앙투아네트가 젊은 나이에 단두대의 이슬로 사라진 것은 사실이나, 앙투아네트가 착용했다는 기록은 없다. 여성용 주얼리가 아닌 황금양털기사단이라는 남성용 훈장에 박혀 있었기 때문이다.

훗날 19세기에서 20세기에 걸쳐 발생했다는 일련의 비극적인 사건에 대해서도 사실로 확인된 바는 없다. 무엇보다 호프 다이아몬드 소장자들의 평균 수명이 72세였다고 하니 이를 두고 단명 운운하는 것 자체가 어불성설이다. 한편에서는 판매 부수를 늘리기 위한 어느 신문사의 자작극이라는 설과 영국 작가 윌리엄 윌키 콜린스William Wilkie Collins의 소설『더 문스톤The Moonstone』(1868년)*에서 영감을 받은 피에르 키르티에기 그럴듯하게 창안한 발상이라는 설이 대세일 정도로 저주의 스토리에는 개연성이 부족하다. 심지어 피에르가 호프 다이아몬드를 손에 넣은 1909년 이전까지는 저주에 대한 기록이 존재하지 않았다고 한다. 탁월한 이야기꾼이자 마케터인 피에르의 영업 전략이었다는 주장에 힘이 실리는 대목이다.

나중에는 소장자라도 금전적인 이득을 얻으려 하지 않고 따뜻한 마음으로 다이아몬드를 기증하면 재앙에서 벗어난다는 속설까지 생겼다. 그런 이유 때문인지 마지막 소장자였던 해리 윈스턴은 기증이라는 색다른 행보를 택했다. 이후 언론의 스포트라이트를 독차지한 해리 윈스턴과 스미소니언 박물관의 위상은 급격히 올라갔으니 그의 기증은 실로 탁월한 신의 한 수였다.

타베르니에의 발자취를 좇아서

17세기 유럽에서 다이아몬드 공급이 증가한 배경에는 이렇듯 인도 무역의 선구자 타베르니에가 있었다. 영국, 네덜란드, 프랑스의 무역 회사들이 그의 노하우를 따라 인도와 거래를 트면서 다이아몬드 공급은 더욱 원활해졌다. 타베르니에는 실전에서 얻은 해박한 지식을 바탕으로 동방의 왕실 및 귀족층과 두터운 친분을 쌓았다. 루이 14세의 요청으로 1678년에는『장-바티스트 타베르니에의 여섯 번의 여행』이라는 책도 발간했다. 요즘으로 치면 동방과 무역하고 싶은 사람들을 위한 참고서라고 할 수 있는데, 당시의 환율 정

● 1799년 영국 장교인 존 헌카슬이 힌두교 사원에서 승려들을 처참하게 살해하고 노란색 다이아몬드인 '문스톤'을 훔치면서 벌어지는 비극을 주제로 한 최초의 추리소설. 토머스 스턴스 엘리엇과 보르헤스 등 당대의 내로라하는 문인들의 극찬을 받았다.

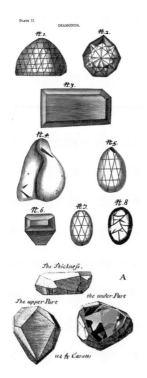

14 타베르니에의 책에 실린 다이아몬드
   스케치.(위)

15 타베르니에의 책에 실린 호프 다이아
   몬드 스케치.(아래)

보와 가장 안전한 길 등을 자세히 기록해
놓았다. 책에는 그가 선별해서 가져온 20여
개의 다이아몬드 그림도 실려 있다.

　타베르니에의 마지막 여정은 1689년
모스크바에서 끝났다. 호프 다이아몬드의
저주로 젊은 나이에 들개에 물려 죽었다는
소문과는 달리 그는 84세까지 장수했다.
페르시아 쪽으로 여행하는 중이었다고 알
려져 있으나 그 나이에 또다시 여행을 떠난
이유는 미스터리로 남아 있다.

　인간의 욕망과 드라마틱한 우연이 만
나 빚어진 전설의 주인공 호프 다이아몬드
의 발자취를 따라가다 보면 상업의 세기로
접어든 전환기, 보석의 역사에 한 획을 그
은 '위대한 여정'을 만날 수 있다. 타베르니
에는 40년 동안 총 24만 킬로미터를 여행
했다.

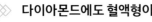
모든 컬러 다이아몬드가 그렇듯이 호프 다이아몬드는 무엇보다 아름다운 푸른색이 생명이다. 화이트 다이아몬드와 달리 컬러 다이아몬드에서는 색의 비중이 절대적이기 때문이다. 컬러 다이아몬드는 화이트 다이아몬드 1만 개당 한 개꼴로 산출된다. 그중에서도 천연 블루 다이아몬드를 만날 확률은 피카소 그림 1백 점당 한 점 정도로 극히 드물다.

왜 이렇게 희소한지는 타입 1a, 1b, 2a, 2b의 네 가지로 나뉘는 다이아몬드의 광물학적 분류를 알면 이해하기 쉽다. 인간의 혈액형과 유사하다고 생각하면 된다. 일단 질소가 존재하지만 어떤 형태로 존재하는가에 따라 타입 1a와 1b로 갈린다. 다음으로 질소가 아예 없거나 극소량만 존재하는 2a, 질소 대신 붕소가 존재하는 2b로 나뉜다. 질소는 다이아몬드를 노랗게, 붕소는 푸른색이나 회색을 띠게 만드는 결정적인 요소다. 그런데 전 세계 다이아몬드의 98퍼센트, 즉 대부분의 다이아몬드는 타입 1a에 속한다. 이에 비해 타입 2a는 1~2퍼센트, 타입 1b와 타입 2b는 각각 0.1퍼센트 정도의 극소량으로 존재한다. 흥미로운 사실은 호프 다이아몬드가 발견된 골콘다 광산은 타입 2a가 대부분이고 약간의 타입 2b가 발굴되는 천혜의 지역이었다는 점이다. 타입 2a와 타입 2b 모두 희소성이 높지만 특히 호프 다이아몬드가 속한 타입 2b는 극도로 희귀하다. 게다가 일반적인 블루 다이아몬드에 존재하는 붕소 원자의 평균 함량이 0.5ppm 미만인 데 반해 호프 다이아몬드에는 8ppm이나 들어 있다.

현대의 감정 기준으로 호프 다이아몬드의 색은 팬시Fancy 등급의 '다크 그레이시 블루dark greyish blue'를 띠며, 투명도는 VSI(Very Slightly Included, 아주 약간 내포물이 있는) 등급이다. 45.52캐럿이니 지구상에 존재하는 '다크 블루' 다이아몬드 중에서 가장 크다. 색탐지기로 검사한 결과 극소량의 바이올렛 기가 들어 있다고 분석한 학자도 있다. 그런데 이 바이올렛 기는 육안으로는 감지가 불가능하다고 하니, 애초에 다이아몬드의 보랏빛에 매료된 타베르니에는 눈썰미와 안목이 대단한 사람이었음에 틀림없다.

[표1] 다이아몬드의 광물학적 분류

종류	비율(%)	특징	색
1a	98	질소 원자 군집형	화이트, 옐로, 브라운, 오렌지 등
1b	0.1	질소 원자 산발형	옐로, 오렌지, 브라운
2a	1~2	매우 순수한 탄소 원자	화이트, 브라운, 핑크, 퍼플
2b	0.1	붕소 원자	블루, 그레이

다이아몬드계의 청교도, 골콘다 다이아몬드

1725년 브라질에서 광산이 발견되기 전까지, 그리고 인도 무굴 제국의 마하라자(인도의 회교군주, 대왕이라는 뜻)와 유럽 왕실의 권력자들이 수많은 다이아몬드를 쓸어가기 전까지 골콘다 지역은 약 2천 년 동안 세계 유일의 다이아몬드 광산이었다. 16세기에서 18세기 사이에만 골콘다 광산에서 약 1천2백만 캐럿이 채굴됐다. 오늘날에도 '골콘다 다이아몬드' 하면 다이아몬드 중에서도 아주 깨끗한 '다이아몬드계의 청교도'로 통한다. 지금은 지구상에서 사라진 역사적인 이름이자, 완벽하게 순수한 다이아몬드를 가리키는 대명사다. 유명한 코이누르Kohinoor, 다랴이누르Daryainoor, 레장Regent, 아그라Agra, 비텔스바흐Wittelsbach, 드레스덴 그린Dresden Green 다이아몬드도 모두 이곳 태생이다.

사실 우리가 만나게 되는 대부분의 다이아몬드에는 극소량이라도 노란 기가 들어 있다. 앞서 언급한 것처럼 바로 질소라는 성분 때문이다. 그런데 골콘다 다이아몬드는 광물학적으로 애초에 질소가 들어 있지 않거나 거의 희박한, 타입 2a 다이아몬드가 대부분이다. 이러니 흰색을 뛰어넘어 '세상에서 가장 순수한'이라는 수식어가 따라다닐 수밖에 없다. 연마법이 발달하기 전까지 인류는 다이아몬드의 '광채'보다 깨끗하고 순수한 '색'을 최고로 쳤다. 그중 최고봉인 골콘다 다이아몬드는 "너무 맑아서 그 안에서 물이 흐르는 듯한 느낌"이라고 표현되는 수준의 색을 지녔다.

다랴이누르 다이아몬드
코이누르와 형제석으로 불린다. 코이누르는 '빛의 산'이란 뜻이고, 다랴이누르는 '빛의 바다'라는 뜻이다. 현재 이란 국립보석컬렉션에서 소장하고 있다.

레장 다이아몬드
1698년에 골콘다에서 발견된 다이아몬드로 루이 15세의 대관식 왕관을 장식했다. 호프 다이아몬드와 함께 도난당한 것을 나폴레옹 황제가 자신의 칼을 장식하기 위해 다시 사들였다. 현재 루브르 박물관에서 소장하고 있다.

드레스덴 그린 다이아몬드
골콘다 지방의 콜루르 광산에서 채굴된 천연 그린 다
이아몬드다. 거의 2백 년 동안 드레스덴 츠빙거 궁의
보석 박물관 그뤼네스 게뷜베(초록 금고라는 뜻)에 전
시되었다. 2019년 11월 25일 희대의 드레스덴 궁 보석
도난 사건 당시 마침 뉴욕 메트로폴리탄 박물관에 대
여 중인 바람에 살아남았다.

아그라 다이아몬드
16세기 초 인도 괄리오르의 국왕이 무굴 제국의 초대
황제인 바부르에게 감사의 뜻으로 건넨 핑크 다이아
몬드. 이 다이아몬드에 대한 최초의 기록에서 발견된
도시 '아그라'의 이름을 따서 명명되었다.
역대 통치자들의 터번 장신구에 주로 세팅되었으며,
19세기에 영국으로 넘어온 후 48캐럿에서 28.15캐럿
으로 줄었다. 현재 카타르의 왕족인 '알타니^{Al Thani}'
컬렉션에 속해 있다.

오늘날에는 같은 등급이라도 타입 2a 다이아
몬드는 5~15퍼센트의 가격 프리미엄이 붙는다.
그런데 그 타입 2a가 심지어 골콘다 태생이라면
동급의 다이아몬드에 비해 최소 50퍼센트 이상
의 가치가 더해진다. 이런 연유로 가끔씩 골콘다
광산의 다이아몬드가 시중에 등장했다 하면 마
치 숨겨진 피카소의 그림 한 점이라도 찾아낸 듯
뜨거운 열기가 피어오른다.

골콘다는 광산의 이름이지만, 1512~1687년까
지 골콘다 왕국의 수도이기도 했다. 또한 골콘다
는 크리슈나 강의 지류인 무시 강 남쪽에 위치한
요새 도시이자 다이아몬드 거래 센터를 가리키는
이름이었다. 골콘다 왕국은 1687년 무굴 제국에
병합될 때까지 번영했다. 이 지역의 여러 광산 중
에서도 호프 다이아몬드가 나온 콜루르 광산과
라말라코타Rammalakota 광산이 특히 최상급 다
이아몬드로 유명하다.

그러나 모든 광산에는 수명이 있는 법, 18세기
에 들어 인도의 다이아몬드 광산은 모두 고갈되
었다.

코이누르,
반드시 여자만 착용하라!

대영 제국과 인도 제국의 탄생

"대영 제국은 해 질 날이 없습니다."
—빅토리아 여왕

드디어 코이누르^{Kohinoor}를 만나러 가는 날이다. 템스 강 북쪽에 자리 잡은 런던탑의 성곽 아래 자갈길을 따라 쭉 걷다보면 연한 베이지색의 석회암을 촘촘하게 쌓아 올린 고풍스런 양식의 주얼 하우스가 눈앞에 나타난다. 건물 정중앙에 장식된 왕관 심벌과 엘리자베스 2세 여왕을 상징하는 이니셜 'EⅡR[●]'이 중요한 장소임을 짐작케 한다. 해가 지면 달빛에 새하얗게 반사되어 운치 있는 야경이 펼쳐질 것 같은 웅장한 자태가 사진보다 훨씬 더 매력적이다. 그런데 마침 해를 가리며 나타난 한 무리의 높은 구름 떼 탓일까, 아니면 성벽 위에 웅크리고 있는 날개 잘린 까마귀[◆]의 존재감이 강렬해서일까? 음울한 분위기가 감도는 풍경이 묘한 긴장감을 자아낸다.

검은색 곰털 모자에 튜더 양식의 붉은 정복을 입은 근위병들이 보초를 서고 있는 이곳은 영국 왕실의 보물을 소장한 곳답게 CCTV만 1백 대가 넘게 숨겨져 있는 공간이다. 핵폭탄에도 끄떡없다는 6인치 두께의 강철 문이 장착된 입구를 넘어 첫발을 내딛는 순간 칠흑 같은 어둠이 눈앞에 펼쳐졌다. 마치 한치 앞을 알 수 없는 동굴 속으로 빨려 들어가는 느낌이랄까? 그 순간 이곳에 유폐되어 목이 잘린 앤 불린과 제인 그레이의 그림자가 뇌리를 스치며 오싹한 기분이 엄습한다.

"아뿔싸, 런던탑은 옛날에 죽으러 가는 곳이었지!"

화려한 금빛 접시와 항아리 같은 왕실의 오브제를 구경하며 안쪽으로 발걸음을 옮기다보면 어느덧 거대한 내폭^{耐爆} 유리 진열장과 마주하게 된다. 이곳이 바로 영국 왕실의 왕관 아홉 점이 자리 잡고 있는 곳이다. 실제 대관식에서 쓰이는 왕홀과 보주, 검 등 나머지 레갈리아^{regalia}(왕실의 힘과 권위를 상징하는 오브제)도 함께 전시되어 있다. 그런데 특이하게도 이곳의 바닥에만 무빙 워크가 깔려 있다. 하루 2만 명이 넘는 관광객들로 북적이다보니 어쩔 수 없

● Elizabeth II Regina의 약자. Regina는 여왕을 뜻하는 라틴어이다.

◆ 까마귀들이 런던탑을 떠나면 재앙이 닥칠 것이라는 미신 때문에 날개를 짧게 잘라주고 있다.

01 영국 왕실의 보물이 보관된 런던탑의 주얼 하우스 입구.

02 폴 들라로슈, 〈1544년 런던탑에서 레이디 제인 그레이의 처형〉, 1833년.

이 짜낸 궁여지책이겠지만, 찬찬히 보려고 몸을 내미는 순간 옆으로 밀려나
기 일쑤다. 개인에게 할당된 시간은 왕관 하나당 약 5초. 사진 촬영도 할 수 없
기 때문에 나는 왕관에 박힌 다이아몬드를 자세히 살펴보기 위해 몇 번이나
반복해서 무빙 워크 위에 올라야 했다. 잔인한 고문과 피의 숙청으로 '냉혹한
감옥'이란 악명을 떨친 런던탑에서 세상에서 가장 찬란한 빛의 향연과 마주
하다니……. 이 역설적인 조합이 너무나 인상적이어서 그곳에서 보낸 시간이

03 퀸 마더(현 영국 여왕의 어머니)의 왕관.(위) 정중앙의 십자가 안에 코이누르 다이아몬드가 세팅되어 있다.

04 아치 장식을 뺀 메리 왕비(조지 5세의 부인)의 왕관.(아래)

지금도 잊히지 않는다.

주얼 하우스의 아홉 개 왕관 중에서 대중의 흥미를 가장 자극하는 것은 엘리자베스 2세의 어머니인 퀸 마더Queen Mother(퀸 엘리자베스)의 왕관이다. 이 왕관에 내가 그토록 보고 싶어 한 코이누르 다이아몬드가 박혀 있다. 세상에는 이보다 더 크고 아름다운 다이아몬드도 많지만, 유독 이 다이아몬드가 매력적인 이유는 "코이누르를 소유한 자는 세계를 지배하지만 불운까지 함께할 것이니, 오직 신이나 여자만 착용할 수 있다"는 저주 때문이다. 우연인지는 몰라도 오랜 세월 여러 왕조의 흥망성쇠를 거치는 동안 코이누르를 소유한 남성은 모두 왕위를 잃거나 액운을 피하지 못했다. 이런 전설을 의식했는지 인도로부터 다이아몬드를 넘겨받은 영국의 빅토리아 여왕은 "반드시 여성만 착용할 것, 만약 남자에게 상속될 경우에는 그 부인이 착용해야 한다"는 말을 유언으로 남겼다. 이후 코이누르는 세 명의 왕비(알렉산드라, 메리, 현 여왕의 어머니인 엘리자베스)만 착용해 전설 속의 저주를 무사히 피해 간 듯 보인다.

이 다이아몬드는 1100~1300년 사이에 인도 골콘다 지방의 콜루르 광산에서 처음 발굴된 것으로 알려져 있다. 최초의 무게는 무려 793캐럿이나 됐는데 무굴 제국에 들어와 186캐럿으로 깎였고, 현재는 105.6캐럿으로 남아 있다. 발굴 당시부터 아시아에서는 대단하다고 소문이 난 다이아몬드였으므로, 권력의 이동에 따라 소유주가 바뀌었다. 그중 페르시아의 왕이 그 찬란함에 매료되어 "코이누르Kohinoor(빛의 산)!"라고 감탄한 것이 역사적인 이름을 갖게 된 배경이다.

코이누르의 전설을 좇아서

코이누르가 유럽으로 건너오기 전 이를 소장한 최초의 소유자는 누구일까? 이에 대해서는 여러 가설이 존재한다. 하지만 코이누르가 아시아 최고 지배자들의 권력 암투와 죽음에 얽힌 비밀을 푸는 열쇠인 것만은 분명해 보인다.

코이누르가 공식적으로 알려지기 시작한 것은 무굴 제국의 시조 바부르Babur의 회고록에 등장하면서부터다. 1526년 북인도를 평정하면서 무굴 제국을 세운 바부르는 승전의 대가로 아그라 요새에서 다이아몬드를 얻었다. 회고록에서 그는 "이 다이아몬드는 전 세계인의 하루치 식량을 살 수 있을 정도의 가치"라고 언급했다.

05 티무르의 후손이자 무굴 제국의 초대 황제 바부르.

하지만 바부르가 그로부터 4년 뒤에 사망하면서 다이아몬드는 아들인 후마윤Humayun에게 상속된다. 후마윤은 페르시아로 잠시 망명했을 때 자신을 극진히 환대해준 왕에게 선물로 이 다이아몬드를 넘겼다. 한동안 페르시아 황실의 보물창고에 보관되었던 이 다이아몬드는 1650년대 초 후마윤의 증손자 샤 자한ShahJahan 시대에 다시 무굴 제국으로 돌아온다.

죽은 아내를 기리기 위해 타지마할까지 세운 세계적인 애처가 샤 자한은 1628년에 온갖 값비싼 보석으로 꾸민 '공작의 왕좌Peacock Throne'를 주문했다. 이는 제작 기간만 7년에, 비용도 타지마할의 4배나 소요될 정도로 사치의 끝을 달린 무굴 제국의 국보였다. 그런데 이 왕좌에 화룡점정으로 장식한 다이아몬드가 문제였을까? 그는 친아들 아우랑제브Auranzeb에 의해 축출되는 불운을 겪는다. 아우랑제브는 쿠데타로 아버지를 유폐하고 스스로 황제가 되면서 다이아몬드를 탈취했다. 그가 1665년 인도에 와 있던 프랑스의 보석상 장-바티스트 타베르니에게 이 다이아몬드를 자랑하면서 그 존재는 서방

06 비치트르, 〈분델라 왕조의 주자르 싱이 샤 자한에게 복종해 무릎을 꿇는 장면〉, 1630년경.(위 왼쪽)
   샤 자한은 무굴 제국의 전성기를 구가한 5대 황제다. 초상화가 전례 없이 발전한 무굴 제국 시대의 화가 비치
   트르Bichitr의 작품.

07 무굴 제국의 영토를 최대로 확장시킨 6대 황제 아우랑제브, 1770년경.(위 오른쪽)

08 19세기 무굴 제국의 마지막 황실 화가인 굴람 알리 칸Ghulam Ali Khan이 묘사한 델리의 붉은 요새 안에 있는
   디와니 카스Diwani Khas 방 내 공작의 왕좌, 1852~1854년.(아래 왼쪽)

09 공작의 왕좌 위에 앉은 샤 자한, 1635년경.(아래 오른쪽)

세계에까지 알려지기 시작했다.

하지만 이 다이아몬드는 70년 뒤 국경을 넘어 주인이 바뀌었다. 페르시아의 나폴레옹으로 불리는 천재적인 군사 전략가 나디르 샤Nader Shah가 페르시아의 왕위를 찬탈하고 1739년 무굴 제국을 정복한 것이다. 그는 무굴 제국의 보석과 황금을 어마어마하게 약탈해 갔는데 7백 마리의 코끼리와 4천 마리의 낙타, 그리고 1만 2천 마리의 말 위에 가득 채울 정도였다고 한다. 심지어 국보인 '공작의 왕좌'까지 헌상 받았다.

그런데 타베르니에가 기록으로 남긴 이 다이아몬드만은 찾지 못하고 있었다. 그때 한 후궁으로부터 아우랑제브의 증손자인 무함마드 샤Muhammad Shah 황제의 터번 속에 다이아몬드가 숨겨져 있다는 정보를 입수한다. 다이아몬드를 뺏을 속셈으로 연회를 개최한 그는 무함마드에게 존경과 우정의 표시로 터번을 맞바꾸자고 제안한다. 당시 나디르는 그 이전에 아시아의 위대한 정복자인 칭기즈 칸을 우상화하고 군사력은 물론 그의 잔혹함마저 흉내 내

10 무함마드 샤의 무굴 제국군과 치른 카르날 전투(1739년)에서 승리한 후 나디르 샤가 공작의 왕좌에 앉아 있다. 1850년경.

고 있던 터라, 무함마드 정도는 쉽게 벨 수 있었다. 목숨의 위협을 느낀 무함마드는 결국 제안을 거절하지 못하고 스스로 다이아몬드를 내주고 만다. 터번을 풀어 마침내 다이아몬드를 확인한 나디르는 그 찬란함에 매료되어 "코이누르!"라고 외쳤다.

그러나 천하의 나디르도 코이누르의 저주는 피해 가지 못했다. 1747년, 다이아몬드를 손에 넣은 지 십 년도 되지 않아 궁중 반란으로 암살당하고 페르시아는 가족 간에 피로 얼룩진 왕위 쟁탈전에 휘말린다. 대혼란을 겪은 코이누르는 나디르 샤의 부하이자 아프가니스탄 두라니 왕조를 세운 아흐마드 샤Ahmad Shah에게 넘어갔다. 하지만 그곳에서도 코이누르는 형제들 간의 왕위 쟁탈전에 시달린다.

1813년에는 아흐마드 샤의 손자 슈자 샤Shuja Shah가 아프가니스탄을 격퇴

11 아흐마드 샤의 초상, 1757년경.(왼쪽)
　아흐마드 샤는 아프가니스탄 두라니 왕조의 시조로 코이누르가 세팅된 공작 왕관을 쓰고 있다.
12 '펀자브의 사자'로 불린 란지트 싱의 초상, 1830년.(오른쪽)

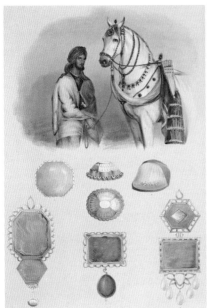

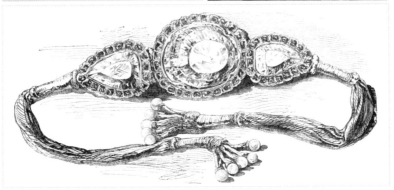

13 〈란지트 싱이 소유한 각종 보석과 가장 아끼던 말〉, 에밀리 에덴의 석판화집 『인도의 왕자와 인물의 초상화
    들』 중 하나, 1844년.(위 왼쪽)
    맨 위 가운데의 타원형 보석이 코이누르이다.

14 프란츠 자버 빈터할터, 〈둘리프 싱의 초상〉(부분), 1854년.(위 오른쪽)
    시크 왕국의 마지막 왕 둘리프 싱이 열다섯 살의 어린 나이로 영국에 납치되어 왔을 때 빅토리아 여왕이 의
    뢰해서 그린 초상화. 앳된 얼굴의 마하라자가 쓴 터번에는 다이아몬드 깃털과 별 장식이 달려 있고, 목에는
    보석으로 만든 틀에 끼운 빅토리아 여왕의 미니어처 초상이 걸려 있다.

15 당시의 오리지널 세팅 상태의 코이누르 스케치, 1851년.(아래)
    코이누르는 암릿armlet(팔뚝에 두르는 장신구)에 세팅된 채로 영국에 도착했다.

한 시크 왕국의 란지트 싱Ranjit Singh에게 코이누르를 넘기게 된다. 시크 왕국은 오늘날 인도 북부와 파키스탄 중북부에 걸쳐 있는 펀자브 지방을 중심으로 시크교도들이 건설한 독립 왕국이다. '펀자브의 사자'라 불릴 만큼 위대한 전사였던 란지트는 코이누르가 박힌 왕관을 쓰고 황제로 즉위했다. 마침내 왕관에 안착한 코이누르는 이제 가장 값비싼 보석이라는 물리적 가치를 뛰어넘어 힘과 권력의 상징으로 우뚝 서는 분수령을 맞는다.

1839년 란지트 싱이 사망하자 코이누르를 탐낸 것은 다름 아닌 영국이었다. 그들은 강력한 힘의 상징인 코이누르를 통해 식민 지배의 우수성을 널리 알리고 "대영 제국을 능가할 자가 없음"을 선전하고자 했다. 결국 인도의 마지막 독립국인 시크 왕국은 영국과 잇따른 전쟁에서 패배하면서 굴욕적인 라호르 조약(1846년)과 함께 1849년 펀자브 지방을 내주었다. 이 조약에 따라 시크 왕국의 마지막 왕 둘리프 싱Duleep Singh은 코이누르를 동인도회사에 양도했다. 1850년 '메디아 호'에 실려 런던에 도착한 코이누르는 동인도회사 창립 250주년 연회에서 빅토리아 여왕의 손에 넘겨졌다.

대영 제국 최고의 전리품

영국이 인도에 대한 본격적인 식민 지배를 시작한 것은 이미 18세기 중반부터다. 무굴 제국의 분열과 혼란을 틈타 1757년 플라시 전투에서 무굴-프랑스 연합군에 승리한 영국은 동인도회사를 내세워 인도를 식민화하기 시작했다. 그리고 마침내 1857년 무굴 제국을 무너뜨렸고, 1877년에는 현재의 인도, 파키스탄, 방글라데시, 아프가니스탄, 미얀마가 포함된 영국령 인도 제국의 시대를 열었다. 이때부터 실질적인 지배력을 행사한 동인도회사를 해산하고 영국 정부가 직접 통치에 나서면서 빅토리아 여왕은 인도 제국의 여제로 등극했다.

빅토리아 여왕은 영국의 왕이자 인도의 황제, 아내, 그리고 어머니로서의 모든 삶을 주얼리에 온통 투영한 것으로 유명하다. 공주 시절부터 친지들에게서 선물 받은 주얼리에 일일이 의미를 부여해 적재적소에 착용했고 모든 내용을 꼼꼼히 일기에 기록해 두었다. 가정적인 남편 알버트 공

16 붉은색으로 표시된 곳이 1909년 당시 영국령 인도 제국이다.

과 금슬이 좋아 낭만적인 의미가 담긴 주얼리를 자주 주고받았다. 대관식 이후에는 좀처럼 보기 힘든 귀보석(고가의 희귀 보석)으로 군주의 위엄을 드러냈고 왕실의 주얼리 컬렉션을 재정비하는 데 힘을 쏟았다.

여왕이 왕실 주얼리 재건에 매진한 배경에는 "여성의 왕위 계승권을 인정하지 않는" 독일 하노버 왕조의 살리카 법이 있었다. 하노버 왕조는 1714년 게오르크 1세가 영국의 조지 1세로 왕위에 오르면서 영국과 하노버를 동시에 지배했는데, 이를 동군연합(한 군주가 다른 나라의 왕위를 차지하는 것)이라고 한다. 그런데 1837년 하노버 왕조의 6대째인 빅토리아가 영국의 여왕으로 즉위하자 살리카 법에 의해 123년 동안 유지된 동군연합이 마침내 막을 내린다. 하노버의 왕으로는 빅토리아의 작은아버지이자 조지 3세와 샬럿 왕비의 다섯째 아들인 어니스트 오거스터스가 에른스트 아우구스트 1세로 즉위했다.

하노버 왕조가 두 나라로 갈라진 여파는 생각지도 못한 왕실 주얼리 논란으로 번졌다. 하노버에서 왕실 주얼리의 소유권을 주장하며 반환을 요구해 온 것이다. 20년간 분쟁이 이어진 끝에 영국이 상당 부분을 하노버에 돌려주는 것으로 결론이 났다. 왕실의 보석 곳간이 텅텅 비자 여왕은 새로운 선물로 왕실의 보석 컬렉션을 채워나가기 시작했다. 대부분의 보석은 영국이 다스리게 된 펀자브의 수도 라호르의 금고에서 충당했다. 이때 최고급 다이아몬드

17 프란츠 자버 빈터할터, 〈빅토리아 여왕〉, 1856년.
코이누르 다이아몬드를 브로치에 세팅해서 착용하고 있다.

18 1851년 만국박람회의 하이라이트를 장식한 수정궁.(위)

19 재연마되고 있는 코이누르, 『일러스트레이티드 런던 뉴스*The Illustrated London News*』1852년 7월 24일자에 실린 삽화.(아래)

와 진주 등 온갖 값진 보석이 동인도회사를 통해 영국 왕실에 들어왔고 코이누르 또한 그중 하나였다.

코이누르가 대중에게 공개된 것은 1851년 수정궁Crystal Palace에서 열린 만국박람회에서다. 영국의 산업혁명 역량을 선보이는 중요한 무대인 만큼 6백만 명 이상의 관람객이 몰려들며 성황리에 진행되었다. 그런데 유달리 코이누르에 대해서는 "유리처럼 광채가 형편없다"는 혹평이 연일 쏟아졌다. 이는 박람회를 진두지휘한 알버트 공의 자존심을 깎아내렸다. 결국 왕실에서는 암스테르담으로 코이누르를 보내 재연마를 감행한다. 결점 부분을 제거하고, 파이어를 증가시킬 수 있는 스타 패싯star facet(브릴리언트 컷 보석의 정팔각형인 윗면을 둘러싸고 있는 정삼각형의 면)이 추가되면서 코이누르는 세련된 타원형의 브릴리언트 컷으로 업그레이드되었다. 물론 중량은 186캐럿에서 108.93캐럿으로 크게 줄어들었지만 대신 그토록 원하던 '광채'를 얻었다(1988년 정밀 측정 결과 105.6캐럿으로 밝혀졌다).

여왕은 진정한 '빛의 산'으로 거듭난 코이누르를 브로치에 세팅해서 개인적으로 착용하다가 영국의 왕실 주얼리로 지정했다. 1902년에는 빅토리아 여왕을 이어 즉위한 에드워드 7세의 부인인 알렉산드라 왕비의 왕관에, 1911년에는 조지 5세의 부인인 메리 왕비의 왕관에, 그리고 1937년에는 현재 영국 여왕의 어머니인 엘리자베스 왕비의 왕관에 장식되었다.

자발적 선물인가, 강압적 양도인가?

인도에서는 코이누르를 강제로 빼앗겼다는 주장과 함께 꾸준하게 반환을 요구해왔다. 인도가 내세운 근거는 빅토리아 여왕에게 코이누르를 '자발적으로' 바친 것으로 알려진 시크 왕국의 마지막 왕 둘리프 싱이 당시 열 살의 어린아이였다는 사실이다. 오늘날 펀자브 지방에 위치한 파키스탄도 1976년

코이누르를 착용한 역대 왕실의 여인들

20 빅토리아 여왕, 1882년. 가슴에 단 브로치에 코이누르가 세팅되어 있다.(위 왼쪽)

21 알렉산드라 왕비, 1902년. 에드워드 7세의 대관식에서 코이누르가 세팅된 왕관을 쓰고 있다.(위 오른쪽)

22 메리 왕비, 1914년. 아치 장식을 뺀 왕관을 착용하고 있다.(아래 왼쪽)

23 퀸 마더, 조지 6세의 대관식에서 코이누르가 세팅된 왕관을 쓰고 있다. 오른쪽의 공주는 현재의 엘리자베스 2세 여왕이다.(아래 오른쪽)

부터 소유권을 주장하고 있다. 이에 대해 2010년 영국의 캐머런 총리는 선례를 남길 수 없다며 코이누르를 반환할 계획이 없다고 못을 박았다. 하긴 코이누르를 반환하면 영국박물관이 소장하고 있는 수많은 약탈 문화재를 모두 되돌려줘야 할 테니, 영국 입장에서는 생각만 해도 끔찍할 만하다.

그러던 2016년, 갑자기 인도에서 기존의 주장을 번복했다. "펀자브 지방에 시크 왕국을 세운 란지트 싱의 후손이 자발적으로 코이누르를 영국에 선물한 것"이라며 말을 바꾼 것이다. 코이누르를 합법적으로 획득했으니 소유권에 대해 협상의 여지가 없다는 영국의 일관된 입장을 지지하는 발언이었다. 영국 왕실의 윌리엄과 캐서린 왕세손 부부의 방문 직후에 나온 발표였기 때문에 모종의 거래가 있었던 게 아니냐는 논란이 뒤따랐다.

식민 시대의 결산은 생각보다 복잡한 문제다. 그러나 손익계산서를 떠나 '횡재'한 입장에서 지켜야 할 최소한의 도리는 역사를 바로잡는 일이다. 코이누르가 다시 인도로 돌아갈 가능성은 매우 희박해 보이지만 자발적으로 바친 선물이 아니었음은 밝혀야 하지 않을까?

보석에 저주의 스토리가 따라다니는 이유는 가진 자의 탐욕에 제동을 거는 갖지 못한 자의 '원망'일 수도, 스토리텔링 마케팅의 일환일 수도 있다. 한편으로는 빼앗긴 자가 빼앗아간 자에게 유일하게 행사할 수 있는 '한풀이'라는 생각도 든다. 코이누르만 봐도 영국 왕실의 남자들은 착용하지 않고 있으니 말이다. 과연 무엇이 두려운 것일까? 식민 지배, 분단, 그리고 전쟁의 산물인 코이누르의 험난한 여정은 근세에 그와 비슷한 과정을 거친 우리의 역사를 되돌아보게 한다.

II

『삼총사』와 안 도트리슈 왕비의 다이아몬드 목걸이

30년 전쟁과 다이아몬드 연마법의 발전

"나의 첫째 목적은 왕의 절대적 권위를 확립하는 것이고,
둘째 목적은 왕국을 위대하게 하는 것이다."

—리슐리외 추기경

"짐만큼 무수한 전쟁을 일으키는 일은 반드시 피하도록 하라.
전쟁이 신민들을 파멸시켰다."

—루이 14세

나는 직업상 보석과 도둑을 소재로 다룬 영화는 빠뜨리지 않고 보는 편이다. 사기와 기만이 난무하는 사건은 시청각 효과를 극대화한 스크린 속에서 가장 짜릿하게 인간의 욕망을 꼬집지 않던가. 때로는 극 중 상황에 너무 몰입한 나머지 온갖 장르를 뒤섞어 상상의 나래를 펼칠 때도 있다. 2018년 영화 〈오션스 8〉에서 도둑들이 1천5백억 원짜리 다이아몬드 목걸이를 '바꿔치기' 하는 장면을 보면서도 나는 이미 타임머신에 올라타 있었다.

"만약 그들이 바꿔치기한 목걸이가 17세기 절대왕정 시대, 왕이 왕비에게 선물한 것이라면 어땠을까? 알고 보니 왕비가 적국의 애인에게 몰래 사랑의 증표로 빼돌린 내밀한 사연까지 숨어 있다면?"

요즘에야 실력 좋은 변호사를 고용하면 감옥살이가 몇 년에 그치겠지만,

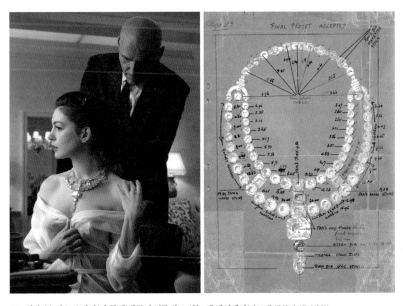

01 영화 〈오션스 8〉에서 '잔 투생 네클리스'를 하고 있는 앤 해서웨이(다프네 클루거 역).(왼쪽)
이 목걸이는 영화를 위해 카르티에의 크리에이티브 디렉터였던 잔 투생Jeanne Toussaint의 이름을 붙여 카르티에에서 다시 제작한 것이다. ©Barry Wetcher, 2018 Warner Bros. Entertainment Inc.

02 잔 투생 네클리스의 오리지널 버전은 1931년 인도 나바나가르의 마하라자를 위해 카르티에 가문의 삼형제(루이, 피에르, 자크) 중 셋째인 자크 카르티에가 디자인한 것이다.(오른쪽) ©Cartier

단언컨대 절대군주의 분노는 전쟁의 파괴력 그 이상으로 피바람을 몰고 왔을 것이 분명하다.

이렇듯 상상만 해도 등골이 오싹해지는 설정이 알렉상드르 뒤마의 소설『삼총사』(1884년)에 등장한다. 당시 위서僞書로 떠돌던 17세기 '다르타냥 백작'의 회고록에서 이야기를 따와 통속적인 재미와 상상력을 가미한 줄거리는 다이아몬드 목걸이 사건으로 한층 긴박감 넘치게 전개된다. 총사가 되기 위해 시골에

03 1894년에 출간된 일러스트 에디션 『삼총사』. 모리스 를루아르Maurice Leloir가 삽화를 그렸다.

서 올라온 쾌남아 다르타냥과 근위병 삼총사인 아토스, 포르토스, 아라미스가 프랑스와 영국을 오가며 고군분투하는 소설『삼총사』는 유럽에서 종교 분쟁의 정점을 찍은 17세기의 프랑스와 영국을 주요 배경으로 펼쳐진다. 갈등의 핵심인 왕비의 다이아몬드 목걸이 구출 대작전을 파헤쳐보면 당시 유럽의 복잡한 정치적, 종교적 이해관계와 다이아몬드 산업의 흐름까지 파악할 수 있다.

다이아몬드 목걸이 사건의 전말

프랑스의 왕 루이 13세는 스페인 합스부르크 가문의 안 도트리슈 공주와 정략결혼했다. 그러나 양국의 정치적 이해관계와 리슐리외 추기경의 반反합스부르크 행보로 두 사람은 사이가 틀어진 상태였다. 루이 13세의 정치적 동반자인 리슐리외 추기경은 스페인과 신성로마제국을 통치한 합스부르크 왕가를 그 누구보다 강력하게 반대하는 입장이었다.

04 필리프 드 상파뉴, 〈루이 13세〉, 1655년.(왼쪽)
05 페테르 파울 루벤스, 〈안 도트리슈 왕비〉, 1622~1625년.(오른쪽)

"일부 위그노들은 프랑스의 가톨릭교도보다 영국의 신교도를 더 좋아한
다지. 나는 스페인의 가톨릭교도(왕비)보다는 위그노가 차라리 더 낫소만."

추기경의 말에는 이렇듯 늘 날카로운 가시가 박혀 있었다. 안 도트리슈
왕비가 영국의 버킹엄 공작과 불륜을 저지른다는 소설 속의 설정도, 사실 여
부를 떠나 추기경의 합스부르크 왕가에 대한 적대적인 감정을 노골적으로 드
러낸 것이다. 늘 왕비를 궁지에 몰아넣을 궁리만 하던 추기경은 왕비가 왕으
로부터 받은 다이아몬드 목걸이를 버킹엄 공작에게 사랑의 증표로 건넨 사
실을 알고 쾌재를 부른다.

"오, 잘하면 왕비를 곤경에 빠트리고 영국과 전쟁을 일으킬 수도 있는 일
석이조의 호재가 되겠군!"

추기경은 왕에게 대무도회를 개최해서 왕비가 그 목걸이를 착용하게 만
들라고 교묘하게 부추긴다. 물론 자신의 심복인 밀라디에게 목걸이에 달린
12개의 다이아몬드 중 2개를 훔치도록 지시한 뒤였다. 이때 다르타냥의 기사

06 필리프 드 샹파뉴 공방, 〈리슐리외 추기경의 삼중 초상〉, 1642년경.
붉은색의 추기경 가운을 입고, 비둘기로 상징되는 성령기사단 훈장을 착용하고 있다. 보통 삼중 초상은 조각 작품을 제작하기 위해 그려진다.

도 정신이 빛을 발하는데, 위기에 처한 왕비를 돕기 위해 삼총사와 영국으로 떠난 그는 우여곡절 끝에 버킹엄 공작을 찾아간다. 하지만 이미 밀라디가 공작의 다이아몬드 2개를 훔쳐간 뒤였다. 절체절명의 위기에 봉착한 버킹엄 공작은 다이아몬드 세공사를 수배해서 완벽하게 복제한 다이아몬드 목걸이를 다르타냥에게 건넨다. 결국 추기경의 작전은 실패했고, 명예를 지킨 왕비는 다르타냥에게 감사의 표시로 반지를 하사한다.

리슐리외 추기경 vs 버킹엄 공작

30년 전쟁이라는 유럽의 복잡한 상황에 활극과 로맨스를 적당히 버무린

『삼총사』에서 중심축은 단연 리슐리외 추기경이다. 많은 사람들이 그를 '악당'으로 알고 있지만, 사실 원작은 왕권 강화와 국가의 안정을 위해 힘쓴 그의 두 가지 실제 활약상을 기반으로 삼고 있다.

첫 번째는 리슐리외가 1642년 스페인과의 전쟁 도중에 사망했을 만큼 스페인과 신성로마제국의 유럽 패권을 제압하는 데 평생을 바쳤다는 사실이다. 그러니 스페인의 첩자 노릇을 하며 프랑스에 반역 행위를 일삼는 안 도트리슈 왕비와 사이가 좋을 수 없었다. 물론 왕비가 루이 14세를 낳은 뒤 자신과 아들의 안위를 위해 리슐리외와 화해하지만, 그가 왕비를 철저히 감시하고 여러 차례 수모를 준 것은 사실이었다. 뒤마는 왕비가 친정 스페인과 내통했다는 역사적 사실에 영국의 버킹엄 공작과 사랑에 빠진다는 자극적인 스토리를 가미해 둘 사이의 갈등을 고조시켰다.

두 번째는 위그노의 반란으로 발발한 라로셸 공성전(1627~1628년)에서 추기경이 버킹엄 공작이 이끄는 영국의 원정군을 막아낸 일이다. 절대왕정 체제를 반대하는 지방의 귀족들이 위그노와 결탁해 일으킨 이 내란은 소설의 후반부를 구성한다. 이 전투에서 승리를 거둔 루이 13세는 강력한 중앙 정부

07 앙리-폴 모트, 〈라로셸 공성전의 리슐리외 추기경〉, 1881년.

08 작자 미상, 〈버킹엄 공작 조지 빌리어스〉, 17세기.(왼쪽)
다채로운 색깔로 수놓은 화려한 볼드릭baldric(칼이나 나팔을 차는 장식용 띠)이 이채롭다. 잉글랜드 기사단의
최고 훈장인 푸른 리본의 가터 훈장이 둘러져 있다.

09 존 드 크리츠, 〈제임스 1세〉, 1604년.(오른쪽)
그의 모자에 스코틀랜드와 잉글랜드의 결합을 기념하는 '그레이트 브리튼의 거울Mirror of Great Britain'이라고
불린 보석 브로치가 달려 있다.

로 절대왕정의 기초를 다지게 된다.

한편 두 갈등 속에서 공통분모로 등장하는 버킹엄 공작은 영국 왕 제임
스 1세와 그의 아들 찰스 1세에 이르기까지 권력의 정점에서 위세를 떨친 인
물이다. 정식 명칭은 초대 버킹엄 공작 조지 빌리어스George Villiers로 소설에서
는 위엄과 기품을 갖춘 대귀족으로 묘사되지만 원래는 한량이나 다름없는
하급 귀족이었다. 그런 조지 빌리어스에게 제임스 1세가 버킹엄 공작 작위를
내려 벼락출세시키고 전적으로 신임하는 바람에 동성애 추문까지 불거졌다.
버킹엄 공작은 프랑스 내의 위그노를 후원해서 지속적으로 반란을 일으키며
실제 리슐리외 추기경과 대립각을 세웠다.

버킹엄 공작과 안 도트리슈 왕비가 처음 만난 것은 영국의 찰스 1세와 루
이 13세의 여동생 앙리에트 마리의 결혼 미사(1625년)에서였다. 소설에서는

10 안토니 반다이크, 〈앙리에타 마리 왕비〉, 1638년경.(왼쪽)

11 안토니 반다이크 공방, 〈찰스 1세〉, 17세기.(오른쪽)

찰스 1세는 당대의 유행을 선도할 만큼 굉장히 패셔너블한 왕으로 유명하다. 그는 항상 왼쪽 귀에만 진주 귀걸이를 했는데, 이 귀걸이는 그가 열다섯 살 무렵에 처음 착용하기 시작해 1649년 처형되는 당일까지 착용한 것으로 알려졌다.

이 사실을 추기경이 국왕 부부를 이간질하는 소재로 활용하면서 다이아몬드 목걸이 사건이 탄생하게 된다.

17세기 유럽에서 손이 가장 아름다운 여인으로 알려진 안 도트리슈 왕비는 합스부르크 가문 역사상 가장 광대한 영토를 차지한 신성로마제국의 황제 카를 5세의 증손녀다. 1615년, 프랑스로 시집온 열네 살의 안 도트리슈는 프랑스어도 어눌한데다 궁정에서도 스페인의 생활방식만 고집했다. 결국 스페인을 믿지 말라는 아버지(앙리 4세)의 가르침을 따르는 루이 13세와는 종교적, 정치적 문제는 물론이고 사소한 생활방식에서도 차이를 빚어 두 사람의 불화는 걷잡을 수 없이 증폭되고 만다. 게다가 왕비는 공공연하게 프랑스에 적대적이었으니, 남편의 사랑을 받지 못하는 가련하고 고귀한 여인으로 묘사된 소설과 실상은 매우 달랐던 것이다.

다이아몬드 목걸이를 복제하라

이제 소설의 핵심적인 사건인 다이아몬드 목걸이 사건으로 들어가보자. 소설에서 버킹엄 공작은 다르타냥이 들고 온 왕비의 친서를 읽고서야 목걸이에서 다이아몬드 2개가 사라진 것을 알게 된다. 추기경이 놓은 덫에서 탈출하기 위해서는 한시라도 빨리 다이아몬드를 채워 넣어야 했다.

"무도회까지는 앞으로 닷새, 프랑스로 이동하는 시간까지 감안하면 늦어도 이틀 후에는 완성품이 나와야 하겠군."

공작은 긴급히 영국 최고의 세공사를 불러 성안에 임시로 작업실을 마련했다. 이틀 동안 감금되다시피 한 세공사 일행은 도난당한 다이아몬드 장식 2개를 감쪽같이 복제해냈다.

그런데 원작에서 왕비가 공작에게 선물한 다이아몬드는 목걸이가 아니라 페레ferret라는 장식 끈이었다. 금속 부분을 뾰족하게 만들어서 의복이나 벨트 구멍에 집어넣고 여미는 장신구로 영어로는 애글릿aglet이라고 부른다. 요즘으로 치면 신발을 묶는 끈 끝에 달린 딱딱한 팁과 비슷한 것이다. 그러나 소설의 배경인 17세기의 페레는 기능성보다는 장식용으로 쓰였고, 세트로 구성되어 여러 개를 한꺼번에 착용하는 게 일반적이었다.

루벤스가 그린 [도12]를 보면 실제 안 도트리슈 왕비가 페레를 착용한 모습을 만날 수 있다. 그녀의 허리를 감싼 진주 벨트 밑으로 한 쌍의 페레가 늘어져 있다. 안 도트리슈 왕비의 할머니인 안나 왕비(펠리페 2세의 네 번째 왕비)의 초상화 [도13]에서 어깨와 소매 끝에 부착한 붉은 리본 장신구 또한 페레다. 당시에는 다이아몬드나 각종 유색 보석이 촘촘하게 박힌 호화로운 버전도 인기가 높았다. [도14]에서 펠리페 2세의 세 번째 왕비인 발루아의 이사벨 왕비가 입고 있는 드레스에도 핑크색 리본 매듭 아래에 진주로 장식된 페레가 곳곳을 화려하게 수놓고 있다.

[도15]와 [도16]에서는 그보다 한 세기 전인 16세기 영국의 페레를 볼 수

페레

12 페테르 파울 루벤스, 〈안 도트리슈 왕비〉, 1625~1626년.

페레를 착용한 왕실 여인들

13 바르톨로메 곤잘레스, 〈스페인 왕비 오스트리아의 안나〉, 1616년경.(위 왼쪽)

14 후안 판토하 델라 크루즈, 〈스페인 왕비 발루아의 이사벨〉, 1605년.(위 오른쪽)

15 한스 에보르트, 〈메리 1세 여왕〉, 1555~1558년.(아래 왼쪽)

16 한스 홀바인 공방, 〈마거릿 와이엇(일명 '레이디 리')〉, 1540년대 초.(아래 오른쪽)
   마거릿 와이엇은 영국의 시인 토머스 와이엇의 여동생이자 앤 불린 왕비의 시녀장이었다.

페레를 착용한 남자들

17 작자 미상, 〈헨리 8세〉, 1520년경.(위 왼쪽)

18 요스 반 클레브, 〈헨리 8세〉, 1530~1535년.(위 오른쪽)
헨리 8세는 1516년 베네치아의 대사가 "세계에서 가장 옷을 잘 입는 군주"라고 묘사했을 만큼 의상과 보석에 신경을 많이 쓴 왕이다. 특히 어깨를 크게 부풀린 스타일은 왕가의 위엄과 튜더 왕조의 명성을 드높이기 위해 정교하게 고안된 장치다. 고급스러운 비단과 모피는 기본이고 값비싼 보석까지 아낌없이 쏟아부었다.

19 브론치노, 〈젊은 남자의 초상〉, 1530년대.(아래 왼쪽)

20 작자 미상, 〈에드워드 클린턴〉, 1562년.(아래 오른쪽)
튜더 왕조 네 명의 군주 밑에서 일한 해군 최고사령관이자 초대 링컨 백작.

있다. 리본은 생략되었지만 메리 1세 여왕의 소매와 옷을 여미는 부위에 반짝이는 보석으로 장식된 페레가 가득 달려 있다. 마거릿 외이엇의 초상화에서도 풍성한 와인색의 소매 곳곳에 금색 페레가 밤하늘을 수놓은 별처럼 화려하게 장착되어 있다.

페레는 남자들도 애용했다. 영국 왕 헨리 8세는 [도17]과 [도18]에서처럼 모자에 페레를 달아서 착용했다. [도19] 속 피렌체 귀족의 모자에서도 페레를 볼 수 있다. [도20]의 영국 백작은 6개의 페레로 상의를 여며 본래의 목적에 충실하게 사용했다. 그렇다면 버킹엄 공작의 페레는 어떤 모습이었을까?

원작을 보면 밀라디가 다이아몬드를 훔칠 때 리본을 가위로 잘라낸 흔적이 있다는 언급이 나온다. 당시 왕족의 초상화에 등장하는 페레의 이미지와 소설 속의 묘사를 종합해보면 버킹엄 공작의 페레는 아마도 [도14]에 묘사된 페레에 가까웠을 것으로 짐작된다. 푸른색 리본이 장식된 페레마다 커다란 다이아몬드가 2개씩 총 12개 달려 있고, 전체를 하나로 엮은 모습이었을 것으로 추측할 수 있다.

종교 박해로 성장한 다이아몬드 연마 기술

『삼총사』는 영화로도 여러 편 제작되었다. 그 가운데 2014년에 개봉한 러시아 영화 〈삼총사 2014〉에서 보석상이 다이아몬드 목걸이에 대해 언급하는 대목은 한 번쯤 곱씹어볼 필요가 있다.

"암스테르담 스타일이네요. 굉장히 까다롭고 힘든 작업이 되겠군요. 시간도 촉박하고요."

영화에서 보석상은 이틀 내에 복제품을 완성하는 조건으로 네덜란드 세공사 25명과 거금을 요구한다. 긴급한 상황인 만큼 공작은 그의 제안을 받아들였고, 부하들을 시켜 곧장 런던의 플리트 가(街)에서 '네덜란드 세공사들'을 데려와 작업에 들어간다. 원작에 없는 '네덜란드'와 '암스테르담'을 여러 번, 구체적으로 강조한 영화감독은 『삼총사』의 시대에 다이아몬드 가공의 중심지가 어디였는지를 명확히 알고 있었던 것이다.

실제로 17세기에 암스테르담이 다이아몬드의 도시로 유명세를 떨친 배경에는 종교 박해로 망명한 이웃나라 세공사들의 공이 컸다. 16세기 중반까지는 암스테르담이 아니라 안트베르펜이 세계 무역 거래의 40퍼센트를 담당했다. 그런데 80년 전쟁(1568~1648년)으로 스페인 군대가 안트베르펜을 함락시키면서(1585년) 절반에 가까운 유대인 및 개신교 세공사들과 상공업자들이 암스테르담과 프랑크푸르트로 탈주했다. 『삼총사』의 배경이 된 30년 전쟁(1618~1648년) 중에는 프랑크푸르트의 개신교 세공사들까지 암스테르담으로 모여들었다. 네덜란드는 1492년에 이미 스페인에서 종교 박해로 쫓겨난 유대인 세공사들을 대거 수용한 경험이 있었다.

80년 전쟁과 30년 전쟁을 이해하기 위해서는 네덜란드의 역사를 좀 더 거슬러 올라갈 필요가 있다. 라인 강, 마스 강, 발 강의 3대 하천 하류에 걸쳐 있는 네덜란드는 농업에 적합하지 않은 저지대인데다 왕권이 약하고 인력도 부족해 일찍부터 상업과 교역으로 부를 쌓았다. 15세기부터는 오스트리아 합스부르크 왕가의 지배를 받다가 신성로마제국의 황제 카를 5세가 스페인의 왕위를 계승하면서 자연스럽게 스페인의 영토로 편입되었다. 그러나 이때부터 유례없는 가혹한 징세와 개신교 탄압이 시작되었고, 신흥 상공인층이 스페인의 억압적인 통치에 대항하는 저항 세력으로 성장하게 된다. 상공인층은 점차 자유와 관용의 정신에 바탕을 두고 개신교 신학과 결합하는데, 특히 네덜란드 북부에서 칼뱅파 개신교 운동이 강력히 전개되었다.

스페인의 종교 탄압은 카를 5세가 퇴위한 후 펠리페 2세 때 절정에 달한다. 결국 1568년, 네덜란드의 17개 주가 일제히 궐기해 스페인에 맞선 독립전쟁을 일으키는데 이것이 바로 '80년 전쟁'이다. 수십 년간 치열한 항쟁이 이어지던 중 안 도트리슈 왕비의 아버지인 펠리페 3세 때 양국이 휴전 조약(1609년)을 맺음으로써 사실상 네덜란드는 독립한 것과 마찬가지가 된다. 결국 독일 영토에서 벌어진 신교와 구교 간의 종교 전쟁*인 '30년 전쟁'이 끝나고 베스트팔렌 조약(1648년)이 체결되면서 신성로마제국은 붕괴되었고, 스페인은 공식적으로 네덜란드를 잃었다.

그렇게 스페인으로부터 완전히 독립하고 종교의 자유를 보장받은 17세기의 네덜란드는 유럽에서 상공업과 금융업이 가장 발달한 도시로 황금시대를 맞았다. 이교도로 몰린 기술자들을 열린 정신으로 받아들임으로써 경제적, 문화적 전성기를 향해 빠르게 달려갔다. 영화 〈삼총사 2014〉에서도 언급한 것처럼, 노련한 기술과 노하우로 무장한 세공사들의 집결지가 된 암스테르담이 다이아몬드 연마의 중심지로 성장한 것은 어쩌면 당연한 결과였다. 강력한 무역 국가, 그리고 이를 지탱하는 중산층 상인과 전문 장인이 힘을 합해 상생하면서 왕족과 귀족의 전유물이던 다이아몬드는 부르주아 계층으로까지 수요가 확대되었다.

프랑스 절대왕정의 명암

스페인이 끝 모를 내리막길에 접어든 17세기는 라이벌 국가인 프랑스가 강대국으로 떠오른 시기와 일치한다. 루이 13세는 프랑스를 유럽 정치무대의 실세로 올려놓았고 막강한 외교력을 발휘했는데, 그의 뒤에는 『삼총사』에서처럼 리슐리외 추기경이 있었다. 그는 신성로마제국의 정치적 분열과 스페인의 군사적 쇠퇴를 앞서 내다보았고, 국내에서는 위그노를 탄압하면서도 30년 전쟁에서는 개신교를 지원하는 노련한 정치 노선을 취했다. 프랑스를

● 종교 내란으로 시작되었으나 자국의 이익을 노린 열강들이 개입하면서 국가 간 패권 다툼의 양상을 띤 국제 전쟁으로 변질되었다.

비롯한 주변 국가들이 개입하지 않았다면 합스부르크 왕가가 주도한 신성로마제국이 손쉽게 승리했을 이 전쟁은 무려 30년이나 끌었다. 그 바람에 가톨릭과 개신교 연맹 모두 지칠 대로 지쳐버렸다. 마침내 리슐리외의 바람대로 프랑스를 남쪽과 동쪽에서 위협하던 스페인의 합스부르크와 신성로마제국의 권력은 서유럽에서 실질적인 영향력을 상실했다. 이 전쟁의 최대 수혜국이 된 프랑스는 강력한 왕권과 해외 식민지 개척을 통해 막대한 부를 쌓아나가며 막강한 군사력을 보유하게 된다.

한편 루이 13세가 기초를 닦아놓은 절대왕정은 아들인 태양왕 루이 14세에 의해 본격적으로 펼쳐진다. 그러나 태양왕은 1685년에 개신교에 대한 차별 금지를 천명한 낭트 칙령의 전 조항을 철회하는 퐁텐블로 칙령을 반포함으로써 위그노의 종교적, 시민적 자유를 전면적으로 박탈했다. 이에 프랑스의 남서부에 터를 이루고 살던 위그노 1백만 명 중 약 40만 명이 영국, 네덜란드, 프로이센, 스위스, 덴마크 등으로 탈출했다.

부의 정당한 축적을 인정한 칼뱅주의를 따르는 위그노 중에는 목전에 다가온 산업혁명의 중추가 될 소상공인과 세공사가 많았다. 스위스로 간 위그노는 시계 산업과 섬유 산업을 발전시켰고, 영국은 위그노들의 기술력을 바탕으로 세계 경제를 주름잡기 시작했다. 반면 시대의 흐름을 읽지 못한 프랑스의 경제는 휘청거렸고 보석업계의 손실 또한 엄청났다.

이렇듯 스페인과 프랑스 군주들의 종교 탄압은 유럽 곳곳에 유능한 기술 인력을 퍼트리는 뜻하지 않은 결과를 낳았고, 영국은 산업혁명의 기회를 붙잡으며 다음 세기의 선두주자가 될 채비를 서둘렀다. 그리고 '하나의 국가, 하나의 국왕, 하나의 종교'를 외치며 시대를 제대로 읽지 못한 루이 14세의 오판은 1백 년 뒤에 일어날 대혁명의 불씨가 된다.

벨라스케스의 〈시녀들〉과
비텔스바흐 블루

합스부르크 가문의 지참금

"보석은 이 세상의 기억을 담고 있다."

—피에르 카르티에

금융 위기로 전 세계가 암울했던 2008년의 끝자락, 크리스마스를 코앞에 둔 런던의 거리는 눈에 띄게 한산했다. 사람들은 커다란 외투에 옷깃을 턱 아래까지 올린 채, 울려 퍼지는 크리스마스 캐럴에도 아랑곳없이 무표정한 얼굴로 발길을 재촉했다. 런던에서 유일하게, 그 어느 해보다 뜨거운 열기가 피어오른 곳은 크리스티 경매장뿐이었다. 바로 '비텔스바흐 블루Der Blaue Wittelsbacher'라는 이름을 가진 푸른색의 거대한 다이아몬드가 등장했기 때문이다. 미국 GIA 감정원에서는 오묘한 회색빛이 살짝 감도는 이 블루 다이아몬드의 중량을 35.56캐럿, 색 등급을 '팬시 딥 그레이시 블루'로 발표했다.

크리스티는 한동안 잊었던 이 보석의 추정 가격을 1,500만 달러로 책정했다. 그러나 12월 14일, 경매사는 무려 1.5배가 넘는 2,340만 달러에 낙찰봉을 내리쳤다. 1캐럿당 65만 달러를 웃도는 대기록이었다. 그전까지 블루 다이아몬드의 세계 기록은 1995년 제네바 경매에서 100캐럿짜리가 1,650만 달러에 팔린 것이니, 얼마나 대단한 기록인지 어림잡을 수 있을 것이다.

이 경매는 금융 위기 상황에서도 블루 다이아몬드의 역대 기록을 갱신한 사실로 대서특필되었지만, 최초로 소유한 사람의 사연은 보석의 감성적 가치를 몇 배로 증폭시켰다. 그 주인공이 등장하는 그림이 바로 회화사에 큰 이름을 남긴 디에고 벨라스케스의 걸작 〈시녀들Las Meninas〉이다. 미술에 관심 있는 사람이라면 누구나 알 만한 친숙한 그림이고, 1734년 크리스마스 때 스

01 비텔스바흐-그라프 블루. ©Graff

02 디에고 벨라스케스, 〈시녀들〉, 1656년.

페인 마드리드 왕궁의 대화재에서도 살아남은 기념비적인 작품이다. 게다가 이 그림은 '과연 누구를 그린 것인가?'라는 문제를 두고 현대에도 수많은 논란과 해석을 낳았는데, 이 그림 속 꼬마 공주가 비텔스바흐 블루 다이아몬드의 최초 주인이었다.●

● 인도에서 채굴된 뒤 최초의 주인은 펀자브 지방의 군주였다는 설도 있다.

〈시녀들〉, 과연 주인공은 누구인가

11명의 실존 인물이 등장하는 〈시녀들〉에서 벨라스케스는 스페인-합스부르크 가문의 마르가리타 테레사 공주를 그리고 있다. 커다란 리본 장식이 달린 드레스를 입고 중앙에서 정면을 바라보는 금발머리의 소녀가 바로 그녀다. 어린 공주가 심심해지지 않도록 공주 옆에는 두 명의 시녀와 어릿광대, 난쟁이, 애완견이 배치되어 있다. 왕실 초상화에 종종 등장하는 난쟁이는 그림에서 왕족의 고귀함과 품위 있는 외모를 돋보이게 하는 역할을 담당한다. 이렇게 왕실의 어린이를 돌보는 17세기의 시녀들을 포르투갈어로 '라스 메니나스Las Meninas'라고 불렀다. 영어로는 'The Maids of Honour'라고 번역되니, '명예로운 시녀들'로 해석할 수 있다.

그런데 공주는 무언가에 기분이 상했는지 조금은 새초롬한 표정이다. 왼편의 시녀가 무릎을 꿇은 채 마실 것을 건네며 비위를 맞추고 있지만 거들떠보지도 않는다. 오른쪽 뒤로 보이는 남녀 한 쌍은 마리아나 왕비의 시녀장과 수행원이고, 저 멀리 계단에 서 있는 남자는 왕비의 시종이다. 이때 또 다른 시녀가 관람자의 위치에 나타난 누군가에게 황급히 고개를 낮추어 인사를 한다. 공주와 난쟁이 여인, 그리고 저 멀리 문을 나서고 있는 사람의 시선도 관람자 쪽을 향한다. 과연 그들의 시선이 머무는 곳에 누가 있는 것일까? 열려 있는 출입문 왼쪽 거울에는 어렴풋하게 국왕 펠리페 4세 부부가 비치고 있어, 아마도 이 부부가 그 주인공임을 짐작하게 한다.

이 그림이 수많은 해석의 여지를 남긴 이유는 바로 이 거울 때문이다. 벽에 달린 거울은 거대한 캔버스 너머에 또 다른 공간이 있다는 것을 알려주는 장치로, 그림 속 벨라스케스가 그리고 있는 대상이 사실은 왕과 왕비라는 주장을 낳았다. 관람자의 시점에서 포즈를 취하고 있다가 슬슬 지루해지자 공주를 불러온 상황이라는 것이다. 시녀들을 대동하고 도착한 마르가리타 공주가 부모를 바라보는 순간을 화가가 포착했다는 해석이다.

03 디에고 벨라스케스, 〈펠리페 4세〉, 1644년.(왼쪽)
04 디에고 벨라스케스, 〈오스트리아의 마리아나 왕비〉, 1652~1623년.(오른쪽)

　　한편 국왕 부부는 실제로 그 자리에 없었고, 거울에 비친 것은 캔버스에 담긴 그들의 초상화라는 해석도 있다. 결국 무엇을 그렸는지는 화가만이 알 정도로 알쏭달쏭한 구도다. 단 하나, 벨라스케스가 작품 속에 자신을 등장시켜 왕과 자신의 친밀한 관계를 부각시키고 있다는 점만은 확실하다. 실제 펠리페 4세의 신임을 독차지한 벨라스케스는 평생 귀족처럼 행동했지만 사실은 이달고hidalgo(작위 없는 귀족) 신분이라, 늘 신분 상승에 목말라했다. 오죽하면 이 그림에서도 자신이 입고 있는 상의에 산티아고 기사단의 붉은 십자가 문장을 그토록 크게 그렸겠는가! 게다가 이 문장은 그림을 그리고 나서 3년 뒤인 1659년, 그토록 염원하던 기사단에 들어가면서 추가한 것이다.

　　그에게 인생 역전의 기회가 온 것은 펠리페 4세의 궁정화가가 되면서부터다. 미술애호가였던 왕은 스물네 살의 풋풋한 벨라스케스가 왕과 권력자들

05 디에고 벨라스케스, 〈열네 살의 마리아 테레지아 공주〉, 1652~1653년.(위 왼쪽)

06 디에고 벨라스케스, 〈핑크 드레스를 입은 마르가리타 테레사 공주〉, 1653년.(위 오른쪽)

07 디에고 벨라스케스, 〈실버 드레스를 입은 마르가리타 테레사 공주〉, 1656년.(아래 왼쪽)

08 디에고 벨라스케스, 〈블루 드레스를 입은 마르가리타 테레사 공주〉, 1659년.(아래 오른쪽)
   벨라스케스가 죽기 1년 전, 마르가리타 공주의 여덟 살 때의 모습을 그린 것이다. 그림이 그려진 해에 혼담이
   오간 레오폴트 1세에게 보내졌다.

의 초상화를 그릴 수 있도록 아낌없이 후원했다. 천연두로 요절한 왕세자 발타사르 카를로스가 쓰던 방까지 손수 내주며 왕의 자녀들은 물론 스페인을 방문한 다른 왕족들까지 그리게 했다. 벨라스케스는 군주의 위엄과 권위를 묘사하는 재주가 그 누구보다 탁월했다.

[도5]의 주인공인 펠리페 4세의 큰딸 마리아 테레지아의 초상화도 벨라스케스의 작품이다. 원래는 오스트리아-합스부르크 황실의 요청으로 제작되었는데, 공주와 루이 14세의 결혼이 확정되자 프랑스로 보내졌다.

[도6~8]에서 각각 핑크, 실버, 블루 드레스를 입은 마르가리타 공주의 초상화는 공주의 성장 과정을 보여주기 위한 목적으로 그려졌다. 벨라스케스는 공주의 고결하고 신성하며 천진난만한 모습을 극대화해 연작 시리즈로 완성했다.

스페인-오스트리아 합스부르크 가문의 결혼 동맹

마르가리타 공주는 1651년 마드리드에서 펠리페 4세와 그의 두 번째 왕비인 오스트리아의 마리아나 사이에서 태어났다. 왕의 첫 부인인 이사벨라 왕비와 아들 발타사르가 세상을 뜬 후 왕위 계승자를 낳기 위한 결혼이었다. 마리아나 왕비는 펠리페 4세의 조카로, 원래는 발타사르 왕세자와 혼담이 오가는 중이었다. 그런데 갑자기 아들이 요절하자 펠리페 4세가 자신의 왕비로 삼은 것인데 합스부르크 왕가에서 조카와 결혼하는 일은 흔했다. 어린 시절의 마르가리타는 합스부르크 가문의 유전병인 주걱턱이 거의 나타나지 않아 사랑스럽고 깜찍한 소녀였다. '나의 작은 천사'라 불리며 양가의 사랑을 독차지한 그녀는 스페인 왕실의 엄격한 교육을 받으며 곱게 자라났다.

17세기, 오스트리아와 스페인의 양대 합스부르크 가문은 유럽의 강대국이자 인구 대국으로 떠오른 프랑스에 대적할 힘을 키우기 위해 지속으

09 자크 로모스니에, 〈1659년 바스크 페장 섬에서 루이 14세와 펠리페 4세의 만남〉, 17세기.
   펠리페 4세가 마리아 테레지아 공주를 루이 14세에게 소개하고 있다. 펠리페 4세는 루이 14세의 고모부이
   자 외삼촌이다.

10 자크 로모스니에, 〈루이 14세와 마리아 테레지아의 결혼〉, 1660년.

로 결혼 동맹을 맺었다. 신성로마제국 황제에 오른 레오폴트 1세의 신붓감으로 펠리페 4세의 장녀 마리아 테레지아 공주가 거론되었다. 그러나 그녀는 프랑스와 스페인 사이에 24년간 지속된 전쟁 이후 체결된 '피레네 평화조약' (1636년)에 의해 이미 적국 프랑스의 루이 14세와 결혼하기로 약속된 상태였다. 이 둘의 결혼 조건에는 "공주는 스페인의 왕위 계승권을 포기한다"는 내용이 들어 있었다. 당시 스페인은 근친혼이 누적된 결과, 남자 후계자가 끊어질 위기에 처해 있었다. 이 때문에 마리아 테레지아나 그녀의 후손에게 왕관이 돌아가 프랑스가 스페인을 차지하게 될 경우를 대비해 미리 왕위 계승권을 포기시키려는 계산이었다. 물론 세상에 공짜는 없는 법, 이 조건 때문에 엄청난 금액의 결혼 지참금이 책정되었다(그러나 스페인이 미처 그 금액을 지불하지 못하는 바람에 훗날 프랑스 부르봉 가문이 스페인의 왕위를 차지한다. 이는 모두 마자랭 추기경의 계획이었는데 실로 대단한 '신의 한 수'였다).

상황이 이렇다보니, 오스트리아 측에서는 차선책으로 마르가리타 공주를 원했다. 레오폴트 1세와 마르가리타는 외삼촌과 조카 사이였다. 이에 펠리페 4세는 주저하는데……. 사실 그는 가장 사랑하는 마르가리타 공주를 영국의 찰스 2세와 결혼시킬 계획이었다. 여기에는 스페인에 대항해 독립을 선포한 포르투갈의 발을 묶어두려는 한층 더 복잡한 계산이 깔려 있었다. 찰스 2세와 포르투갈의 왕녀 카타리나 데 브라간사의 결혼 동맹을 막기 위해 사랑하는 자신의 딸까지 들이밀려는 참이었다. 하지만 펠리페 4세는 준비한 패는 써보지도 못한 채 카타리나와 찰스 2세의 결혼식(1662년)을 구경만 해야 했다. 포르투갈의 왕녀가 들고 온 지참금은 당시 포르투갈령인 인도의 봄베이였다. 이 결혼으로 봄베이는 당연히 영국의 차지가 되었다.

블루 다이아몬드여, 스페인의 왕위를 지켜라

결국 오스트리아와 스페인 양국은 다시 협상을 벌였고, 1663년 레오폴
트 1세와 마르가리타의 결혼이 결정되었다. 결혼 계약에는 관례적인 지참금
외에도 펠리페 4세가 준비한 고급 보석들이 포함되었다. 그 목록에 문제의 블
루 다이아몬드가 들어 있었다. 과거 유럽에서 신부의 지참금 제도는 남편이
부인에 대한 합법적인 지배권을 가지는, 남성의 권력을 공고히 하는 의미가
있었다. 지참금의 수준은 신부 집안의 사회적 지위를 상징했고 제공받은 현
금과 금품은 신랑 집의 금고를 채웠다. 공주들이 가져온 금품은 주로 금, 은,
귀보석이 골고루 포함되었는데 때로는 장신구를 만드는 장인들까지 동반되
었다. 17세기 이전에 유럽의 주얼리 스타일이 비슷해진 배경에는 이런 정략결
혼과 지참금 제도도 한몫했다.

11 베냐민 폰 블로크, 〈레오폴트 1세〉, 1672년.(왼쪽)

12 후안 바우티스타 마르티네스 델 마소, 〈아버지의 죽음을 애도하는 마르가리타 공주〉, 1665~1666년.(오른쪽)
　　공주는 아버지가 사망한 이듬해인 1666년에 신성로마제국의 황후가 된다.

펠리페 4세는 결혼 조약에 "마르가리타 공주에게 스페인 왕위 계승의 자격이 있고, 그녀의 권리는 후대로 이어진다"는 내용을 포함시켰다. 스페인의 숙적인 프랑스로 시집간 이복 언니 마리아 테레지아의 결혼 조건과는 정반대였지만 따지고 보면 맥락은 같았다. 결국 블루 다이아몬드는 위태위태한 상황에 놓인 스페인의 왕좌를 적국에 넘기지 않겠다는 일종의 보험 장치였던 것이다. '부디 내 딸과 스페인의 왕위를 지켜주시오!' 펠리페 4세의 간절한 외침이 들리는 것 같지 않은가? 결혼 조약이 성사된 후 공주의 최근 모습을 담은 벨라스케스의 초상화가 오스트리아로 건너갔다.

그러던 와중인 1665년, 펠리페 4세가 갑자기 사망하면서 일대 혼란이 벌어진다. 사실 그는 죽을 때까지도 공주의 결혼을 망설이고 있었다. 여전히 스페인의 왕위가 불안했던 그는 남성 후계자가 단절될 경우를 대비해 공주를 정식 계승자로 확실히 세우고 싶어 했다(그의 우려대로 1700년에 결국 스페인의 왕위는 부르봉 왕가로 넘어간다). 어린 아들 카를로스 2세의 섭정을 맡은 왕비 또한 같은 이유로 공주의 결혼식을 차일피일 미루었다. 일련의 심각한 외교 협상이 오간 끝에 마침내 결혼 날짜가 잡혔다.

1666년, 열다섯 살의 공주는 빈으로 건너가 신성로마제국의 황후가 되었다. 비록 외삼촌과 조카 사이인데다 나이 차이도 많았지만 6년간 네 명의 아이를 낳는 등 황제와 황후의 금슬은 매우 좋았다. 하지만 근친혼의 영향이 있었는지 네 명의 아이 중 살아남은 아이는 마리아 안토니아가 유일했다.

한편 오스트리아-합스부르크 제국의 황후가 된 마르가리타의 궁정 생활은 그다지 행복하지 않았다. 그녀는 스페인의 전통과 생활방식을 그대로 유지하려 했고 독일어도 배우려 하지 않았다. 강한 반유대주의를 내세워 황제로 하여금 유대인들을 빈에서 내쫓도록 부추기기도 했다. 스페인에서 데려온 그녀의 수행단 역시 거만한 태도로 일관했다. 결국 오스트리아 황실에는 반스페인 감정이 싹트기 시작했고 궁정인들은 몸이 허약한 그녀가 빨리 죽어 새로운 황후로 교체되기를 고대했다.

13 얀 토마스, 〈연극 복장의 레오폴트 1세〉, 1667년.(왼쪽)
14 얀 토마스, 〈연극 복장의 마르가리타 황후〉, 1667년.(오른쪽)
레오폴트 1세와 마르가리타는 외삼촌과 조카 사이였지만 부부 금슬은 좋았다.

그들의 바람이 하늘에 닿은 것일까? 1673년 황후는 스물한 살의 나이로 사망했다. 레오폴트 1세의 절망감도 잠시, 그는 4개월 후 티롤의 클라우디아 펠리치타스와 재혼했다. 하지만 운명의 장난처럼 그녀 역시 마르가리타와 같은 나이인 스물한 살에 요절했고 황제는 팔츠의 엘레오노레 막달레네를 마지막 황후로 맞았다. 이후 마르가리타 공주의 스페인 왕위 계승권은 그녀의 외동딸 마리아 안토니아에게 상속되었고, 공주가 혼수로 가져온 블루 다이아몬드는 오스트리아-합스부르크 가문에 남았다.

2008년 크리스티 경매에 등장하기까지 블루 다이아몬드는 파란만장한 세월을 보냈다. 오스트리아-합스부르크 가문의 소유였던 다이아몬드가 독일로 넘어간 것은 1722년, 요제프 1세(레오폴트 1세와 엘레오노레 황후의 장남)의 딸 마리아 아말리아의 결혼 지참금으로 채택되면서부터다. 그녀의 남편은 바

비텔스바흐 블루

15 프란스 반 스탑파르트, 〈오스트리아의 마리아 아말리아〉, 1722년.
마리아 아말리아의 머리 장식에 비텔스바흐 블루가 세팅되어 있다.

이에른 공국의 선제후이자 훗날 신성로마제국의 황제가 되는 카를 7세로 비텔스바흐 가문 소속이었다. 이때부터 합스부르크의 다이아몬드에 '비텔스바흐'라는 이름이 붙기 시작한다. 마리아 아말리아는 신성로마제국의 황후에 오른 1742년에 이 다이아몬드를 자신의 왕관에 세팅했다. 하지만 1761년 그녀의 아들 막시밀리안 3세 요제프를 필두로 바이에른 공국의 후계자들은 황금양털기사단 훈장에 비텔스바흐 다이아몬드를 세팅해서 착용했다.

1777년에는 바이에른의 지배권이 팔츠의 선제후 카를 테오도르에게 넘어가면서 바이에른과 팔츠가 통합되었다. 다이아몬드는 이제 팔츠계 비텔스바흐 가문의 소유가 되었다. 1806년에는 바이에른이 공국에서 왕국으로 격상되는데, 막시밀리안 4세 요제프가 초대 바이에른 국왕이 되면서 황금양털기사단 훈장에 달려 있던 블루 다이아몬드를 리세팅하라고 명령한다. 이때부터 비텔스바흐 다이아몬드는 [도16]과 같이 왕관의 꼭대기를 장식하게 된다. 제1차 세계대전이 끝난 1918년, 비텔스바흐 왕가는 무너지고 이듬해 바이에른 공화국의 한 주로 편입되고 말았다. 이에 따라 비텔스바흐 가문의 모든 자산은 1923년 비텔스바흐 재단(WAF)으로 이전되었는데, 이를 처분하려면 바이에른 정부의 허가를 받아야 했다.

비텔스바흐 블루, 다시 태어나다

17세기, 장-바티스트 타베르니에가 인도 골콘다 광산에서 유럽으로 들여온 비텔스바흐 블루가 3백여 년간 스페인, 오스트리아, 독일 왕실과의 인연을 끝낸 것은 전 세계를 뒤흔든 1929년의 대공황 때문이었다. 자금난에 처한 비텔스바흐 가문의 후손은 바이에른 정부의 허락을 받아 1931년 크리스티 경매를 통해 이 다이아몬드를 처분하려 했으나 전 세계가 크나큰 경제적 난관에 봉착한 상황이라 임자를 만나지 못했다. 결국 제2차 세계대전이 끝나고

비텔스바흐 블루

16 요제프 칼 슈틸러, 〈바이에른의 루트비히 1세의 대관식〉, 1826년.
    비텔스바흐 블루가 왕관에 세팅되어 있다.

1951년에야 거래가 성사되었다. 1964년 오스트리아의 기업가 헬무트 호르텐 Helmut Horten이 아내 하이디에게 줄 결혼 선물로 구입한 이후에는 아예 자취를 감추었다(참고로 하이디 호르텐은 2018년 2백 년 만에 세상에 등장한 마리 앙투아네트의 진주 펜던트를 구입했다).(277쪽 참조)

그런 역사적인 다이아몬드가 2008년, 제2의 대공황이라 불린 금융 위기의 한복판을 뚫고 등장한 것이다. 치열한 접전 끝에 새로운 주인이 된 이는 영국의 주얼리 브랜드 그라프의 회장 로렌스 그라프 Lawrence Graff였다. 비텔스바흐 블루를 손에 넣은 그는 거들 girdle(스톤의 상하부를 이어주는 가장 볼록한 부분)의 미세한 흠을 제거하고 푸른색을 증진시키기 위해 2010년 1월 7일 재연마를 감행했다. 궁극적인 목표는 색과 투명도를 개선하되 최소 30캐럿 이상을 유지하는 것이었다. 자칫하다가는 중량만 잃을 수도 있는 다소 모험적인 작업에 그라프의 수석 연마사 니노 비안코 Nino Bianco가 투입되었다. 그러나 그가 작업을 끝내지 못한 채 사망하면서 '세기의 연마 작업'에는 위기의 그림자가 드리운다. 다행히도 그라프는 선수 교체라는 카드를 꺼내든 끝에 4.5캐럿이 줄어든 31.06캐럿으로 재연마를 무사히 마쳤다. 중량은 줄었지만, 회색 기를 제거해 색 등급은 '팬시 딥 블루'로 상승했고, 투명도 역시 세 등급이나 올라간 IF Internally Flawless가 되었다. 다이아몬드의 이름도 '비텔스바흐-그라프'로 바뀌었다.

보석학적으로 색과 투명도가 모두 개선되어 컬러 다이아몬드로서의 가치와 위상이 높아진 비텔스바흐 다이아몬드. 덕분에 그라프는 2011년 카타르의 어느 왕족에게 8천만 달러가 넘는 가격에 판매하면서 5천6백만 달러라는 차익을 거둘 수 있었다. 그러나 일부에서는 유럽 왕가의 3백 년 역사가 담긴 중요한 유산을 상업적인 가치를 위해 재연마한 것에 강력히 반발하고 나섰다. 문명의 종말이라고 탄식하는 이도 있을 정도였다. 흠이나 내포물도 보석의 정체성이라며 노여움의 목소리를 높인 그들은 '타임캡슐'로서의 가치가 훼손되었음을 아쉬워했다. 이에 로렌스 그라프의 아들이자 현재 그라프의 CEO인 프랑수아 그라프 Francois Graff 는 이렇게 반박했다.

"만약 레오나르도 다빈치의 그림을 발견했는데 군데군데 찢어진데다 진흙까지 묻어 있다면 어떻게 하겠는가? 우리는 세월 속에서 더러워진 다이아몬드의 진흙을 털고 깨끗하게 복원하는 작업을 했을 뿐이다."

오랜 세월 동안 국경을 넘나들며 독보적인 서사를 구축한 유명 보석의 재연마에는 동전의 앞면과 뒷면처럼 복잡한 쟁점이 맞물리기 마련이다. 평가하는 사람의 위치나 관점에 따라 전혀 다른 주장을 할 수밖에 없기 때문이다. '비텔스바흐-그라프' 다이아몬드를 어떤 방향에서 어떤 식으로 해석할지는 독자 여러분의 몫으로 남겨두려 한다.

다이아몬드는 가장 많이 거래되는 보석이다. 그런데 슈퍼리치들의 투자 세계로 들어가보면 화이트 다이아몬드 수집은 몇 가지로 한정된다. 대개 유명인이 소장했다는 뚜렷한 기록과 역사가 있거나 기본적으로는 일단 크기가 크고 등급이 높아야 투자가 몰린다. 현실적으로 화이트 다이아몬드는 희소성과는 거리가 멀다. 완벽한 색과 투명도를 상징하는 D/Flawless(무색/무결점) 다이아몬드도 그들의 투자 세계에서는 최소 5캐럿은 넘어야 존재감이 생긴다.

오늘날 그들의 관심은 온통 팬시 컬러 다이아몬드(정식 명칭은 '팬시 컬러 다이아몬드'이지만 편의상 '컬러 다이아몬드'로 칭한다)에 쏠려 있다. 컬러 다이아몬드는 화이트 다이아몬드와 비교할 때 1만 개 중 하나 정도로 희귀하다. 그마저도 무결점 투명도가 아닐 확률이 높지만, 그래도 컬러 다이아몬드의 핵심은 무조건 색이다. 영원한 사랑을 상징하는 다이아몬드에 아름다운 색까지 결합돼 가치를 더하는 컬러 다이아몬드는 현재 하늘 높은

줄 모르고 가격이 치솟고 있다. 희소성과 아름다움에 섹시하기까지 한 컬러 다이아몬드는 이제 그 어떤 보석도 뛰어넘을 수 없는 최고의 가치를 자랑한다. 초고가의 레드, 핑크, 블루, 오렌지, 그린에 비하면 옐로는 비교적 공급이 풍부하므로, 수집의 시작점이 될 수 있다.

컬러 다이아몬드에서는 중량과 투명도, 컷 등급 역시 색 다음으로 고려해야 할 사항이다. 커팅 형태도 컬러 다이아몬드에서는 화이트 다이아몬드에서처럼 라운드 브릴리언트 컷이 흔치 않고, 있다고 해도 가장 비싸다. 라운드 브릴리언트 컷은 완벽한 형태로 깎기 위해 버려지는 양이 많은 데다 화이트 다이아몬드를 위한 가장 이상적인 커팅으로 개발되었기 때문이다. 즉 더 하얗고 반짝이게 할 목적으로 연마한 것이라고 보면 된다. 따라서 컬러 다이아몬드가 라운드 컷이라면 오히려 색이 한 등급 옅게 보일 수 있다. 컬러 다이아몬드를 고를 때는 반드시 아름답고 선명한 컬러를 가장 우선시해야 한다.

티파니의 옐로 다이아몬드 솔리스트 반지.
©Tiffany & Co.

핑크 다이아몬드가 세팅된 그라프의 '러브 버드' 브로치.
©Graff

13

루이 15세와 정부들의 보석, 대혁명의 전주곡이 되다

마담 퐁파두르 & 마담 뒤바리

"강한 고통(압력) 없이는 다이아몬드도 없다."

—토머스 칼라일

과거 유럽의 전염병은 왕위 계승의 운명을 종종 바꾸어놓았다. 18세기에 유럽을 휩쓴 천연두로 연달아 네 명의 후계자가 모두 세상을 뜨는 바람에 얼떨결에 국왕에 오른 루이 15세도 그중 한 명이다(그 또한 천연두로 사망했지만 64세까지는 버텼다). 관대하고 자상한 성격으로 '친애왕'이라 불린 루이 15세가 증조부인 태양왕 루이 14세로부터 물려받은 것은 어마어마한 국가 부채뿐만이 아니었다. 여인을 탐하는 격정적인 호색한의 성정도 빼다 박은 듯 닮아 그역시 수많은 정부를 거느렸다. 그들 가운데 양대 산맥이라 할 인물이 마담 퐁파두르와 마담 뒤바리였다.

마담 퐁파두르는 정치까지 좌지우지할 만큼 강력한 영향력을 행사했고, 마담 뒤바리는 마리 앙투아네트를 다이아몬드 목걸이 스캔들에 휘말리게 만들 정도로 사치의 끝을 달렸다. 온몸을 살살 녹이는 여인들의 치마폭에 싸여 국정을 소홀히 한 친애왕은 선왕보다 더 심각한 빚을 손자에게 물려주고 말

01　샤를 반 루, <'아름다운 정원사'로 분한 마담 퐁파두르>, 1754~1755년.(왼쪽)
02　프랑수아-위베르 드루에, <꽃을 들고 있는 마담 뒤바리>, 1773~1774년.(오른쪽)

았다. 동시대 왕족들 중에서는 그나마 가장 오래 살아남은 그가 세상을 떠났을 때 장례 행렬은 축제 분위기에 휩싸였다. 왕의 말로를 비참하게 장식하는 데 일조한 여인들과 탐욕의 보석은 혁명의 불씨가 되어 절대왕정의 들판을 태워나갔다.

입매가 아름다운 마담 퐁파두르

모든 다이아몬드가 동그란 형태는 아니다. 사각형, 타원형, 물방울, 하트, 심지어 길쭉한데 양끝은 뾰족한 풋볼 모양도 있다. 마르키즈 컷marquise cut이라는 이름으로 불리는 이 커팅의 유래는 역사상 가장 이름난 공식 정부인 마담 퐁파두르 덕분에 탄생했다.

마담 퐁파두르의 본명은 잔 앙투아네트 푸아송Jeanne Antoinette Poisson이다. 생선을 뜻하는 '푸아송'이라는 성에서 추측할 수 있겠지만, 그녀는 평민 출신으로 샤를 기욤 르노르망 데티올과 결혼하면서 사교계에 진출한 입지전적인 여인이다. 장차 왕의 여자가 될 것이라는 점쟁이의 예언을 굳게 믿은 그녀의 어머니는 잔을 십여 년간 '작은 왕비'로 훈련시켰다. 빼어난 미모에 악기 연주와 디자인 실력까지 갖춘 교양인으로 사교계에서 영향력을 넓혀간 잔은 어느 날 우연한 인연을 가장해 루이 15세를

03 모리스-캉탱 드 라투르, 〈루이 15세의 초상〉, 1748년.

만난다. 야심가였던 그녀는 공식 정부인 샤토루^{Châteauroux} 공작부인의 죽음으로 상심에 빠진 왕의 마음을 단번에 사로잡았다.

"나로 하여금 남편을 배신하게 만들 수 있는 사람은 오직 왕밖에 없을 거예요."

평소에 그녀가 농담처럼 내뱉은 이 말은 운명의 부메랑으로 되돌아왔다. 1745년, 루이 15세는 스물네 살이 된 잔에게 퐁파두르 지방의 영지와 후작부인이라는 귀족의 칭호를 내렸다. 하루아침에 부인을 왕에게 빼앗긴 충격으로 거의 실신 상태에 빠진 남편도, 일 년 전에 겨우 얻은 딸 알렉상드린도 뒷전으로 내친 채 그녀는 남편과 재빠르게 이혼하고 베르사유에 입성했다.

일면 냉혹한 요부처럼 보이지만, 퐁파두르는 베르사유에 입성하기 전부터도 계몽주의 철학자들인 볼테르, 몽테스키외, 루소 등과 교분을 쌓으며 당대의 살롱 문화를 이끌었다. 한마디로 두루 교양을 쌓은 지적인 여성이었던 것이다. 게다가 보수적인 루이 15세와는 달리 개혁적인 성향을 지지해 한때 금서로 지정된 디드로의 『백과전서』도 그녀의 기지 덕분에 출간될 수 있었다. 정적^{政敵}으로 가득 찬 왕실에서 사려 깊은 마음과 교양, 깨어 있는 사상을 무기로 자신의 편을 늘려간 마담 퐁파두르는 프랑스 역사상 가장 게으른 왕을 대신해 정계를 주무른 가장 부지런한 정부로 거듭났다.

그런 완벽한 그녀에게도 한 가지 약점이 있었다. 바로 허약한 체력이었다. 불감증에 만성 질염을 달고 살 정도로 특히 성적으로 병약했다. 당연히 루이 15세 사이에서 자식도 두지 못했다. 그러나 왕의 요구를 거절하거나 아픈 티를 낸 적은 한 번도 없었다. 루이 15세는 태어나고 2년 후(1712년)에 아버지 루이 드 프랑스가 사망한 것은 물론 같은 해에 어머니 마리-아델라이드와 바로 위의 형까지 잃었다. 이 때문인지 그는 어려서부터 죽음을 두려워하고 사소한 병치레도 못 견뎌 했기에, 퐁파두르는 무슨 일이 있어도 그의 앞에서는 늘 상냥한 미소를 지어야 했다. 젊음과 미모를 잃은 뒤에는, 여전히 욕정에 불타는 왕을 위해 어리고 예쁜 소녀들을 모아 '사슴 정원'이라 불린 왕의 전용 '하렘'을 마련해주기도 했다. 비록 그녀가 공식 정부의 지위를 유지한 건 5년에 불과했지만, 그 뒤로도 약 15년간 죽기 직전까지 루이 15세의 정신적 지주이자 개인비서로 곁에 머물렀다.

당시 마담 퐁파두르의 정치적인 영향력은 오늘날로 치면 사실상 국무총리급이었다. 그녀는 말년에 정치, 경제, 군사에 관한 3천5백여 권의 책을 소장했을 만큼 그 방면에 부지런히 지식을 쌓아 궁중 암투와 정략의 달인이 되기도 했다. 말 한마디로 장관을 끌어내리고 올릴 정도로 그녀는 무소불위의 권력을 휘두르며 프랑스의 정치판에 개입했다. 외교력도 탁월해서 1756년에는 오스트리아의 실질적인 통치자인 마리아 테레지아 황후, 러시아의 엘리자베타 페트로브나 여제와 함께 프리드리히 2세를 압박하기 위한 반反프로이센 동맹을 결성하기도 했다. 이 동맹은 세 명의 여성이 주역인 것을 빗대어 '세 자매의 패티코트 작전'으로 불리기도 했는데, 훗날 '7년 전쟁'으로 기록된다. 한동안 삼국 동맹이 승기를 잡는 듯했지만, 결국 처참한 패배로 끝나 국고를 바닥내면서 그녀는 여론의 총알받이 신세로 추락하기 시작한다.

루이 15세와 성적인 관계를 끝낸 뒤(1750년)부터 마담 퐁파두르는 본격적으로 교양미를 강조한 이미지 메이킹을 위해 수많은 초상화를 주문했다. 그녀가 18세기 프랑스의 로코코 회화를 대표하는 궁정화가 프랑수아 부셰의 단골 주인공이 된 배경이다. 부셰는 그녀의 후원을 등에 업고 명예와 권력을 거머쥐었다. 부셰의 화려하고 섬세한 그림 속에서 그녀는 관능적이면서도 부드러운 미소를 잃지 않고 있다. 입 꼬리가 살짝 올라간 단정한 입매에서는 평정심을 잃지 않는 단호함과 신중함마저 읽을 수 있다.

부셰는 마담 퐁파두르를 언제나 교양 있는 지식인이자 충절의 상징으로 묘사했다. 특히 1750년대에 그려진 작품을 보면 다방면에 걸친 그녀의 지적 능력이 유독 강조되어 있다. 서재를 배경으로 한 [도4]에서는 손에 책을 펼쳐 들고 있으며, 거울에 비친 책장에도 책이 빼곡하게 꽂혀 있다. 한 손을 피아노 건반에 올려놓은 [도5]에서도 오른쪽 바닥에 지구본과 망원경, 두꺼운 책이

04 프랑수아 부셰, 〈마담 퐁파두르〉, 1756년.

05 프랑수아 부세, 〈마담 퐁파두르〉, 1700~1750년.　06 프랑수아 부세, 〈마담 퐁파두르〉, 1759년.

쌓여 있다. 부셰는 지성을 상징하는 이 같은 소품들을 통해 이제껏 프랑스에 이토록 지적인 왕실 여인은 없었다는 사실을 적극적으로 드러내려 했다.

[도6]에서 카펫 위에 아무렇게나 흩뿌려진 장미꽃은 그녀의 여성적인 매력을 강조한다. 심지어 움직일 때마다 바스락 소리가 들릴 것 같은 밝은 색의 실크 드레스 곳곳에도 화려한 러플 리본 사이에 반짝이는 보석처럼 장미를 수놓았다. 왼쪽 하단에 배치한 애완견은 왕에 대한 그녀의 충절과 신의를 상징한다. 마담 퐁파두르는 왕의 정부에 꼭 맞는 여자로 태어난 듯했다.

그녀는 미술, 음악, 인테리어 등 예술 감각도 뛰어났고, 심지어 보석 디자인도 할 줄 알았다. 이런 안목을 바탕으로 다방면의 예술가들을 전폭적으로 후원하며 프랑스의 로코코 문화를 꽃피웠다. 세브르 도자기와 유리 제조업을 후원해 프랑스의 미래 산업도 주도적으로 이끌었다.

역사상 세간에 오르내리는 유명한 여인들이 그렇듯 그녀 역시 입고 걸치는 모든 것을 유행시키는 움직이는 트렌드세터였다. [도4]를 보면 코르셋으로 조인 잘록한 허리, 풍성한 실크 드레스, 정갈하게 땋은 뒷머리가 눈에 띈다.

유럽의 귀족 여인들은 꽃과 보석, 리본으로 장식한 후 앞머리를 납작하게 빗어 넘긴 '퐁파두르 헤어스타일'을 앞다퉈 모방했다. 또한 꽃무늬가 프린트된 '퐁파두르 태피터^{taffeta}'(얇은 실크 직물) 드레스 밑으로 살짝 드러난 화려한 하이힐 역시 그녀가 패션 아이템으로 유행시켜 '루이 힐'이란 애칭을 탄생시켰다.

블링의 로코코 시대

로코코 시대는 소위 '블링'의 시대였다. 이 때문에 보석 중에서도 가장 블링블링한 다이아몬드가 발군의 지위를 차지하고 있었다. 2천여 년간 유일한 다이아몬드 원산지였던 인도의 광산이 고갈되어갈 무렵인 1725년, 포르투갈의 식민지인 브라질에서 새로운 광산이 발견되었다. 이에 런던에 거주하는 포르투갈계 유대인들이 조직적으로 다이아몬드 시장을 주도해나갔다. 보석의 광학적 특성에 대한 이해가 높아져 연마 실력도 향상되었다. 물론 요즘의 다이아몬드처럼 완벽한 비율과 광채는 아니었지만 당시 기술 수준에 비하면 괄목할 만한 성장을 이뤄냈다.

보석 업계에서는 이미 '브릴리언트'라는 용어가 '면을 잘게 쪼개 깎은 다이아몬드'로 통용되고 있었다. 17세기 중후반 루이 14세 시절, 브릴리언트 컷이 발명된 이후 기존의 테이블 컷과 로즈 컷은 점차 찬밥 신세로 전락하는 중이었다. 로즈 컷은 칙칙한 다이아몬드에 스파클을 선사했지만 여전히 파이어는 부족했다.(74쪽 참조) 유럽에 다이아몬드가 대량으로 유입되고 이를 뽐낼 수 있는 무도회가 잦아지면서 촛불 조명 아래에서 무지갯빛 파이어를 극대화시키기 위한 여러 방법이 강구되었다.

오래전에 연마된 다이아몬드는 무색투명함이 강조되도록 은에 세팅한 후 뒷면을 '포일링^{foiling}'(보석의 광채나 색을 향상시키기 위해 얇은 박을 덧대는 것)으로 마무리했다. 그러나 잘 깎인 브릴리언트 컷은 굳이 박을 덧댈 필요가 없었

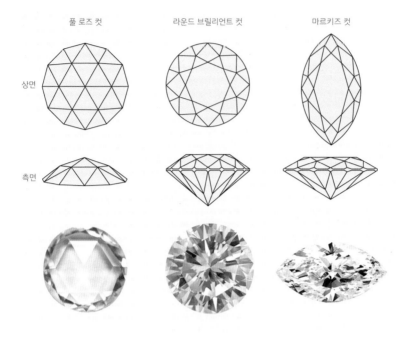

풀 로즈 컷   라운드 브릴리언트 컷   마르키즈 컷

상면

측면

07 로즈 컷과 (모던 라운드) 브릴리언트 컷, 마르키즈 컷 다이아몬드.

다. 그래서 뒷부분이 뚫린 '오픈 백open back' 세팅으로 빛의 발광성을 극대화
했다. 다이아몬드가 사실상 '광채'라는 본연의 임무에 충실하기 시작한 시점
이었다.

　다방면에 관심을 쏟은 마담 퐁파두르는 보석 연마사와도 가깝게 지냈는
데 앞서 부셰를 후원한 것처럼 그녀의 여러 저택 중 한 곳에 연마사를 거주하
도록 했다. 연마사는 종종 그녀의 스케치를 바탕으로 보석을 다듬곤 했다.

　어느 날 루이 15세는 연마사에게 마담 퐁파두르의 매혹적인 입매를 쏙
빼닮은 모양으로 다이아몬드를 연마하라고 주문했다. 왕의 애간장을 녹이
는 그녀의 감미로운 미소는 관능미와 풋풋한 소녀미 사이의 어디쯤에 있
었다. 결국 국왕의 명령으로 탄생한 그녀의 입술을 닮은 커팅에 '마르키즈

marquise(후작부인)'라는 이름이 붙여졌다(마르키즈 컷은 나룻배를 닮았다고 해서 나베트navette 컷 또는 보트boat 컷이라고도 부른다). 화려한 곡선 무늬를 특징으로 하는 로코코 양식과 특히 잘 어울리는 실루엣이다. 다이아몬드용으로 개발되었지만, 오늘날에는 유색 보석에도 널리 쓰이고 있다.

기록에 의하면 마담 퐁파두르는 약 332점의 보석을 소유했다고 한다. 자잘한 다이아몬드가 장식된 오닉스 반지부터 총 547개의 보석이 동원된 커다란 다이아몬드 목걸이까지 수많은 보석들로 보석함을 채워나갔다. 그러나 7년 전쟁으로 재정난에 처했을 때는 다이아몬드부터 국고에 반납했을 정도로 그녀의 보석 컬렉션은 맹목적인 탐욕과는 거리가 멀었다. 사실상 퐁파두르는 보석보다는 부동산을 선호해서 수많은 성과 저택, 사유지를 수집한 것으로 알려져 있다.

비록 루이 15세를 즐겁게 해줄 목적이었다고는 해도 마담 퐁파두르의 사치와 낭비는 훗날 대혁명의 원인 중 하나가 되었다. 프랑스의 정치를 좌지우지한 20년간 그녀가 쓴 돈을 요즘 가치로 환산하면 약 2조 3천억 원이라고 한다. 이런 상황이니 그녀의 심장이 멈췄을 때 동정의 탄식이 들릴 리는 만무했다. 보르도 와인과 모엣 샹동 샴페인에 흠뻑 취해 왕과 함께 최고급 만찬을 즐기는 동안 민중은 굶주린 배를 움켜쥐어야 했다. "20년은 처녀로, 15년은 창녀로, 7년간은 뚜쟁이로 살았던 여인"이라며 조롱거리로 전락한 것도 피할 수 없는 현실이었다. 그나마 평소 가깝게 지내던 볼테르는 다음과 같이 추모의 글을 남겼다.

"퐁파두르 부인의 죽음이 매우 슬프다. 감사의 마음으로 그녀를 추모한다. 나처럼 엉터리 글쟁이도 살아 있는데 세상에서 가장 재기가 뛰어난 아름다운 여인이 겨우 마흔두 살에, 생의 최고 절정의 순간에 떠나야 하다니 참으로 불합리한 일이다."

마담 퐁파두르의 장례식 날에는 보슬비가 하염없이 내렸다. 루이 15세는 며칠 밤을 지새운 사람처럼 수척한 얼굴을 하고 있었다. 장례식에 참석하지 못한 그는 발코니에 서서 눈물을 흘리며 이렇게 작별인사를 했다.

"이 눈물이 내가 그녀에게 줄 수 있는 마지막 선물이구나."

마담 뒤바리와 마리 앙투아네트의 악연

그 유명한 '마리 앙투아네트 다이아몬드 스캔들'의 진앙지가 된 마담 뒤바리는 루이 15세의 마지막 공식 정부였다. 본명은 잔 앙투아네트 베퀴Jeanne Antoinette Bécu로 열다섯 살에 파리로 올라와 장-바티스트 뒤바리Jean-Baptiste du Barry라는 고급 매춘업자의 눈에 띄면서 최고급 매춘부로 활동했다. 일약 화류계의 스타가 된 그녀가 상대한 고객은 성직자부터 왕실 귀족에 이르기까지 다양했고, 그중에는 리슐리외 추기경의 손자뻘로 어린 시절부터 궁정을 휘저은 난봉꾼 리슐리외 공작도 있었다.

마담 퐁파두르가 사망하고 4년 뒤에 장 뒤바리와 리슐리외 공작의 소개

08 프랑수아-위베르 드루에, 〈잔 베퀴, 뒤바리 백작부인〉, 1769년.(왼쪽)
   마담 뒤바리가 베르사유 궁정에 처음 소개된 해에 그려진 초상화.

09 장-바티스트 고티에-다고티, 〈단장 중인 마담 뒤바리와 커피 시중을 드는 자모르〉, 1771~1800년.(오른쪽)

10　줄라 벤추르, 〈루이 15세와 마담 뒤바리〉, 1874년.

로 프랑스 궁정에 등장한 그녀는 탁월한 방중술로 왕에게 환희에 찬 밤을 선사했다. 모처럼 회춘의 기분을 만끽한 54세의 왕은 잔의 잠자리 스승인 리슐리외 공작에게 이렇게 말했다.

"이런 즐거움을 나만 몰랐던 것이더냐?"

그 뒤로 그녀가 공식 정부가 된 것은 당연한 수순이었다.

마담 뒤바리는 프랑스 역사상 가장 사치스러운 정부였다. 보석 중에서도 특히 다이아몬드에 대한 집착이 심했는데 그 배경에는 루이 15세의 전폭적인 지지가 있었다. 왕은 다이아몬드라는 호사로 그녀에게 꿈인지 생시인지 모를 행복을 맛보게 했다. 1768년 그녀를 처음 만났을 때 왕은 심적으로 고달픈 상태였다. 모든 것을 의지했던 마담 퐁파두르와 왕세자를 거의 동시에 떠나보내고 며느리와 왕비까지 차례로 잃은 터라 마담 뒤바리만이 현실에서 마주할 수 있는 유일한 기쁨이었다. 그녀에게 다이아몬드보다 더 귀한 것을 주어도 아깝지 않았다.

루이 15세는 그녀를 공식 정부로 만들기 위해 우선 장 뒤바리의 동생인 기욤 뒤바리 백작과 결혼시키면서 다이아몬드 목걸이와 머리 장식, 귀걸이를 잔뜩 안겨주었다. 뒤바리 백작에게는 보상 차원에서 지참금을 쏠쏠하게 보냈다. 오늘날의 사고방식으로는 이해할 수 없는 대목이지만, 당시에는 왕의 공식 정부로 기혼자를 선호했다. 물론 남의 아내와 간통한다는 사실에 죄책감을 느껴 미혼인 정부를 원하는 왕도 있었다. 그러나 대체적으로 '뻐꾸기' 남편의 암묵적인 동의로 불륜에 정당성을 부여하고자 했다. 미혼 여성이 임신하면 사회적인 문제로 비화되지만 유부녀의 임신은 떳떳하다는 점도 고려되었다. 퐁네프를 배회하던 매춘부 잔은 과거의 흔적을 싹 지운 채 우아하고 세련된 백작부인의 자태로 베르사유에 입성했다. 귀족들은 삼삼오오 모여 손부채로 얼굴을 가린 채 혀를 차며 수군거리기 시작했다.

전임 공식 정부였던 마담 퐁파두르와 달리 마담 뒤바리는 교양과는 담을 쌓은 여자였다. 당시 오스트리아에서 갓 시집온 왕세자비 마리 앙투아네트가 그녀를 무시한 것도 당연했다. 격조 높은 합스부르크 가문의 왕족으로서 자부심이 대단했던 앙투아네트는 매춘부 출신의 마담 뒤바리를 대놓고 '투명 인간'으로 취급했다. 무도회를 열고도 그녀의 출입을 금지시키는 일이 다반사였다. 그도 그럴 것이 앙투아네트의 어머니는 오스트리아에서 매춘을 없앤 마리아 테레지아가 아니던가?

11 장-바티스트 고티에-다고티, 〈베르사유 궁전에서 마리 앙투아네트를 그리고 있는 고티에-다고티〉(부분), 1775년경.
궁정에서 음악회를 열고 하프를 연주하는 마리 앙투아네트를 화가가 그림으로 그리는 중이다. 물론 이런 자리에 마담 뒤바리의 출입은 금지되었다.

　　당시 궁정에서는 높은 신분의 사람이 먼저 말을 걸지 않으면 아랫사람은 말을 할 수 없었다. 같은 여자라 해도 왕족이란 영원히 마주할 수 없는 저 높은 곳의 평행선 같은 존재였다. 소통 자체를 차단당한 마담 뒤바리는 결국 베갯머리송사를 통해 이를 외교 문제로 비화시켰다. 앙투아네트는 마지못해 쌀쌀맞게 한마디를 건넸다.

　　"오늘 베르사유에 사람이 참 많네요."

　　이때만 해도 자신이 그토록 업신여긴 마담 뒤바리의 날갯짓이 단두대라는 태풍의 소용돌이로 바뀌리라고는 두 사람 중 누구도 상상하지 못했다.

다이아몬드 목걸이 스캔들

　마담 뒤바리의 다이아몬드에 대한 집착은 결국 프랑스 대혁명에 작은 불씨를 지폈다. '희대의 사기극'에서 핵심이 된 목걸이는 원래 루이 15세가 그녀를 위해 주문한 것이었다. 세상에서 가장 화려한 목걸이를 원한 왕의 요청에 따라 다이아몬드만 총 2,840캐럿이 사용되었다. 가격은 160만 리브르로 그때까지 만들어진 목걸이 중 가장 비쌌다(현재 가치로 환산하면 약 173억 원).

　이 목걸이는 페스툰 목걸이festoon necklace(꽃줄 장식 목걸이)라 불리는 것으로 1770~1780년대에 최고의 인기를 구가한 스타일이다. 사실상 목걸이라기보다 다이아몬드를 한 땀 한 땀 엮은 스카프에 가까웠다. [도13]처럼 목부터 허리까지, 앞에서 뒤로 두 종류의 목걸이가 연결된 형태라고 보면 된다. 첫 번째 목걸이는 5~8캐럿짜리 다이아몬드 17개가 세팅된 초커choker(목에 꼭 맞게 제작된 목걸이의 종류)인데 그 밑으로 다이아몬드 줄이 느슨하게 세 번 늘어진

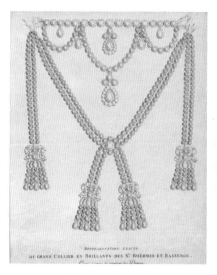

12　1780년대에 출판된 니콜라 앙투안 토네의 출판물에 실린 폴 바상주 다이아몬드 목걸이 디자인 판화.(왼쪽)
13　이 다이아몬드 목걸이를 큐빅 지르코니아로 재현한 목걸이.(오른쪽)

다. 빈 공간에는 크고 작은 물방울 다이아몬드가 매달려 있다. 여기에 연결되어 내려오는 두 번째 목걸이는 세 줄짜리 다이아몬드 체인의 끝에 태슬이 달리고 리본이 장식된 형태다. X자로 교차된 한가운데에 다이아몬드 꽃장식이 세팅되어 있다. 이 목걸이는 왕실 보석상 샤를-아우구스트 뵈머Charles-Auguste Boehmer와 폴 바상주Paul Bassenge가 제작했다. 647개의 최고급 다이아몬드를 선별하는 데만 7년이 걸릴 정도로 심혈을 기울인 작품이었다.

문제는 루이 15세가 목걸이의 대금을 치르지 않은 채 1774년에 사망했다는 사실이다. 왕족이 아니고서야 결코 지불할 수 없는 금액이었으므로 보석상은 이 목걸이를 사줄 사람은 마리 앙투아네트 왕비밖에 없다고 생각했다. 그러나 왕비는 이미 많은 보석을 소유하고 있었고 당시 왕실의 재정 상태도 말이 아니었다. 게다가 이렇게 거창한 디자인은 그녀의 취향도 아니었다. 무엇보다 그토록 경멸한 '창녀 뒤바리'의 목걸이라니! 씨알도 안 먹힐 노릇이었다. 파산의 두려움이 보석상의 목을 조여왔다.

그 뒤로 십여 년이 흐른 1785년, 드디어 보석상의 구원 투수가 등장한다. 바로 라모트La Motte 백작부인이라 불린 잔 드 생레미 드 발루아였다. 사기꾼 기질이 농후한 그녀는 목걸이의 희생양으로 남의 말에 잘 속아 넘어갈 것 같은 로앙Rohan 추기경을 끌어들였다. 허영심 많고 경박한 성품의 추기경은 마리 앙투아네트와 루이 16세의 결혼을 반대한데다 앙투아네트의 어머니 마리아 테레지아를 비방하고 다니면서 이미 앙투아네트 왕비의 눈 밖에 났지만 여전히 리슐리외 추기경을 롤 모델로 삼고 있었다. 베르사유로 다시 돌아가 궁정의 권력을 손에 넣을 수만 있다면 무슨 짓이라도 할 태세였다.

라모트 백작부인은 추기경에게 자신이 왕비의 총애를 받고 있다고 속인 후 왕비와 편지를 교환하라고 부추겼다. 물론 일당인 자신의 정부 레토 드 비예트를 시켜 왕비의 글씨체로 답장을 보냈다. 추기경은 라모트 백작부인의 주선으로 왕비와 베르사유 정원에서 은밀한 만남을 갖기도 했다. 물론 어두컴컴한 밤에 추기경이 만났다고 생각한 왕비는 사실 라모트 백작부인이 내세운 앙투아네트와 비슷하게 생긴 창녀였다. 마침내 추기경은 자신이 왕비의 마음을 사로잡은 비밀 중개상이 되었다고 믿었고, 보석상에게서 목걸이를 건네받아 왕비의 시종으로 변장한 비예트에게 넘겼다. 목걸이를 가로챈 라모트 일당은 잔의 남편인 라모트 백작을 런던으로 보내 목걸이에서 빼낸 다이아몬드를 처분해버렸다.

이 어이없는 사기 사건의 전모는 보석상이 앙투아네트에게 대금을 청구하면서 밝혀졌다. 그녀는 격분했고 그해 8월 추기경은 반역과 절도죄로 체포되었다. 라모트 백작부인도 유죄를 선고받고 감방에 수감되었다. 그러나 재판의 초점은 목걸이가 아니라 왕비의 행실과 평판에 맞춰졌다. 국민들은 부도덕한 왕비가 추기경과 성적으로 내통했으며, 목걸이를 탐하고도 남을 사치스러운 악녀라고 떠들어댔다. 설상가상으로 1790년에 혁명 세력의 도움으로 탈옥한 라모트 백작부인이 런던으로 넘어가 중상모략을 담은 회고록을 출간해 왕비의 체면을 바닥으로 내동댕이쳤다.

사실 앙투아네트는 성적으로 보수적이었고 선대 왕비들에 비하면 씀씀이가 헤픈 편도 아니었다. 하지만 그녀의 운명은 선대왕 루이 15세가 세상을 뜰 때 이미 정해진 듯 보였다. 그 누구도 목걸이를 빼돌린 진범에게는 관심이 없었다. 왕비를 궁지로 몰아넣을 구실이 필요했는데 마침 사건이 터져서 고마울 따름이었다. 배고픈 시민들의 불만은 앙투아네트에 대한 파괴적인 증오로 결집했다. 프랑스 대혁명의 불길이 거세게 일어나기 시작했다.

마담 뒤바리의 보석 도난 사건

그렇다면 이 모든 사건의 원흉인 마담 뒤바리는 혁명에서 무사히 살아남았을까? 1774년 루이 15세가 사망하면서 마담 뒤바리는 베르사유에서 추방당했다. 그러나 수녀원에서 일 년간의 유배 생활을 끝낸 후에는 왕이 하사한 루브시엔 성에서 호화로운 삶을 누릴 수 있었다.

　1791년 1월, 문제의 그날에 일어난 보석 도난 사건은 어쩌면 단두대행을 피할 수도 있었을 그녀의 운명을 180도로 바꿔놓았다. 마담 뒤바리가 애인 브리삭Brissac 공작 집에서 밤을 보내고 있는 사이 루브시엔 성에 도둑이 든 것이다. 창문을 깨고 침입한 도둑은 화려한 세브르 도자기로 장식된 서랍장을 뒤져 한 보따리의 보석을 훔쳐 갔다.

14　장-미셸 모로, 〈루브시엔에서의 축제〉, 18세기.

도난당한 보석은 다이아몬드 귀걸이, 팔찌, 구두 버클, 목걸이를 비롯해 진주 목걸이와 팔찌, 다이아몬드 나석, 유색 보석 반지 30점 등 총 150만 리브르에 달했다. 한 달 뒤, 런던 경찰로부터 도둑 일당을 체포했으니 확인해달라는 연락이 왔다. 당시 프랑스 귀족들은 런던으로 망명하면서 들고 간 보석을 현지 보석상을 통해 헐값에 매각하고 있었다. 도둑들도 같은 방법을 시도했는데, 옷차림과 행태를 수상히 여긴 보석상의 신고로 경찰에 붙잡힌 것이다.

마담 뒤바리가 런던에 머물면서 보석을 되돌려받기를 기다리는 동안 프랑스에서는 혁명의 불길이 절정에 달했다. 공포정치가 휩몰아치면서 그녀의 애인 브리삭 공작의 머리는 참수되어 창끝에 꿰어졌고, 사람들은 이를 전리품인 양 들고 행진했다. 이때 그녀의 경솔한 생각이 스스로의 운명을 벼랑 끝으로 몰고 갔다. 피바다로 변한 프랑스를 떠나려고 모두가 몸부림칠 때 루브시엔 성 곳곳에 숨겨둔 보석이 염려되어 프랑스로 되돌아온 것이다. 결국 그녀는 체포되었고 1793년 11월 19일 반역과 간첩 활동 등의 죄목으로 단두대에 올랐다. 보석을 영국으로 빼돌려 망명자들을 도우려 했다는 누명까지 뒤집어썼다.

마담 뒤바리는 오로지 살아야 한다는 일념으로 거세게 반항했다. 다른 사형수들이 체념한 채 조용히 죽음을 맞이한 것과 달리 숨겨놓은 귀중품 목록을 들이밀며 타협을 시도했다. 국가에 전 재산을 기증하겠다고도 했다. 심지어 런던에 있는 다이아몬드도 바치겠다며 절규했다. 그러나 혁명 정부는 냉정히 그녀의 목을 자르기로 결정했다. 단두대의

15 〈단두대로 끌려가는 마담 뒤바리〉, 영국 작가 티해 홉킨스의 『올드 파리의 지하감옥』에 나오는 삽화, 1897년.

칼날이 다시 올라간 후 루브시엔 성 곳곳에서 압수한 마담 뒤바리의 재산은 총 130만 리브르에 달했다.

그로부터 2년 후, 영국 정부는 도둑들이 훔친 마담 뒤바리의 보석 65점을 경매에 부쳤다. 장물을 처분하기 위해 도둑들이 이미 분해해놓은 터라 전부 세팅되지 않은 나석 상태로 팔렸다. 보석을 지키려고 발버둥 친 주인은 단두대의 이슬로 사라졌지만, 비극적인 죽음과 도난 사건의 미스터리, 루이 15세와의 화끈한 애정사는 발가벗겨진 보석에 아우라를 더했고, 경매는 대성공으로 끝났다.

왕의 애첩이여, 다이아몬드의 무게를 견뎌라

유럽의 최신 유행을 책임지던 공식 정부들의 사치는 권리이자 의무이기도 했다. 그녀들은 언제 왕의 총애를 잃을지 몰라 두려운 마음을 크고 반짝이는 보석으로 달랬다. 남들이 부러워할 만한 희귀한 보석일수록 자신의 위세를 과시하기에 좋았고, 언제든 현금화할 수 있었기에 보석은 늘 든든한 위안이었다. 왕이 하사한 저택이나 땅은 속옷에 꿰매거나 숨길 수 없지만, 부피가 작은 보석은 예기치 못한 상황에서도 손쉽게 몸에 지니고 이동할 수 있었다.

왕비라는 확고한 지위와는 달리 정부라는 불안정한 지위에 있던 그녀들은 정적들로 둘러싸인 채 서로 끊임없이 경쟁해야 하는 운명이었다. 평화도 휴식도 없는 나날에 시달릴 때마다 그녀들은 왕비의 것보다 더 크고 값비싼 보석을 사들였다. 때때로 그녀들의 보석은 유리 천장을 깨고 남자들의 영역인 현실 정치에 개입한 대가이자, 왕의 비호로 국가 간 전쟁에까지 관여하며 국경을 새로 쓴 권세의 결과이기도 했다.

그러나 그녀들의 보석과 사치는 태풍을 부르는 나비의 날갯짓이 되어 대혁명을 불러일으켰고, 어느 여인은 혁명이 절정으로 치닫는 순간조차 그 보석을 놓지 않으려다 저승길에 올랐다. 권력의 자리에서 탐욕스럽게 끌어모은 보석의 무게는 그토록 무거웠던 것일까?

"잠깐만! 날 어쩌려는 거예요?"

마담 뒤바리가 참수되기 직전에 남긴 간절한 두 문장은 견원지간이던 마리 앙투아네트가 최후에 남긴 "미안합니다"라는 말과 비교되어 오늘날까지 조롱의 대상이 되고 있다. 곰곰이 생각해보면, 남몰래 묻어둔 보석과 도난당한 다이아몬드를 두고 눈을 감기 어려웠을 그 심정을 이해 못 할 바도 아니다.

마담 뒤바리의 보석은 전부 해체되어 나석 상태로 경매에 부쳐진 터라 오늘날 행방을 알 길이 없다. 과연 프랑스 역사상 가장 강렬했던 호사와 비극의 결정체는 지금 누구의 손안에서 찬란하게 빛나고 있을까?

예카테리나 2세, 다이아몬드에 정부의 이름을 붙인 이유

오를로프 다이아몬드와 침실 정치

"나는 칭찬은 큰 소리로 하고,
비난은 작은 소리로 한다."
―예카테리나 2세

제정 러시아에 관한 다큐멘터리를 보던 어느 날, 나는 극도로 화려한 한 왕관에 시선을 뺏겼다. 사방으로 빛을 퍼뜨리는 휘황찬란한 모습에 뼛속까지 소름이 돋을 지경이었다. 수천 개의 다이아몬드가 빼곡히 채워진 왕관은 한가운데에 벌어진 양쪽 테두리를 따라 알알이 영롱한 빛을 발하는 진주들로 경계를 나누고 있었다. 게다가 새하얀 바탕 위에 화룡점정 격으로 박힌 붉은 스피넬은 하단에 장식된 57캐럿짜리 다이아몬드의 존재감을 묻어버릴 정도로 강렬했다. 바로 러시아 예카테리나 2세의 대관식 왕관이었다. 유럽 역사를 통틀어 가장 화려하고 사치스러운 이 왕관은 로마노프 왕조가 몰락할 때까지 모든 차르^{tsar}(러시아의 황제)들의 대관식 관으로 사용되었다. 현재는 크렘린 궁전의 무기고 박물관에 보관되어 있다.

이 왕관은 유럽에서 가장 빛나는 왕관을 만들라는 여제의 주문에 따라 제네바 출신의 보석 세공사 제레미에 포지에^{Jérémie Pauzié}가 1762년에 두 달에 걸쳐 완성했다. 5천 개의 작은 다이아몬드와 389캐럿 레드 스피넬, 57캐럿 다이아몬드가 세팅되어 있다.

이 왕관은 내가 예카테리나 2세를 탐구하게 된 시작점이기도 하다. 그녀에 대해서는 오늘날 명군^{名君}과 암군^{暗君}이라는 상반된 평가가 오간다. 하지만 중세 시대 내내 유럽의 변방에 머물러 있던 러시아를 문화와 군사력의 대국으로 끌어올린 그녀는 러시아 역사에서 마지막 '대제'로 기록되고 있다. 그만큼 그녀는 강했고, 누구보다 눈부시게 빛났다.

대관식 레갈리아를 테이블에 올려놓고 포즈를 취한 초상화 [도3]만 봐도 곳곳에서 대제로서의 위상을 느낄 수 있다. 특히 웅장한 자태의 보석은 그녀가 전설적인 군주임을 한껏 강조하고 있다. 반사판처럼 환하게 얼굴을 비추는 지란돌 귀걸이[●]를 비롯해서 층층이 겹쳐 착용한 초커 목걸이, 심지어

● girandole earrings, 원형이나 타원형, 물방울 모양의 보석 세 개가 피라미드 층을 이룬 귀걸이. '샹들리에 귀걸이'라고도 부른다.

01 모스크바에서 출간된『러시아의 다이아몬드와 보석*Russia's Treasure of Diamonds and Precious Stones*』(1925~1926년)에 실린 당시 대관식 왕관의 사진.

02 러시아 대관식 왕관의 복제품.

03 알렉세이 안트로포프, 〈예카테리나 2세〉, 18세기 중반.
왼쪽 탁자 위에 대관식 왕관이 놓여 있다.

소매 단에도 다이아몬드가 빼곡히 박혀 있다. 무엇보다 황금색 망토 위에 길
게 늘어진 거대한 가슴 장식마저 다이아몬드로 촘촘히 메운 호사스러움이라
니! 2차원의 그림을 현실로 상상하는 순간 내 입에서 절로 탄식이 흘러나왔
다. 찬란하게 빛나는 이 모든 것은 거칠 것 없던 18세기 러시아 여제의 삶 그
자체였다.

몰락한 독일 귀족, 러시아 황실에 입성하다

04 루이 카라바크, 〈엘리자베타 여제〉, 1750년.

1741년 러시아에서는 표트르 대제의 딸 엘리자베타가 황제의 자리에 올랐다. 엎치락뒤치락하는 권력 게임에서 쿠데타로 어렵사리 로마노프 왕조의 6대 차르에 오른 엘리자베타는 아버지의 통치 이념을 계승해 개혁자로서 러시아를 위해 일하겠노라고 선포했다. 자식이 없었던 그녀는 일단 후계자부터 지정했다. 그녀가 세운 황태자는 친언니의 아들 표트르 표도로비치였으니 사실상 권력의 승계까지 염두에 둔 치밀한 조치였다.

훗날 표트르 3세가 되는 이 황태자는 매우 둔하고 멍청했다. 부모를 일찍 여의고 프로이센의 국왕 프리드리히 2세의 도움을 받아 포츠담 궁전에서 성장했기 때문에 심지어 자신을 독일인으로 여겼다. 주위의 반대가 심했지만 엘리자베타는 굴하지 않았다. 표트르 대제의 피가 섞인 표트르만이 진정한 후계자라고 밀어붙였다. 한편으로는 표트르를 결혼시킨 후 그의 아들을 후계자로 올릴 계산으로 서둘러 황태자비를 물색했다. 1744년 그녀는 프로이센의 속국인 안할트-체르프슈트 공국의 조피 프레데리케 아우구스테Sophie Friederike Auguste를 황태자비로 간택했다. 18년 뒤 예카테리나 2세로 즉위할 열다섯 살의 독일 소녀는 그렇게 러시아 황실에 입성했다.

조피는 독일에서는 지위가 낮은 귀족이었지만 러시아 황실에서는 야망

05 아나 로지나 데 가츠, 〈결혼하기 3년 전의 조피 프레데리케 아우구스테〉, 1742년.(왼쪽)
06 게오르크 크리스토프 그루트, 〈결혼한 해의 표트르 3세와 예카테리나 2세〉, 1745년.(오른쪽)

을 펼칠 수 있는 문이 활짝 열려 있었다. 일단 개신교에서 러시아 정교로 개종부터 감행했다. 독일 이름인 조피를 버리고 러시아 이름인 예카테리나 알렉세예브나로 개명했다. 이에 그치지 않고, 러시아어를 열심히 배우고 귀족들과 친분을 쌓으면서 러시아 문화를 익히는 데 최선을 다했다. 병으로 사경을 헤맬 때도 루터교 신부 대신 러시아 정교의 신부를 부를 정도였다. 그녀가 러시아에서 유일하게 싫어한 것은 무심하고 무능한 남편 표트르뿐이었다.

러시아 핏줄이지만 독일인처럼 행동하는 표트르, 독일인이지만 러시아에 동화되려고 노력하는 예카테리나. 아이러니한 처지에 놓인 두 사람의 결혼 생활은 당연히 삐걱거릴 수밖에 없었다. 결혼 8년 만인 1754년에 첫아들 파벨을 낳았지만, 표트르의 자식이 아니라는 소문만 무성할 뿐이었다. 한때 예카테리나는 반역 음모로 폐비廢妃의 위기까지 몰렸다. 하지만 영리한 처세술로 정치권력의 본질을 익히며 조용히 지지 세력을 늘려나갔다. 결국에는 궁중 친위대 소속인 그리고리 오를로프Grigory Orlov 중위를 끌어들여 연인이

07 루카스 콘라트 판트첼트, 〈표트르 3세의 대관식 초상〉, 1761년경.(왼쪽)
08 표도르 로코토프, 〈그리고리 오를로프〉, 1762~1763년.(오른쪽)

자 군정 군부의 핵심 세력으로 삼게 된다.

1762년 1월, 마침내 표트르 3세가 황제의 자리에 올랐다. 하지만 여전히 그는 프로이센의 프리드리히 2세를 우상시했기 때문에 즉위하자마자 친^親프로이센 정책을 펼쳤다. 심지어 7년 전쟁에서 승기를 잡고 적국인 프로이센의 항복을 받아내기 직전, 배상금 한 푼 없이 평화협정을 맺는 바람에 프로이센은 전쟁에 지고도 원래의 영토를 유지했다. 표트르 3세의 반^反러시아적인 행위는 종교에까지 확산되었다. 모든 교회의 재산과 토지를 국유화했고, 성직자들에게 루터교 목사의 복장으로 바꿔 입을 것을 명령했다. 격분한 러시아 군대는 황제에게 등을 돌렸고, 러시아보다 프로이센을 걱정하는 표트르 3세의 평판은 바닥을 쳤다. 절호의 기회를 포착한 예카테리나의 야심이 불타오르면서 표트르 3세의 인생은 비극으로 치닫기 시작한다.

예카테리나 여제로 거듭나다

1762년 6월, 표트르 3세가 자리를 비운 틈을 타 오를로프의 근위대는 상트페테르부르크 주위의 모든 성문과 다리를 봉쇄한 후 쿠데타를 일으켰다. 마침내 남편을 퇴위시킨 예카테리나는 성모 마리아 대성당에서 대주교로부터 축복을 받고 제국의 여제로 등극했다. 항복을 선언한 표트르 3세는 투옥되었지만 일주일 후에 사망했다. 공식 사인은 '탈장'이었는데 오를로프의 동생인 알렉세이 오를로프에게 살해됐다는 설이 유력하다.

예카테리나 2세의 타고난 권력욕과 지식욕은 러시아의 발전에 원동력이 되었다. 그녀는 특별히 프랑스를 롤 모델로 삼았다. 볼테르와 디드로 같은 계몽주의 철학자들과 교류하며 러시아를 질서와 정의가 살아 있고 계몽주의 사상이 넘치는 국가로 재건하는 데 목표를 두었다. 서유럽에 비해 뒤처진 러시아의 귀족 문화를 선진화하기 위해 1764년 에르미타슈 미술관을 설립해 재

09 카를 베그로프, 〈올드 에르미타슈 궁전 전경〉, 1826년.

10 비질리우스 에릭센, 〈예카테리나 2세의 대관식〉, 1766~1767년.

11 〈예카테리나 여제와 사랑에 빠진 35세의 그리고리 포템킨〉, 1851년 상트페테르부르크에서 출간된 『여왕 폐
    하의 기병대와 기병연대의 역사*History of the Horse Guards and the Cavalry Regiment of Her Majesty*』에 실린 석판화.
12 이반 세메노비치 사불코브, 〈예카테리나 2세〉, 1770년대.
    포템킨과 한창 사랑에 빠져 있던 시기의 초상화.

위 기간에만 2천 점이 넘는 미술품을 수집했다. 또 문화 애호 정책을 적극적
으로 추진해 세계적인 음악가와 문인들을 배출했고, 여성 학교와 대학을 세
웠다. 궁핍한 재정을 채우기 위해서 성직자와 교회 재산의 상당 부분을 국가
로 이전시키기까지 했다.

　　하지만 농노를 해방하는 문제만큼은 그녀의 이상을 실현하는 데 장애가
되었다. 귀족과 왕권의 붕괴가 불 보듯 뻔한 상황이었기 때문이다. 계몽 군주
를 자처한 그녀의 이상은 원대했으나 지지 기반이 전제군주제를 옹호하는 귀
족층이라는 모순은 결국 계몽주의를 버리는 결과를 가져왔다. 프랑스 혁명
때는 루이 16세의 처형에 충격을 받아 계몽주의 서적을 단속하고 프랑스와
통상 외교 관계도 단절했다. 그 후 말년에는 친귀족적인 정책과 함께 더욱 강
력하게 권력을 틀어쥐면서 농노제와 사회적 불평등이 오히려 심화되는 결과
를 낳았다.

한편 예카테리나는 러시아 제국의 영토를 크게 확장한 업적으로도 유명하다. 오스만 투르크와의 전쟁에서 승리해 콘스탄티노플을 점령하고, 폴란드 분할 등으로 러시아의 영토를 남쪽과 서쪽으로 크게 확장했다. 예카테리나는 국토를 확장하는 데 유능한 인재를 적극 활용했다. 1768년 흑해 연안으로 진출하기 위해 오스만 제국과 크림 전쟁을 벌일 때 열 살 연하의 그리고리 알렉산드로비치 포템킨Grigory Alexandrovich Potemkin을 기용해 1784년 크림 반도의 지배권을 확보했다. 이후 크렘린 궁전에 입성한 포템킨은 예카테리나의 정치 조언자 겸 연인이 되어 승승장구했다. 일부 사료에 의하면 두 사람은 비밀리에 결혼식을 올렸다고 한다.

오를로프 다이아몬드의 러시아 입성

예카트리나 2세의 보석 수집은 즉위 직후부터 본격적으로 시작됐다. 그녀는 브라질의 다이아몬드와 우랄 산맥의 황금으로 18세기 유럽에서 가장 눈부신 황실을 만들었다. 오늘날 크렘린 궁전의 무기고 내에 있는 '다이아몬드 펀드Diamond Fund'라 불리는 로마노프 황실의 보석 컬렉션은 표트르 대제가 기반을 구축하긴 했지만 지금의 수준으로 확장한 데에는 전적으로 예카테리나의 공이 컸다. 그녀의 집권 기간에만 러시아 황실의 보석 컬렉션이 기존 보유량의 세 배 이상 늘어났다.

유명한 오를로프 다이아몬드가 황실의 컬렉션으로 채택된 사연도 흥미진진하다. 푸르스름한 녹색 기가 살짝 도는 이 다이아몬드는 인도풍 로즈 컷으로 깎여 있어 마치 달걀을 반으로 잘라놓은 듯했다. 중량은 약 189.62캐럿(약 38그램)으로 추정하고 있다. 이 다이아몬드가 세상에 나온 것은 18세기 중반 영국과 프랑스가 인도의 지배권을 서로 차지하기 위해 벌인 카르나티크Carnatic(인도 남부의 한 지방) 전쟁 때였다. 프랑스의 한 병사가 인도의 사원으로

13 황실 홀에 세팅된 오를로프 다이아몬드. 주변에 작은 올드 마인 컷 다이아몬드가 둘러져 있다. '암스테르담',
'라자레프Lasarev', '셉터Scepter' 다이아몬드라고도 불린다. 현재 모스크바 크렘린 궁에 전시되어 있다.(왼쪽)

14 1904년에 출간된 막스 바우어Max Bauer의 책 『귀한 돌Precious Stones』에 기록된 오를로프 다이아몬드 드로잉.(오른쪽)

잠입해 힌두교 신의 동상 눈에 박혀 있는 다이아몬드를 훔쳐냈다. 이후 이 다
이아몬드는 여러 상인들을 거쳐 코제 라파엘Khojeh Raphael이라는 아르메니아
상인의 손에 들어갔다. 코제는 다이아몬드를 암스테르담으로 가져가 1773년
말 오를로프 장군과 은밀히 접촉을 시도한다.

당시 예카테리나 2세는 포템킨 장군을 '영혼의 쌍둥이'라 부르며 총애하
고 있었다. 포템킨에게 밀려난 오를로프는 여제의 마음이 돌아오기만을 간절
히 바랐다. 그때 예카트리나가 갖고 싶어 하던 이 다이아몬드의 정보를 입수
한 그는 여제의 사랑을 되찾기 위해 서둘러 암스테르담으로 향했다. 예카테
리나와의 관계만 회복할 수 있다면 빚을 내서라도 다이아몬드를 구입할 작정
이었다. 천생 장사꾼인 코제는 절박하고 간절한 오를로프로부터 결국 40만
루블을 받아내는 데 성공한다.

1774년 예카테리나는 선물 받은 다이아몬드를 황실의 보물인 왕홀의 독
수리 장식 밑에 박아 넣었다. 하지만 두 사람의 관계는 오를로프의 생각대로
진행되지 않았다. 여제는 그를 애인으로도, 권력의 중심으로도 복귀시킬 생
각이 없었던 것이다. 다만 다이아몬드에 그의 이름을 붙여 '오를로프'라고 불

러주었을 뿐이었다. 그것이 그의 도움으로 황제에 오른 입장에서 해줄 수 있는 마지막 보상이자 배려였다(물론 여제는 오를로프에게 마블 팰리스를 비롯해 그동안 많은 선물을 하사했다). 그제야 오를로프는 포템킨에게 완벽하게 밀려난 현실을 자각하고 여제의 곁을 떠나기로 결심한다. 마음에 큰 상처를 입은 그는 서서히 미쳐갔고, 정신 요양소에 수용되어 1783년 쓸쓸하게 생을 마감했다.

그런데 오를로프 다이아몬드를 타베르니에가 인도에서 발견한 '그레이트 무굴Great Moghul'과 동일한 다이아몬드라고 주장하는 학자들이 꽤 있다. 그레이트 무굴의 행방이 묘연하고 오를로프 다이아몬드의 채굴 시점이 불확실한 데서 나온 추측이다. 하지만 재연마를 했다고 가정하면 꽤 신빙성 있는 가설이다. 만약 그것이 동일한 것이라면, 아마도 1739년 페르시아의 왕 나디르 샤가 델리를 함락시킨 후 약탈해 간 전리품 중 하나였을 것이다.

다이아몬드와 침실 정치

이처럼 예카테리나는 귀족을 다루는 데 매우 능수능란했다. 그녀의 통치 기간이 곧 러시아 귀족의 황금기였을 정도다. 물론 귀족들과 친밀한 관계를 유지하고 그에 따른 적절한 보상을 해주는 것은 그녀의 강력한 정치 도구였다. 그토록 아끼던 포템킨 공작이 나이가 들고 기력이 쇠했을 시점에는 자신의 머리 장신구에 세팅되어 있던 51캐럿 다이아몬드를 포템킨에게 선물했다(역시 그의 이름을 붙여 '포템킨 다이아몬드'라고 불렀다).

예상했겠지만 당시에 그녀는 또 다른 연인인 알렉산드르 바실키코프Alexander Vasilchikov와 사랑을 나누고 있었다. 눈치 빠른 포템킨은 오를로프와는 달리 한 발 물러서서 여제에게 남자들을 공급하며 자리를 보전했다. 그는 '실체 없이 겉만 번드르르한 상황'을 가리키는 '포템킨 마을'과 '포템킨 경제'라는 용어를 탄생시킬 정도로 예카테리나의 총애를 받기 위해 그녀의 두 눈을

15 포템킨 다이아몬드 혹은 외제니 다이아몬드.(왼쪽)
앤티크 물방울 컷으로 연마된 51캐럿 다이아몬드. 1760년 브라질에서 채굴되어 리스본을 통해 유럽에 들어
와 네덜란드에서 연마되었다.

16 프란츠 빈터할터 공방, 〈외제니 황후〉, 1855년경.(오른쪽)

가리는 일도 서슴지 않았다. 한편 포템킨 다이아몬드는 시간이 흘러 프랑스
의 나폴레옹 3세의 손으로 넘어갔다. 그 뒤 그가 부인 외제니 황후에게 선물
하면서 '외제니 다이아몬드'로 이름이 바뀌었다. 보석 애호가로 유명했던 외
제니 황후는 이 다이아몬드를 목걸이에 장식해 즐겨 착용했다.

　침실 정치를 적극 활용한 예카테리나 2세는 수많은 남자들과 염문을 뿌
리며 공식적으로 23명의 애인을 두었다(야사에서는 2백 명 이상이라고 본다). 그녀
는 애인을 선발할 때 건강과 지적 능력뿐 아니라 측근들을 시켜 잠자리 능력
까지 시험했다고 한다. 애인 중에는 최음제 과다 복용으로 급사한 20대도 있
었고, 죽기 전에 마지막으로 사귄 남자는 무려 40세 연하였다. 하지만 그들
사이에 지저분한 권력 다툼은 일어나지 않았다. 주로 하층 귀족이나 평민을

간택했고 그들의 도전을 용납하지 않았기 때문이다.

예카테리나는 러시아인의 피가 한 방울도 섞이지 않은 이방인으로서 러시아 황실의 군주로 군림하기 위해 매일 극도의 신경전을 치러야 했다. 여제는 그 스트레스를 젊은 남자들과의 사랑으로 해소하려 했다. 그리고 헤어진 정부들에게는 반드시 막대한 재산과 토지, 그리고 보석이라는 후한 보상이 뒤따랐다. 심지어 자신과 염문을 뿌린 스타니스와프 2세를 1764년에 폴란드의 국왕으로 올리는 등 나라 밖의 연인을 위해서도 영향력을 행사했다.

이쯤 되다보니 여제가 연인을 유지하고 챙기는 데 국가 예산의 10퍼센트를 사용했다는 이야기는 공공연한 비밀이 되었다. 35년간 그녀가 러시아를 안정시키고 번영을 이룬 배경에는 연인들에게 하사한 숱한 보상과 이별 선물이 있었다고 해도 과언이 아닐 것이다. 특히 보석은 잡음 없이 조용히 헤어질 수 있는 비장의 카드였다.

예카테리나 2세는 보석을 통해 자신이 어떻게 러시아인으로 거듭났는지도 보여주었다. 보석은 그녀의 치세 동안 러시아가 부와 번영을 이루었음을 증명하는 상징이나 다름없었기 때문이다. 동시대 프랑스나 독일의 왕실 보석과 비교해봐도 그녀의 보석은 유달리 크고 화려하다. 5천 개의 다이아몬드로 뒤덮인 호사스러운 대관식 왕관에도 남편을 내쫓고 차지한 권력을 정당화하고 황제로서의 정통성을 강조하려는 치밀한 계산이 깔려 있었던 것은 아닐까.

한편 오를로프 다이아몬드와 관련해서는 예카테리나 2세가 황실의 재원으로 구매했다는 설도 들려온다. 유럽에서 제일가는 다이아몬드를 소장하고 싶어 한 그녀를 위해 오를로프 장군은 그저 대리인 역할만 했다는 것이다. 만약 이것이 사실이라면, 러시아 황실 보물에 이름을 남긴 오를로프의 삶이 최소한 비극은 아니었으리라는 생각이 든다. 비록 여제의 마음을 되찾는 데는 실패했지만 피와 음모, 사랑과 애환이 서린 두 사람만의 뜨거운 역사를 다이아몬드는 영원히 기억할 테니 말이다.

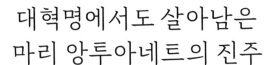

15

대혁명에서도 살아남은
마리 앙투아네트의 진주

마리 앙투아네트의 딸
마담 루아얄의 생존기

"모든 여인들이 마리 앙투아네트 왕비를 따라 했다.
그들은 어떻게든 왕비와 똑같은 보석을 손에 넣기에 급급했다."

—캉팡 부인(마리 앙투아네트의 시녀장)

2018년 11월 14일, 제네바에서 열린 소더비 경매에서 진주 부문 세계 신기록이 탄생했다. 그 주인공은 작은 다이아몬드가 달린 물방울 모양의 진주 펜던트 한 점. 한화 약 412억 원에 낙찰된 이 펜던트 덕분에 보석업계는 즐거운 비명을 질렀다. 경매 사전 추정가는 약 12억 원에서 24억 원 사이였으나 이를 훌쩍 뛰어넘으리란 건 대부분 예상하고 있었다. 바로 마리 앙투아네트의 유품이었기 때문이다. 그러나 그 누구도 412억 원이라는 가격은 상상하지 못했다. 그때까지 진주 부문 세계 최고 기록은 2011년 약 140억 원에 낙찰된 엘리자베스 테일러의 '라 페레그리나'가 보유하고 있었다.(7장 참조) 과거 펠리페 2세를 비롯한 스페인 왕실과 나폴레옹 보나파르트 가문이 소유했던 진주로, 앙투아네트의 것보다 더 크고 완벽한 대칭을 자랑하는 최고 상질의 진주다. 경매를 지켜본 이들은 모두 '과연 이 기록이 깨질 것인가'에만 주목하고 있었으니, 낙찰봉을 내려칠 때의 충격은 실로 '역대급'이었다.

경매를 한 달여 앞둔 완연한 가을날, 나는 흥분에 들뜬 심장을 꾹 누른 채 비행기에 몸을 실었다. 누군가의 소유가 확정되는 순간 영원히 자취를 감춰버릴지도 모를, 온갖 비밀이 응축된 이 보석의 무게를 직접 느껴보고 싶었다. 직업상 고가의 보석을 다루는 일이 일상이 되었지만, 이번에는 마음가짐부터 완전히 달랐다. 마리 앙투아네트의 주얼리라니…… 책에서, 그림에서, 영화에서 수백 번 마주친 그녀를 보석으로 접한다고 생각하니, 비행기를 타고 가는 내내 가슴이 쿵쾅거렸다. 그녀의 취향과 손길, 몸짓, 잘하면 숨결도 느낄 수 있지 않을까? 상상의 나래가 끝 간 데 없이 펼쳐졌다.

1백여 점이 부르봉-파르마 가문 보석이 전시된 수더비의 쇼룸은 경비가 삼엄했다. 다행히도 직원들의 가벼운 농담 덕에 날카로운 긴장은 서서히 누그러지고 있었다. 마리 앙투아네트가 직접 소장했던 보석은 딱 열 점. 나는 가장 먼저 엷은 노란빛 다이아몬드 아래 살포시 늘어져 있는 뽀얀 진주 펜던트를 손바닥에 올려보았다. 마치 바다의 물결에 부딪힌 빛들이 반사된 듯 영롱하고 부드러운 광택이 흐른다. 그리고 그 위로 희미하게 비치는 내 얼굴.

01 2018년에 열린 소더비 경매 전시 광경. (위)

02 마리 앙투아네트가 소장했던 진주와 다이아몬드 펜던트. (가운데)

03 마리 앙투아네트의 머리카락이 담긴 반지(MA)와 그녀의 시아버지 루이-페르디낭의 머리카락이 담긴 반지
    (MD). (아래)

     루이-페르디낭은 루이 15세의 아들로 왕세자였으나 36세로 요절하는 바람에 왕이 되지 못했다. 대신 세 아
     들이 모두 왕위(루이 16세, 루이 18세, 샤를 10세)에 올랐다. 우측 사진 ©Sotheby's

04 피에르 파스키에, 〈마리 앙투아네트 미니어처〉, 1773년.
18세의 앙투아네트. 진주 목걸이, 진주 귀걸이, 진주 펜던트를 착용하고 있다. 마리 앙투아네트는 휘황찬란한 스타일보다 영롱한 빛이 살아 있는 담백한 진주 주얼리를 즐기는 편이었다.

"아, 2백여 년이 흘렀는데도 여전히 살아 숨 쉬는 듯한 생명력이라니!"

죽지 않고 살아 있다고 외치는 듯한 진주의 고고한 자태에 짜릿한 전율이 온몸을 감쌌다. 문득 공포의 단두대에서도 살아남은 이 보석의 발자취가 궁금해지기 시작했다.

다음은 그녀의 실제 머리카락 몇 가닥이 담긴 반지를 만날 차례다. 이미 사라진 사람의 흔적을 만질 수 있다니…… 오감을 자극하는 이 반지야말로 주얼리의 참모습이 아닌가? 이니셜 MA로 보아 마리 앙투아네트의 것이 틀림없는, 가장자리를 작은 다이아몬드로 촘촘히 둘러싼 아담한 반지에 살며시 손가락을 밀어 넣었다. 이럴 수가, 나의 왼쪽 넷째손가락에 '간신히' 들어간다!(참고로 내 사이즈는 4.5호로 국내 여성의 평균인 9~12호보다 훨씬 작다.)

갑자기 맞닥뜨린 당황스러움에 온갖 궁금증이 꼬리에 꼬리를 물었다. 18세기 여인들의 손가락은 얼마나 가늘었던 것일까? 혹시 어린 딸에게 줄 작정으로 만든 것일까? 죽기 직전 그녀는 스트레스로 머리가 하얗게 세었다는데, 후손들이 그녀를 추모하기 위해 만든 것이라면 이 금발은 몇 살 때의 머리카락일까? 반지가 너무 작다보니 혹시 누군가는 체인에 연결해 펜던트로 목에 걸지는 않았을까? 응답하라 1791, 나는 그 시대를 호출해야겠다.

프랑스 탈출: 사람은 실패, 보석은 성공

1791년 3월의 어느 밤, 튀일리 궁전에는 팽팽한 긴장감이 감돌았다. 루이 16세 일가가 포로와 다름없는 생활을 하는 이곳에선 차갑고 희미한 달빛이 한 여인의 모습을 비추고 있었다. 마리 앙투아네트 왕비였다. 그녀는 방문을 잠근 채 침실에 깊숙이 숨겨둔 한 무더기의 보석을 테이블 위에 펼쳐놓았다. 가장 애지중지하는 진주와 다이아몬드, 그리고 루비 보석이었다.

'아, 무사히 갈 수 있을까? 이 목걸이는 어머니의 유품인데……'

'그를 믿자. 잘 해낼 수 있을 거야.'

불안과 믿음이 격렬하게 널뛰며 머리를 어지럽혔다. 추억이 깃든 보석을 만지며 감상에 젖는 것도 잠시, 왕비의 시녀장인 캉팡 부인이 소매를 걷어붙이고 하나하나 면보에 싼 후 나무상자에 담는 작업을 시작했다. 계획대로라면 몇 주 후 이 상자들은 브뤼셀을 거쳐 왕비의 친정인 빈으로 이동할 것이다.

05 조제프 보즈, 〈캉팡 부인〉, 1786년.
왕비의 면담을 관리하고 전달하는 시녀장으로 궁중의 권력자였다.

06 마르틴 판 마이텐스, 〈오스트리아의 마리아 크리스티나 여대공〉, 1765년.
앙투아네트의 친언니로 커다란 헤어핀, 초커, 지란돌 귀걸이 등 18세기 유럽 왕실에서 유행한 보석의 전형을
엿볼 수 있다.

최종 목적지는 훗날 오스트리아 제국의 초대 황제로 즉위하는 프란츠 2세,
그녀의 조카다. 중간 거점으로 삼은 브뤼셀은 왕비의 친언니인 오스트리아
의 마리아 크리스티나Maria Christina von Österreich 여대공이 다스리고 있었다. 다
른 언니들에 비하면 그렇게 애틋한 사이는 아니지만 지금은 피붙이에 의존할
수밖에 없는 위기 상황이 아닌가! 혁명의 아수라장을 뚫고 보석 상자를 무사
히 배달할 인물은 메르시-아르장투Mercy-Argenteau 백작으로 일찍이 낙점해두
었다. 그는 베르사유에 파견된 오스트리아의 대사로 프랑스에서 유일하게 왕
비가 신뢰한 사람이었다. 게다가 브뤼셀이 고향이니 그만한 적임자도 없었다.
달빛과 촛불에 의지한 시간도 잠시, 어느덧 날이 밝아오고 있었다.

　　그러나 그로부터 3개월 후에 감행한 국왕 일가의 탈출 계획은 조직적이
지도 치밀하지도 못했다. 어설프게 시종과 보모로 변장한 이들은 1791년 6월

07 토머스 팰컨 마셜, 〈1791년 6월, 바렌의 여권 등기관의 집에서 체포되는 루이 16세의 가족〉, 1854년.
　　루이 16세의 가족들이 시종과 보모로 변장한 모습이다.

21일 오스트리아의 국경 지대인 바렌Varennes에서 혁명군에게 체포되어 파리
로 압송됐다. 누가 봐도 엉성한 이 탈출 시도는 민중의 분노에 기름을 부었다.
왕실에 마음이 완전히 돌아선 민중은 곧바로 왕정 폐지와 공화정 수립을 요
구했다. 설상가상으로 나라 밖에서는 오스트리아와 프로이센이 힘을 모았
다. 혁명의 열기가 자국으로 번져 왕권이 붕괴될 것을 우려한 두 나라는 프랑
스를 향해 총을 겨눴다. 패전을 거듭한 프랑스는 국경까지 뚫렸으나, 입법의
회가 모집한 의용군의 활약으로 1792년 9월 20일 프로이센에 승리를 거둔다.
이로써 천 년을 이어온 프랑스의 군주제가 마침내 폐지되고 국민공회가 들어
섰다. 프랑스 제1공화국의 서막이 올랐다.
　　공화정 수립과 동시에 국왕 일가는 탕플 탑Tour de Temple에 인질로 유폐되
었다. 민중의 배신자로 낙인찍힌 이들은 살아서 나간 자가 없다고 알려진 악

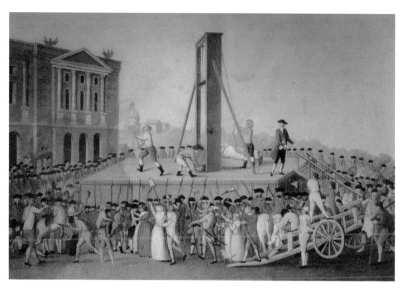

08 작자 미상, 〈마리 앙투아네트의 처형〉.

명 높은 중세 시대의 수도원에서 본격적으로 고난을 겪기 시작했다. 가장 먼저 1793년 1월, 루이 16세가 국가 반역죄로 기소되어 단두대의 이슬로 사라졌다. 나아가 로베스피에르를 필두로 공포정치를 펼친 자코뱅파는 그해 10월 앙투아네트를 단두대에 올렸고, 반혁명 세력, 온건파, 심지어 중립파까지 약 1만 7천 명을 처형했다. 그러나 운명의 장난처럼 1794년 테르미도르의 반동과 함께 로베스피에르 일당 역시 자신들이 세운 단두대에서 목이 잘렸다. 루이 샤를 왕자(루이 17세)는 1795년 6월 잇단 고문 끝에 결핵으로 사망했다. 결국 탕플 탑에 갇힌 국왕의 가족 중 유일하게 살아남은 이는 장녀 마리 테레즈 공주뿐이었다.

같은 해 12월 인질 교환을 위해 풀려난 그녀는 오스트리아에서 부모가 남긴 유산을 전달받았다. 앙투아네트가 캉팡 부인과 함께 밤새도록 면보에 쌌던 보석도 무사히 품에 안았다.

프랑스 혁명의 유일한 생존자 마담 루아얄

마리 테레즈는 1774년 루이 16세와 마리 앙투아네트가 결혼 7년 만에 얻은 첫 자식이다. 본명은 마리 테레즈 샤를로트^{Marie-Thérèse Charlotte}로 훗날 '마담 루아얄^{Madame Royale}'(결혼하지 않은 국왕의 장녀에게 붙이는 칭호)이라고 불렸다. 오랜 시간 아이를 낳지 못해 '오스트리아의 스파이'라는 악의적인 오명으로 고통받은 앙투아네트에게 첫 아이의 의미는 각별했다.

[도9]를 보면 앙투아네트는 약지와 새끼손가락에 독특한 반지를 끼고 있다. 자녀의 탄생을 기념하는 의미로 제작된 것인데, 로열 블루 빛깔의 에나멜에 다이아몬드가 은하계의 수많은 별처럼 흩뿌려져 있어 '천국의 반지^{Bague au Firmament}'로 불렸다. 마리 테레즈뿐 아니라 1781년 장남 루이 조제프, 1785년 차남 루이 샤를의 탄생 후에도 이 반지를 하나씩 만들면서 아예 '출산의 반지^{Bagues a l'enfantement}'라는 이름으로 통용되었다.

09 아돌프 울리크 베르트뮐러, 〈마리 테레즈 공주와 왕세자 루이 조제프와 함께 트리아농 궁을 거니는 마리 앙투아네트〉, 1785년.

앙투아네트는 장녀에게 자신의 어머니 '마리아 테레지아'의 이름을 붙일 정도로 사랑을 쏟았지만 대외적으로는 엄격하게 키웠다. 딸을 데리고 가난한 사람들이 사는 곳을 방문하거나 아이들을 궁전으로 초대해 딸의 장난감을 나눠주기도 했다. 그러나 혁명과 함께 공주의 삶은 비극으로 치달았다. 이미 바로 아래 남동생 루이 조제프 자비에 프랑수아와 막내 여동생 소피를 병으로 잃은 것도 모자라 혁명으로 아버지와 어머니, 고모, 하나 남은 남동생(루이 샤를)마저 모두 떠나보낸 것이다. 유일하게 단두대의 칼날에서 목숨을 건졌지만, 홀로 남은 이 '탕플의 고아'가 감당하기에 혁명의 후유증은 너무 버거웠다.

1799년, 공주는 큰 숙부인 프로방스 백작(훗날 루이 18세)의 뜻에 따라 막내 숙부 아르투아 백작(훗날 샤를 10세)의 장남 앙굴렘 공작 루이 앙투안과 결혼한다. 마담 루아얄에서 앙굴렘 공작부인으로 호칭이 바뀐 시점이다.

일련의 비극적인 사건 사고를 겪으며 감정이 메말라버린 그녀는 어떤 난관이 닥쳐와도 평정심을 잃지 않았다. 이런 그녀의 성향은 나폴레옹도 인정한 바 있다. 나폴레옹이 엘바 섬을 탈출해 프랑스로 돌아온 1815년, 왕족들은 앞다퉈 영국으로 도망가기에 바빴다. 이때 보르도에 머물고 있던 마리 테레즈는 왕당파 군대를 소집해 나폴레옹에 맞서려 했다. 결국 군대의 의견을 수렴해 그녀도 보르도를 떠났지만, 나폴레옹으로부터 '부르봉 가문의 유일한 남자'라는 평가를 받았다.

나폴레옹의 몰락 후, 부르봉 왕가가 왕정에 복귀해 루이 16세의 동생들이 차례로 루이 18세와 샤를 10세로 즉위했다. 시아버지인 샤를 10세가 왕이 되면서 그녀는 왕세자비에 올랐다. 그러나 1830년 7월 혁명으로 샤를 10세와 왕세자 앙굴렘 공작이 축출되면서, 앙굴렘 공작이 퇴위 서류에 서명하는 20분간 법적으로 왕의 자리에 오른 탓에 오늘날 그녀는 사실상 프랑스의 왕비로 불리고 있다. 남편이 사망한 후에는 여생을 빈의 외곽에서 보내다가 1851년 남편 곁에 묻혔다. 그리고 보면 마리 테레즈가 행복했던 시간은 베르사유에서의 11년뿐이었다. 나머지 62년 중 4년은 혁명에 숨죽여야 했고, 2년

10 앙투안-장 그로, 〈마리 테레즈 앙굴렘 공작부인〉, 1816~1817년.(왼쪽)
   나폴레옹이 몰락한 후, 다시 베르사유 궁으로 돌아온 직후에 마치 왕비처럼 그려진 그림.

11 알렉상드르-프랑수아 마리나드, 〈마리 테레즈 샤를로트, 마담 루아얄〉, 1834년.(오른쪽)
   1830년 이후 프랑스를 떠나 망명 중일 때 그려진 그림.

반 동안은 탕플 탑에 갇혔으며, 20년은 영국, 이탈리아, 오스트리아 등을 떠돌며 흘려보낸 삶이었다.

　　마리 테레즈는 평생 한 번도 아이를 낳지 않았다. 그렇다면 빈에서 비밀스럽게 전달받은 앙투아네트의 보석은 어떻게 모습을 드러내게 된 것일까? 결혼 후 조카들과 가깝게 지낸 그녀는 자신의 보석을 세 등분해 조카들에게 상속했다. 그중 앙투아네트의 보석은 조카이자 수양딸로 삼은 파르마 공작부인 루이즈 마리 테레즈 다르투아에게 물려주었다. 이후 보석은 루이즈의 아들이자 파르마 공국의 마지막 군주인 파르마 공작 로베르토 1세가 상속받았다. 파르마 공국은 1860년 사르데냐 왕국에 합병되었고, 이탈리아 왕국으로 통일된다. 그렇게 혁명의 불꽃 속에서 살아남은 앙투아네트의 보석은 2백여 년 만인 2018년, 부르봉-파르마 왕가의 컬렉션으로 세상의 빛을 보게 된 것이다.

12 라피 프로스퍼, 〈파르마 공작부인과 세 자녀〉, 1849년.(위)
    파르마 공작부인은 마리 테레즈가 가장 사랑한 조카다. 마리 테레즈로부터 물려받은 마리 앙투아네트의 진
    주 펜던트와 목걸이를 착용하고 있다.

13 줄리오 카를리니, 〈파르마 공작부인과 아들 로베르토 1세〉, 1854년.(아래)
    파르마 공작부인은 마리 앙투아네트의 진주 목걸이를 착용하고 있고, 아들 로베르토는 황금양털기사단 훈
    장을 착용하고 있다.

마리 앙투아네트를 위한 변명

　마리 앙투아네트는 오스트리아와 프랑스의 오랜 적대 관계를 끝내고 새로운 유대 관계를 시작한 '외교 혁명'의 상징이었다. 그러나 암투가 난무하는 베르사유의 실상은 상상도 못 한 채 프랑스로 건너온 열네 살의 철부지 공주는 7년 동안 아이를 낳지 못해 온갖 추잡한 소문에 시달렸다. 사실상 프랑스의 재정난은 루이 14세 때부터 만성적이었고, 미국 독립혁명을 경제적으로 원조한 것이 결정타였음에도 국민들의 눈에는 왕실의 사치만 보였다. 주식인 밀가루가 부족해지자 배고픈 국민들은 왕비의 별궁인 프티 트리아농 건축에 분노를 폭발시켰다.

　그녀를 향한 비난의 수준은 점차 극으로 치달았다. 그 유명한 "빵이 없으면 케이크를 먹으면 되지"라는 말도 혁명군이 악의적으로 부풀린 말이다. 장자크 루소가 『고백록』에서 인용한 루이 14세의 왕비 마리 테레즈가 "빵이 없으면 파이 껍질이라도 갖다주라"고 한 말을 앙투아네트가 한 말로 둔갑시킨

14　엘리자베스 비제-르브룅, 〈마리 앙투아네트와 그녀의 아이들〉, 1787년.(왼쪽)
15　엘리자베스 비제-르브룅, 〈모슬린 가운을 입은 마리 앙투아네트〉, 1783년.(오른쪽)

것이다.

무엇보다 가장 억울한 오해는 '다이아몬드 목걸이 스캔들'이다.(13장 참조) 그 많은 나쁜 별명에 '적자 부인Madame Deficit'이라는 오명까지 추가시킨 이 사건은 그녀를 프랑스에서 가장 미움받는 삼류 지라시의 주인공으로 만들었다. 결코 이길 수 없는 전쟁에 휘말렸다는 것을 깨달은 왕비는 뒤늦게 이미지를 쇄신하기 위해 아이들과 함께 소박하고 다정한 모습의 초상화를 그리게 했다. [도14]처럼 단정하고 얌전한 드레스에 담백한 진주 귀걸이 한 쌍만 걸치거나 [도15]처럼 장신구나 페티코트 없이 하얀 모슬린 가운만 입었다. 그러나 돌이키기엔 너무 멀리 와버린 후였다.

계급 간, 이념 간 대결이 전례 없이 치열했던 혁명에서 오스트리아-프랑스 동맹의 상징은 결국 반역죄에 더해 아들과 근친상간했다는 거짓 죄목까지 뒤집어쓴 채 참수라는 재앙으로 사라졌다. 절대왕정 시대에 왕에 대한 불만을 직접 표출하는 것은 반역죄에 해당했으므로 보통 애첩이 총알받이가 되었다. 그녀들은 왕비를 세간의 비난으로부터 보호하는 역할도 겸했다. 그러나 루이 16세는 단 한 명의 정부도 두지 않은 '신실한' 남편이었기에 적국 출신의 왕비가 분풀이의 대상으로 소모되었다. 앙투아네트는 유럽 역사상 정략결혼의 최대 희생양이었다.

보석, 프랑스 절대왕정의 상징

18세기 유럽의 보석은 절대왕정의 상징이자 왕권을 강화하고 과시하는 최고의 수단이었다. 왕실마다 다른 왕실의 여인들보다 더 크고 화려하게 꾸미기 위해 열을 올렸다. 그 선두에 높은 안목과 취향을 자랑하는 프랑스가 있었고 유럽의 나머지 국가들은 이를 따르는 모양새였다. 특히 루이 15세와 루이 16세 시절에 보석 제작 기술은 프랑스가 독보적이었다. 1734년과 1756년에

16 요제프 하우징어, 〈마리 앙투아네트와 루이 16세, 막시밀리안 대공〉, 1778년.
1775년에 앙투아네트의 오빠 막시밀리안 대공이 루이 16세 부부를 만나러 온 장면. 당시에 막시밀리안은
앙투아네트의 품행을 단속하는 어머니 마리아 테레지아의 편지를 갖고 오곤 했다. 하지만 그림에 보이는 세
사람의 표정에서는 따뜻함이 묻어난다.

개정된 금세공 및 보석 세공 관련 법령에 따르면 프랑스의 세공사들은 7년의 견습 과정과 3년의 저니맨journeyman(장인의 바로 아래 단계) 과정을 반드시 거쳐야 했다. 높은 수준의 명작이 대거 등장할 수 있는 발판이 마련된 것이다. 이 시기의 왕실 보석에도 중요한 작품들이 추가되었다. 오래된 디자인은 최신식으로 대거 리세팅되었다. 동시에 다이아몬드의 광채에 대한 중요성이 대두되어 1784년 프랑스 왕실은 국고에 보관 중인 올드 컷 다이아몬드를 모두 암스테르담으로 보내 반짝이는 브릴리언트 컷으로 재연마했다.

보석을 착용하고 과시할 수 있는 자리도 늘어났다. 조명의 발전도 영향이 컸다. 촛불 조명으로 야간 무도회가 잦아지면서 베르사유 궁전에는 파티가 끊이지 않았다. 마리 앙투아네트의 드레스와 보석은 '베르사유 스타일'이라는 패션의 아이콘이 되었다. 귀족 여인들은 뒤로는 비방을 일삼으면서도 한편으로는 '앙투아네트 따라잡기'에 여념이 없었다. 과시적으로 높게 올린 머리를 장식할 보석에 깃털과 별, 초승달 디자인이 널리 사용되었고, 높은 머리 장식과 균형을 맞추기 위해 귀걸이는 길게 늘어졌다. 귀 밑으로 달랑거리는 드롭형 귀걸이drop earrings와 화려하게 늘어지는 가지 촛대 모양의 지란돌 귀걸이는 귀부인들의 필수품이 되었다. 꽃과 리본 모티프로 둘러싼 진주 초커나 다이아몬드가 알알이 연결된 리비에르rivière(강물이라는 뜻으로, 같은 종류의 보석이 동일하게 혹은 점진적으로 커지게 연결된 모양) 목걸이처럼 보석의 아름다움을 유감없이 드러낸 작품도 대거 등장했다. [도6]에서처럼 오스트리아의 마리아 크리스티나 여대공의 보석이 이런 주얼리의 전형적인 모습을 보여준다.

보석은 또한 남성들의 위엄과 권위를 드러내는 수단이었다. 그들은 중요한 자리에서 보석이 박힌 검을 들었고, 호화로운 보석이 촘촘히 세팅된 기사단 훈장을 착용했다. 그들의 단추, 버클, 핀, 반지에도 빛나는 보석이 박혔다. 그러나 사방이 고가의 거울로 둘러싸인 연회장의 휘황한 촛불 아래에서 다이아몬드의 광채가 절정에 달할수록 굶주림에 지친 시민들의 원망은 베르사유로 성큼 향하기 시작했다.

17 마리 앙투아네트의 다이아몬드 드롭 귀걸이.(위 왼쪽) ©Smithsonian

18 다이아몬드 지란돌 귀걸이.(위 오른쪽) ©Sotheby's

19 다이아몬드 리비에르 목걸이와 귀걸이, 마리 테레즈 소장품.(아래) ©Sotheby's

에필로그

원고를 마무리할 즈음, 마리 앙투아네트의 진주 펜던트에 기꺼이 412억 원을 지불한 낙찰자가 모습을 드러냈다. 바로 오스트리아의 억만장자인 하이디 호르텐이었다. 어느 날 갑자기 그 펜던트를 공식석상에 착용하고 나오면서 예고도 없이 언론에 공개된 것이다. 그녀는 실제로 앙투아네트가 착용했으리라 추정되는 방식으로([도12], [도13]의 파르마 공작부인 그림 참조) 세 줄짜리 진주 비드 목걸이 한가운데에 펜던트를 걸었다. 그녀의 붉은 재킷 위에서 활짝 존재감을 드러낸 우윳빛 진주의 광택은 사진으로만 봐도 눈이 부실 지경이었다. 당연히 내 손바닥 위에 올렸을 때보다 훨씬 더 신비로운 자태였다.

그렇지, 보석은 몸에 착용해야 제맛이지! 금고에 꽁꽁 숨겨놓아도 됐을 텐데 경호원을 두 배나 늘리는 번거로움을 감수하면서까지 공개를 감행한 하이디. 앙투아네트의 팬들을 위한 서비스였을까? 아니면 앙투아네트의 사연이 다시금 회자되어 그녀가 억울한 누명에서 자유로워지기를 바란 것일까? 어쩌면 그녀를 참수시킨 나라를 떠나 고향 오스트리아로 무사히 돌아갔다는 사실을 세상에 알려주고 싶었던 건 아닐까?

1791년 3월, 튀일리 궁전을 떠난 앙투아네트의 보석 일부는 그렇게 오스트리아에 다시 안착했다. 프랑스 대혁명과 단두대, 짧고 극적인 삶을 살다간 왕비의 보석은 유럽 근대사의 중요한 순간순간을 줄곧 지켜보았다. 오늘날 사람들은 그녀의 비극적인 삶을 그녀가 남긴 보석에 투영해보며, 격렬했던 그 시절의 불씨 한 자락을 엿보는지도 모르겠다.

2018년 11월 소더비 제네바에서 개최된 부르봉-파르마 컬렉션 경매는 마리 앙투아네트로부터 그녀의 딸 마리 테레즈의 후손으로 연결되는 2백여 년의 사연이 담겨 있다. 부르봉-파르마 가문은 유럽의 양대 왕조인 부르봉과 합스부르크와 혈연으로 연결되어 있다. 루이 16세의 즉위와 오스트리아-헝가리 제국의 몰락 등 유럽 왕조의 흥망을 엿볼 수 있는 중요한 컬렉션이다.

다이아몬드 티아라　©Sotheby's
프랑스 부르봉 왕가의 마지막 군주인 샤를 10세의 성령기사단 훈장에 박힌 다이아몬드를 사용해서 만든 티아라로 1912년 오스트리아의 마리아나 여대공의 결혼식을 위해 제작되었다.

나비 리본과 다이아몬드 브로치　©Sotheby's
마리 앙투아네트의 소장품으로, 달랑거리는 옐로 다이아몬드 장식은 19세기에 추가된 것이다.

마리 앙투아네트의 초상화로 만든 반지 ©Sotheby's

마리 앙투아네트의 천연 진주 펜던트 ©Sotheby's
소더비 경매에서 진주 부문 사상 최고 기록을 갱신
했다. 물방울 형태의 바로크 해수 진주와 상단의
다이아몬드는 각각 약 49캐럿과 약 3.4캐럿이다.
환경오염과 남획으로 이미 1백여 년 전에 고갈된
천연 진주의 가치와 앙투아네트가 소장했다는 스
토리가 시너지 효과를 발휘했다.

황금양털기사단 훈장 ©Sotheby's
루이 16세와 마리 앙투아네트의 사위이자 샤를
10세의 장남인 앙굴렘 공작의 소장품이다.

루비, 다이아몬드 팔찌
1816년 루이 18세는 형수인 마리 앙투아네트를 기
리는 주얼리를 제작했다. 나폴레옹의 두 번째 황후
인 마리 루이즈의 팔찌를 녹여 최신식으로 리세팅
할 것을 주문한 것이다. 이후 팔찌는 마리 앙투아네
트의 장녀인 앙굴렘 공작부인이 소유가 되었다.
이 팔찌는 원래 나폴레옹이 마리 루이즈에게 결혼
선물로 준 것이었다. 그가 엘바 섬에 유배됐을 때
황후는 팔찌를 프랑스에 남긴 채 오스트리아로 떠
났다. 앙굴렘 공작부인은 리세팅된 팔찌를 시아버
지인 샤를 10세의 대관식에서 착용했으며, 나폴
레옹 3세 때는 외제니 황후의 소유가 되었다. 19세
기 말 혼란스러운 프랑스 정치와 함께 우여곡절을
거친 후 현재 루브르 박물관이 소장하고 있다.

마리 앙투아네트의 천연 진주 목걸이 ©Sotheby's
천연 진주 119개가 세 줄로 연결되어 있으며 정교
한 8포인트 별 모양의 다이아몬드 잠금 장식으로
화룡점정을 찍은 짧은 초커 스타일이다. 원래는
아래의 한 줄 진주 목걸이와 합쳐서 더욱 긴 세 줄
짜리 목걸이였으나 후대에 분리되었다. 다이아몬
드 장식 부분은 19세기 말에 추가된 것이다.

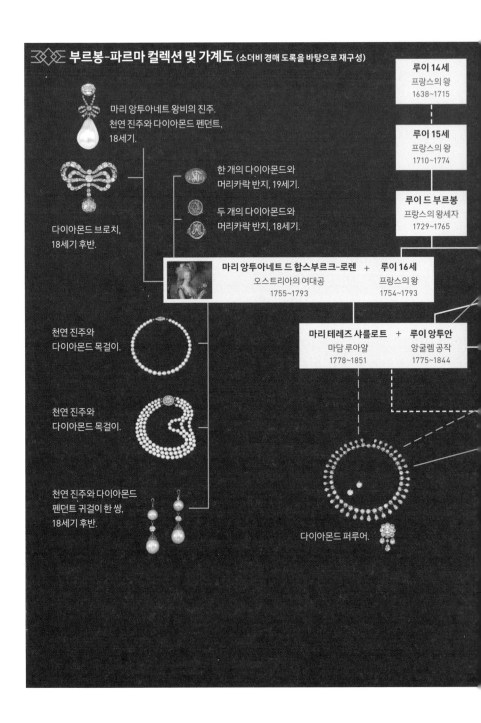

부르봉–파르마 컬렉션 및 가계도 (소더비 경매 도록을 바탕으로 재구성)

루이 14세
프랑스의 왕
1638~1715

루이 15세
프랑스의 왕
1710~1774

루이 드 부르봉
프랑스의 왕세자
1729~1765

마리 앙투아네트 왕비의 진주.
천연 진주와 다이아몬드 펜던트,
18세기.

한 개의 다이아몬드와
머리카락 반지, 19세기.

두 개의 다이아몬드와
머리카락 반지, 18세기.

다이아몬드 브로치,
18세기 후반.

마리 앙투아네트 드 합스부르크-로렌 + 루이 16세
오스트리아의 여대공   프랑스의 왕
1755~1793   1754~1793

마리 테레즈 샤를로트 + 루이 앙투안
마담 루아얄   앙굴렘 공작
1778~1851   1775~1844

천연 진주와
다이아몬드 목걸이.

천연 진주와
다이아몬드 목걸이.

천연 진주와 다이아몬드
펜던트 귀걸이 한 쌍,
18세기 후반.

다이아몬드 퍼루어.

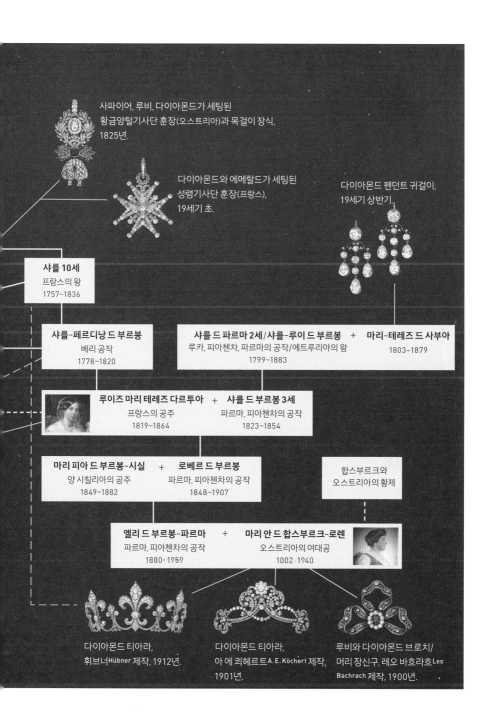

사파이어, 루비, 다이아몬드가 세팅된
황금양털기사단 훈장(오스트리아)과 목걸이 장식,
1825년.

다이아몬드와 에메랄드가 세팅된
성령기사단 훈장(프랑스),
19세기 초.

다이아몬드 펜던트 귀걸이,
19세기 상반기.

샤를 10세
프랑스의 왕
1757~1836

샤를-페르디낭 드 부르봉
베리 공작
1778~1820

샤를 드 파르마 2세/샤를-루이 드 부르봉 + **마리-테레즈 드 사부아**
루카, 피아첸차, 파르마의 공작/에트루리아의 왕   1803~1879
1799~1883

루이즈 마리 테레즈 다르투아 + **샤를 드 부르봉 3세**
프랑스의 공주   파르마, 피아첸차의 공작
1819~1864   1823~1854

마리 피아 드 부르봉-시실 + **로베르 드 부르봉**
양 시칠리아의 공주   파르마, 피아첸차의 공작
1849~1882   1848~1907

합스부르크와
오스트리아의 황제

엘리 드 부르봉-파르마 + **마리 안 드 합스부르크-로렌**
파르마, 피아첸차의 공작   오스트리아의 여대공
1880~1959   1002~1940

다이아몬드 티아라,
휘브너Hübner 제작, 1912년.

다이아몬드 티아라,
아 에 쾨헤르트A. E. Köchert 제작,
1901년.

루비와 다이아몬드 브로치/
머리 장신구, 레오 바흐라흐Leo
Bachrach 제작, 1900년.

16

나폴레옹 1세,
내 왕관은 내가 쓴다

제국의 영광을 새긴 보석

"왕관을 쓰려는 자, 그 무게를 견뎌라."
—윌리엄 셰익스피어, 『헨리 4세』

2018년 1월, 모 화장품 브랜드로부터 흥미로운 협업 제안을 받았다. 최고급 스킨케어 제품에 어울릴 만한 역사적인 주얼리 스토리를 제시해달라는 내용이었다. 첫 에디션으로 출시될 쌍둥이 에센스 두 병을 보는 순간, 나폴레옹 1세의 프러포즈 반지가 머릿속을 스치고 지나갔다. 그리고 연인을 향한 그의 고백도…….

"아침에 눈을 뜬 순간 내 생각은 당신으로 가득하오. 어느 누구와도 견줄 수 없는 사랑하는 조제핀. 당신에게 수천 번의 키스를 보내오. 하지만 내게 키스를 보내지는 마시오. 당신의 키스는 나를 불살라버리니……."

나폴레옹은 유럽을 전쟁으로 초토화시키느라 바쁜 와중에도 달콤한 사랑을 속삭이는 반전의 로맨티스트였다. 그는 여섯 살 연상에 아이가 둘이나 있는 조제핀 드 보아르네^{Joséphine de Beauharnais}에게 물방울 모양의 다이아몬드와 사파이어가 마주 보고 있는 '투아 에 무아^{toi et moi}'(너와 나) 반지로 청혼했다. 마치 서로의 뺨을 비비듯 애틋한 모습에서 간절한 사랑의 열망이 느껴지지 않는가?

나폴레옹은 오합지졸 군대를 최강의 정예군대로, 불가능을 가능으로 만든 프랑스의 영웅이자 살아 있는 전설로 추앙받았다. 그러나 혁명을 퇴보시

01 나폴레옹이 조제핀에게 청혼한 '투아 에 무아' 반지 렌더링. ⓒ사공지현

킨 전쟁광이라는 역설적인 오명 또한 그의 몫이었다. 승부욕의 화신답게 남다른 관심과 집착으로 프랑스의 주얼리 발전에도 지대한 공을 세운 나폴레옹은 "왕관을 쓰려는 자, 그 무게를 견뎌라"라는 말을 온몸으로 보여준 인물이었다.

프랑스의 보석 산업을 살려라

1789년에 발발한 대혁명으로 프랑스에서는 고급 주얼리 제작이 모두 멈추었다. 공포정치의 광풍은 반짝이는 구두 버클을 달았다는 이유만으로도 단두대에 오를 정도로 강하게 휘몰아쳤다. 어느덧 콩코르드 광장은 부패한 정치인들의 피로 물들어갔다. 그나마 보석 산업이 조금씩 살아나기 시작한 것은 1799년 나폴레옹이 제1통령으로 임명되어 강력한 권한을 손에 쥐고부터다. 야심가인 그는 조용히 프랑스 왕실의 주얼리 재건에 돌입했다. 때마침 1802년 프랑스와 영국 간의 긴장을 해소하기 위한 아미앵 조약이 체결되면서 실로 오랜만에 프랑스에 평화가 찾아왔다. 외국에서도 파리까지 주얼리를 들

02 나폴레옹의 얼굴과 제1통령이라고 적힌 20프랑짜리 금화, 1803년. ⓒNational Numismatic Collection, National Museum of American History

고 와 최신 스타일로 주문하기 시작하면서 프랑스의 보석 산업도 슬슬 부활의 기지개를 켰다.

1804년 국민투표로 황제에 오른 나폴레옹은 본격적으로 파리를 대혁명 이전의 럭셔리와 패션의 중심지로 돌려놓기로 결심한다. 우선 혁명 기간 중에 도난당한 왕실 주얼리를 재건하기 위해 대관식이나 공식 행사에 쓸 새로운 주얼리부터 대거 주문했다. 부르봉 왕가에서 남긴 주얼리는 신고전주의 스타일로 개조시켰다. 그리고 이 주얼리들을 나폴레옹의 치세를 선전하는 루브르 박물관에 전시함으로써 제1제정의 나폴레옹 양식과 프랑스의 장인 정신을 대대적으로 홍보했다.

나폴레옹은 왜 이토록 주얼리에 집착한 것일까? 그는 코르시카 출신의 지방 귀족으로 소위 말하는 '벼락출세한 촌뜨기'였다. 정통성이 약한 군주일수록 치적을 쌓아 약점을 만회하려는 성향이 강하기 마련이다. 황제로서의 혈통과 정치 체제 계승의 새로운 정통성을 확립하고자 한 그는 고대 로마의 아우구스투스 황제와 '유럽의 아버지'라고 불리는 서로마 제국의 샤를마뉴를 자신의 거울로 삼았다. 로마 제국의 황금시대를 재현하기 위해 고대의 것, 특히 보석에 집착하기 시작했다. 호화로운 주얼리가 황제로서의 입지와 권위를 공고히 해줄 것이라고 믿은 나폴레옹은 보석을 완벽한 정치 선전의 도구로 삼았다. 1799년 이집트 원정 중에 부하들로 하여금 '클레오파트라 광산'을 찾아내라고 명령한 것도 로마 제국의 부와 권력을 연상시키는 에메랄드 때문이었다.

내 왕관은 내가 쓴다

당시의 화가들은 오늘날로 치면 언론의 역할을 수행했다고 할 수 있다. 나폴레옹 역시 자신의 우상화 작업을 도맡아 해줄 화가가 절실했다. 그때 혁명의 대변인을 자처한 화가 자크-루이 다비드Jacques-Louis David의 재능이 눈에 들어왔다. 이후 나폴레옹 황실의 수석 화가로 활약하게 된 다비드는 나폴레옹을 위대한 영웅이자 무소불위의 권력자로 묘사한 작품들을 다수 남겼다.

장엄한 분위기와 사실적인 묘사가 특징인 〈나폴레옹의 대관식〉([도4])을 보면 나폴레옹의 야심을 곳곳에서 읽을 수 있다. 그는 프랑크 왕국의 왕으로서는 최초로 로마 교황청에서 황제라는 칭호를 받은 샤를마뉴의 대관식(800년)을 표본으로 삼았다.([도3]) 단 직접 로마로 간 샤를마뉴와 달리 교황 비오 7세에게 황제가 있는 파리의 노트르담 대성당으로 와줄 것을 요청했다. 게다가 교황이 관을 수여하는 관례를 거부하고, 교황의 손에서 월계관을 낚아채 스스로 쓰는 돌발 행동으로 참석자들을 경악시켰다.

머쓱해진 교황이 무릎 위에 손을 올려놓자 다비드는 이 장면을 그대로 화폭에 옮겼다. 이에 나폴레옹은 화를 내며 교황이 손을 들어 축복을 내리는

03 라파엘로, 〈샤를마뉴의 대관식〉, 1514~1515년.

04 자크-루이 다비드, 〈나폴레옹 황제의 대관식〉(부분), 1805~1807년.
다비드는 교황이 손가락 세 개를 펴고 축복을 내리는 모습으로 수정해 교황청의 승인을 받은 대관식으로 미화했다.

모습으로 수정할 것을 명했다. 다비드는 교황 측의 항의도 받았다. 나폴레옹이 직접 관을 쓰는 장면을 묘사한 초안을 보고서는 [도4]처럼 조제핀에게 관을 수여하는 것으로 바꿔달라고 요청한 것이다. 황제와 교황의 팽팽한 기 싸움에서 수난을 당하던 다비드는 당시 마흔한 살의 조제핀만큼은 20대의 처녀처럼 순결하고 아름답게 그렸다. 덕분에 그녀는 가장 고귀하고 우아한 황후의 모습으로 오늘날 루브르 박물관과 베르사유 궁전에 남아 있다(다비드는 대관식 그림을 두 점 그렸다).

　　다비드의 제자인 장-오귀스트-도미니크 앵그르Jean-Auguste-Dominique Ingres는 한술 더 떠 나폴레옹을 그야말로 신격화했다. 황제의 절대적인 권위를 찬양하기 위해 고대 그리스·로마의 신과 기독교 성부의 이미지까지 갖다 쓴 것이다. 일단 호메로스의 『일리아드』에 등장하는 제우스와 테티스의 전설을 바탕으로 위풍당당하게 옥좌에 앉아 있는 제우스의 모습을 나폴레옹에게 투영했다. 올림포스 신들의 제왕인 제우스는 자신의 심기를 거스른 자에게 번개를 쳐 두려움에 떨게 하는 천둥과 번개의 신이다. 하늘의 통치자답게 용맹한 독수리를 부리는 절대 권력과 전지전능함의 대명사로 왕권의 상징인 지팡이나 방패를 들고 다닌다.

이 이야기를 차용한 초상화 [도6]을 보면, 나폴레옹은 로마 황제들의 황금 월계관을 쓰고 오른손에 왕권을 상징하는 샤를 5세의 왕홀을 들고 있다. 왼손에는 샤를마뉴의 '정의의 손'과 검을 차고 있다. 지팡이를 높이 든 신들의 우두머리 제우스가 왕홀을 든 나폴레옹 황제로 거듭난 모습이다. 제우스와 카롤링거 왕조의 상징인 독수리는 바닥에 깔린 카펫뿐만 아니라 왕홀의 꼭 대기에도 올라타 있다.

한편 손가락 세 개를 펴고 있는 '정의의 손'([도7])은 예수와 교황에게만

05 장-오귀스트-도미니크 앵그르, 〈제우스와 테티스〉, 1811년.(왼쪽)
　　앵그르는 고대 7대 불가사의 중 하나인 올림피아의 제우스 신상(그리스의 조각가 페이디아스, BC 432년)에서 구체적인 영감을 얻어 이 그림을 완성했다. 아들 아킬레우스를 살려달라고 무릎 꿇고 간청하는 테티스와 대조적으로 위풍당당한 남성의 이미지로 제우스를 묘사했다.

06 장-오귀스트-도미니크 앵그르, 〈옥좌에 앉은 나폴레옹 1세〉, 1806년.(오른쪽)

07 마르탱-기욤 비엔네, 〈정의의 손〉, 1804년.(왼쪽)
나폴레옹의 대관식을 위해 제작되었다. 상아로 조각된 손의 앞면은 터키석, 사파이어, 진주가 세팅되었고 양옆과 뒤에는 자수정과 사파이어, 커닐리언으로 제작한 카메오가 장식되어 있다.

08 앙투안-크리소스톰 콰아트르베르 드 쾡시, 〈옥좌에 앉은 올림피아의 제우스 신상〉.(오른쪽)
건축가이자 조각가인 드 쾡시가 1814년에 발간한 저서 『올림피아의 제우스, 혹은 고대 조각술 *Le Jupiter Olympien, ou l'art de la sculpture antique*』의 표지화였다. 이 그림은 고대 그리스의 조각가 페이디아스가 제작한 총 12미터 높이의 신상을 재현한 것이다. 당시 제우스 상은 오른손에는 승리의 여신 니케 상을, 왼손에는 독수리가 앉아 있는 황금 홀을 들고 있었다고 전해진다.

사용할 수 있는 신성한 삼위일체의 표식이다. 엄격한 대칭과 나폴레옹이 준엄하게 정면을 바라보는 구도로 신성함을 한층 강조했다. 이 그림을 그릴 때 구상하기 시작한 앵그르의 그림 〈제우스와 테티스〉([도5])는 1811년에 완성되었다.

이번에는 대관식을 끝내고 위엄 있는 모습으로 서 있는 안-루이 지로데 드 루시-트리오종 Anne-Louis Girodet de Roussy-Trioson(그 역시 다비드의 제자다)의 나폴레옹을 보자.([도9]) [도6]과 마찬가지로 나폴레옹은 빛나는 황금 월계관을 쓰고 왼손으로 자신의 키보다 큰 홀을 들고 있다. 오른손은 탁자 위에 놓인 보주와 정의의 손, 그리고 펼쳐진 나폴레옹 법전으로 시선을 유도한다. "평

09 안-루이 지로데 드 루시-트리오종, 〈대관식 망토를 입은 나폴레옹 1세〉, 1812년경.
　나폴레옹은 트리오종에게 프랑스에 널리 배포할 36개의 기념 초상화를 주문했다. 그의 절대 권력을 강조한
　초상화는 총 24점이 완성되었다.

10 프랑수아 제라르, 〈대관식 복장을 한 나폴레옹 1세〉(부분), 1805~1815년.(왼쪽)

11 루브르 박물관이 소장 중인 레장 다이아몬드.(오른쪽 위)

12 레장 다이아몬드 렌더링.(오른쪽 아래)

나폴레옹이 왼쪽 겨드랑이에 끼고 있는 칼자루 끝에는 140.64캐럿의 레장 다이아몬드가 장식되어 있다. 그는
혁명 기간 중에 도난당한 레장 다이아몬드를 제1통령이던 1800년에 되찾아왔다. 1812년에 황실 검에 다시 세팅
하면서 벌, 별, 번개, 이니셜 N 같은 상징적인 장식을 추가했다.

생 40번을 싸워 이겼다는 명예는 워털루의 패배로 사라졌다. 그러나 영원히
남을 게 하나 있으니 그것은 나의 민법전이다"라고 스스로 자부심을 가질 정
도로 나폴레옹의 법전은 그 생명력과 영향력으로 이름이 높다. 그가 걸친 빨
간색의 대관식 망토 가장자리에는 풍요로움을 상징하는 두툼한 담비 털이
덮여 있고, 금색으로 크게 수놓아진 벌 문양도 한눈에 들어온다. 프랑크 왕국
의 문장인 벌은 권력의 정당성을 상징한다. 결국 트리오종의 그림에서도 모든
장치들이 나폴레옹 황실의 위대함을 가리킨다.

자신의 가족들에게 황족 칭호를 내린 나폴레옹은 [도13], [도14]와 같
이 공식적인 자리에서는 그들 모두 최대한 화려한 모습으로 치장하게 했다.

13 조르주 루제, 〈루브르의 살롱 카레에서 진행된 마리 루이즈와 나폴레옹 1세의 결혼식〉, 1810년.
   왼쪽에 결혼식에 참석한 나폴레옹의 가족들이 보인다.

찬란하게 빛나는 보석을 자신뿐 아니라 주변인들에게도 착용하게 해 위대한
통치자로서의 환상을 전방위로 심는 데 주력했다.

　　1810년 나폴레옹과 마리 루이즈의 결혼식을 그린 [도13]를 보면 나폴레
옹의 누이들은 흰색 새틴 소재에 번쩍이는 금실로 자수를 놓은 엠파이어 드
레스를 입고 있다. 풍만하게 강조된 가슴 위의 목걸이와 귀걸이, 그리고 틀어
올린 머리 위를 장식한 티아라에는 마치 별을 흩뿌린 듯 다이아몬드가 가득
히 세팅되어 고대 신화 속 여신들을 연상케 한다.

14 나폴레옹의 대관식에 참석한 나폴레옹의 가족([도4]의 부분). 왼쪽부터 스페인의 왕으로 봉해진 형 조제프,
    네덜란드의 왕이 된 동생 루이, 여동생 나폴리의 왕비 카롤린 뮈라, 폴린 보르게제, 엘리사 바치오키오, 그
    리고 조제핀의 딸 오르탕스와 조제프의 아내 줄리 클라리가 서 있다. 나폴레옹은 혈통과 가족주의에 대한
    집착으로 자신의 피붙이들을 각국의 왕좌에 앉혔다.

고대 그리스와 로마로의 여행, 퍼루어와 카메오

　고대 그리스·로마에 심취한 나폴레옹 시대는 주얼리도 조화와 균형을
중시하는 신고전주의의 영향을 받아 고대 그리스와 로마를 상징하는 퍼루어
parure(주얼리 한 벌)로 구성되는 경우가 많았다. 퍼루어는 프랑스어로 최소한
세 개 이상의 세트 주얼리를 뜻한다. 보통 빗, 티아라, 귀걸이, 목걸이, 벨트 버

클, 그리고 팔찌 한 쌍으로 구성된다. 같은 색의 보석과 디자인이라는 동질성과 조화로움으로 차용자를 돋보이게 만든다.

이 시기 머리에 착용하는 티아라와 빗은 위엄과 권위를 강조하기 위해 최대한 높게 제작되었다. 귀걸이는 3단 지란돌이거나 귀 밑으로 늘어지는 드롭 형태로 얼굴을 환하게 살릴 수 있는 스타일이 선호되었다. 목걸이로는 다이아몬드가 알알이 연결된 체인에 간혹 물방울 모양의 펜던트가 달려 광채를 더 돋보이게 했다. 물론 팔찌, 벨트와 통일감 있게 디자인되어 한눈에도 한 세트임을 알 수 있게 했다. 높은 허리선을 강조하는 엠파이어 드레스에는 고전적인 느낌을 강조하기 위해 가슴 바로 아래에 커다란 벨트를 착용했다. 드러난 양팔에는 팔찌 세트가 필수였다. 반지는 손가락마다 꼈고 심지어 엄지와 발가락에도 착용했다.

정치적인 야심을 극대화하는 데 신고전주의 양식이 최고의 무기가 되면서 나폴레옹은 카메오^{cameo}(돋을새김을 한 작은 장신구)에도 애착을 보였다. 눈부시게 번영한 고대 로마와 자신의 정권을 연계시키는 데 시각적으로 가장 효과적인 주얼리였기 때문이다.

원래 대관식에서 쓰기로 한 왕관 역시 [도17]처럼 다양한 크기의 카메오가 곳곳에 장식되어 있고 꼭대기에는 십자가가 달린 디자인이었다. 그는 니콜라 모렐리^{Nicola Morelli}나 주세페 지로메티^{Giuseppe Girometti} 같은 당시 로마의 최고 카메오 세공사들에게 자신의 얼굴을 새긴 카메오를 주문했다. 수많은 카메오에서 나폴레옹은 월계관을 쓰고 휘장을 두른 로마 황제로 분했고, 로즈 컷 다이아몬드로 꾸민 스타일을 좋아했다. 심지어 그는 프랑스 왕실 컬렉션에 있는 고대의 카메오와 인탈리오^{intaglio}(음각으로 조각한 작은 장신구) 86점으로 조제핀을 위한 주얼리를 주문하기도 했다. 물론 누이들에게도 선물했다. 1805년에는 파리에 보석 조각 학교를 설립해 프랑스의 카메오 제작술이 크게 발전하는 기틀을 마련했다.

15 나사우의 소피아 왕비(스웨덴 오스카르 2세의 부인)의 퍼루어, 19세기.(위)
    금과 말라카이트에 세공한 카메오로 제작되었다. 빗과 귀걸이, 브로치, 팔찌, 목걸이로 구성되었다.

16 니콜라 모렐리가 제작한 카메오, 1800년.(아래) ©Albion Art Institute
    나폴레옹의 여동생 카롤린 뮈라가 소장한 카메오로, 사도닉스에 바쿠스 신을 조각했다.

17 애초에 나폴레옹의 대관식을 위해 제작된 카메오 왕관, 1804년 마르탱-기욤 비엔네 제작.(왼쪽) ©David Liuzzo

카메오는 기원전 4세기 그리스에서 알렉산드로스 대왕이 즉위한 후 인기를 구가하기 시작했다. 대왕의 동방원정 이후 인도에서 나온 사도닉스를 가장 선호했다. 로마 시대의 카메오는 황제를 신으로 묘사했는데 특히 클라우디우스 황제 시기의 카메오 제작술이 최고를 자랑한다.

18 신성로마제국 황제의 제국관.(오른쪽)

진정한 사랑 조제핀

세계를 정복한 나폴레옹이 유일하게 정복하지 못한 여인으로 알려진 조제핀 드 보아르네. 그녀는 나폴레옹이 세인트헬레나 섬에서 눈감을 때 마지막으로 부른 이름이다. 나폴레옹을 만나기 전에는 파리의 귀족들이 흠모한 파티의 별이었고, 혁명기에 체포되고도 단두대의 칼날을 아슬아슬하게 피해간 덕에 나폴레옹에게는 '행운의 부적' 같은 여인이었다. 그러나 결혼 후에도 외도를 일삼고 막대한 빚을 지는 등 시끄러운 행보로 스캔들이 끊일 날이 없었다. 황후에 오르고 난 후에는 남자 문제로 말썽을 일으키진 않았지만, 가격표를 보지 않는 것으로 유명할 정도로 사치의 끝을 달렸다. 그러나 조제핀은

19 안드레아 아피아니, 〈조제핀 드 보아르네〉, 1808년경.(위 왼쪽)

　　조제핀은 카메오 주변으로 귀보석이나 진주가 장식된 스타일을 즐겼다. 조제핀의 카메오 컬렉션은 1840년
　　그녀의 외손자이자 훗날 나폴레옹 3세가 되는 루이 나폴레옹 보나파르트가 물려받은 후 런던의 크리스티
　　경매를 통해 처분되었다.

20 안드레아 아피아니, 〈조제핀 드 보아르네〉, 1807년.(위 오른쪽)

　　루비와 진주가 세팅된 카메오 세트를 착용하고 있다.

21 19세기 카메오 귀걸이.(아래) ©FD Gallery

22 나폴레옹 황제의 대관식에서 조제핀은 월계수 잎 모티프의 티아라를 쓰고 손목에는 대형 카메오 팔찌를 차고 있다(I도4)의 부분).(위 왼쪽)

23 작자 미상, 〈조제핀 황후〉, 1801~1850년.(위 오른쪽)
나폴레옹은 로마 황제들이 사랑한 에메랄드에도 관심이 남달라서 황후들에게 최고의 에메랄드를 선물했다. 조제핀은 하늘거리는 엠파이어 드레스와 함께 에메랄드 티아라와 목걸이를 착용하고 있다. 나폴레옹이 "사랑이 변하면 에메랄드의 영롱한 빛이 변하게 되오. 우리의 사랑이 변치 않기를 바라는 마음을 담았소"라고 말하며 선물했다고 알려져 있다. 나폴레옹이 가장 좋아한 색도 물론 녹색이었다.

24 앙리-프레데리크 쇼팽, 〈조제핀과 나폴레옹의 이혼〉, 1846년.(아래)

나폴레옹과 십 년의 결혼 생활 동안 자녀를 낳지 못했고, 결국 나폴레옹은 후계자를 낳을 결심으로 조제핀과 이혼을 선택한다. 비록 이혼은 했으나, 나폴레옹은 그녀의 빚만큼은 계속 갚아주었다.

결혼 전부터 주얼리에 대한 고급스러운 취향과 안목으로 사교계에서 이름을 떨친 조제핀에게 나폴레옹은 프랑스 왕실의 주얼리는 물론 개인 컬렉션도 풍성하게 갖추도록 적극 장려했다. 조제핀은 황후로 즉위한 1804년부터 1810년 1월 10일 이혼할 때까지 새로운 주얼리 구입은 물론 오래된 주얼리도 지속적으로 리모델링하면서 어마어마한 컬렉션을 소장했다. 나폴레옹은 조제핀이 중요한 행사에 걸맞은 주얼리로 좌중의 시선을 끌고 있는지 관리 감독까지 했다. 고대 로마 황제들의 취향을 모방함으로써 권위를 강조한 나폴레옹의 뜻에 따라 그녀도 고대 스타일의 주얼리를 애용했다. 패션 리더답게 [도22]에서처럼 그녀는 티아라를 눈썹 바로 위까지 내려 낮게 걸치는 스타일을 유럽에 유행시켰다.

전남편인 알렉상드르 드 보아르네 사이에서 태어난 딸과 아들에게 상당 부분 증여했음에도 사후 말메종 성에 있는 그녀의 캐비닛에서 나온 주얼리만 총 130여 점이었다고 한다. 조제핀이 죽기 직전까지 주얼리에 얼마나 뜨거운 열정을 쏟았는지 짐작할 수 있는 대목이다.

후계자를 안겨준 마리 루이즈

나폴레옹의 두 번째 황후인 마리 루이즈는 조제핀과는 결이 다른 여인이었다. 물론 출신에서도 크게 차이가 났다. 그녀는 유명한 오스트리아 합스부르크 가문의 황녀로 신성로마제국의 황제 프란츠 2세의 장녀였다(프랑스 혁명 때 단두대에서 처형된 마리 앙투아네트 왕비가 그녀의 할머니뻘이다). 나폴레옹은 황제로서의 위세가 정점에 오른 1810년, 조제핀과 이혼하자마자 정략적인 야망으로 스물두 살이나 어린 마리 루이즈와 재혼했다. 열여덟 살의 마리 루이즈로서는 마흔 살의 중년 아저씨와, 그것도 어릴 적부터 경멸한 적국의 수장과 결혼하는 것이 달가울 리 없었다. 하지만 황녀로서 철저한 교육을 받고 성장한 그녀는 조국을 위해 이성적인 판단을 내렸다. 모두의 예상과 달리 두 사람은 원만한 결혼 생활을 지속했다. 게다가 그녀는 나폴레옹이 그토록 원한 정통성 있는 후계자까지 안겨주었다.

나폴레옹은 당연히 이 사랑스럽고 어린 신부에게 엄청난 주얼리 세트를 예물로 주었지만, 사실 그녀의 취향은 조제핀만큼 화려하지는 않았다. 그녀가 중요한 자리에서 다이아몬드를 착용하지 않았다는 이유로 나폴레옹은 대신 시녀장을 호되게 야단치기도 했다. 결국 마리 루이즈는 [도25~28]에서처럼 온몸에 다이아몬드를 두르고 남편의 영향력을 전 유럽에 과시하는 역할을 받아들였다. 큰 키에 도자기같이 매끄럽고 하얀 피부, 푸른 눈동자, 탐스러운 금발 머리는 고급스럽고 호화로운 주얼리와 더할 나위 없이 궁합이 좋았다. 그러나 그녀에게 멋진 주얼리를 즐길 시간은 생각보다 충분하지 않았다. 1814년 나폴레옹이 몰락하자 아들과 함께 친정으로 돌아간 이후 두 사람은 영영 만나지 못했다. 여전히 젊고 아름다운 마리 루이즈는 나폴레옹과 헤어진 후에 연애와 재혼을 거듭했고, 파르마 공국을 통치하며 여생을 보냈다.

마리 루이즈의 주얼리 중에서 가장 유명한 것은 에메랄드 퍼루어다. 에메랄드에 남다른 관심과 집착을 보인 나폴레옹이 1810년 결혼 선물로 건넨 것인데 다이아뎀diadem(왕관류의 머리 장신구), 목걸이, 귀걸이, 벨트 버클, 빗이 한 세트로 구성되어 있다. 세트의 핵심인 다이아뎀에는 79개의 에메랄드가 세팅되어 있고 사용된 다이아몬드만 총 700캐럿에 달한다. 목걸이는 32개의 콜롬비아 에메랄드, 264개의 로즈 컷 다이아몬드, 864개의 브릴리언트 컷 다이아몬드가 세팅되어 있다. 마리 루이즈는 나폴레옹이 실각하자 에메랄드 퍼루어 전부를 친정인 오스트리아로 가져갔다.

훗날 이 컬렉션에서 다이아뎀과 빗을 매입한 프랑스의 보석상 반클리프

25 조르주 루제, 〈1811년 3월 20일, 제국의 고관들에게 아들 로마 왕(나폴레옹 2세)을 소개하는 나폴레옹〉, 1812년.(위 왼쪽)

26 조제프 크랑크, 〈마리 루이즈와 아들 로마 왕〉, 1811~1815년.(위 오른쪽)

27 이사코 조아키노 레비, 〈마리 루이즈, 파르마 공작부인〉, 19세기.(아래 왼쪽)

28 로베르 르페브르, 〈마리 루이즈〉, 1812년.(아래 오른쪽)

나폴레옹이 아들의 출산을 축하하는 의미로 선물한 다이아몬드 목걸이를 착용하고 있다([도26], [도27]).

29 아들의 출산에 감격한 나폴레옹이 마리 루이즈에게 선물한 다이아몬드 목걸이, 스미소니언 박물관.
총 234개의 다이아몬드가 사용됐고, 큰 것만 47개인데 그중 13개가 타입 2a 다이아몬드. 당시 가격이
376,274프랑으로 황후의 일 년 가계 예산과 맞먹는 금액이었다.

앤드 아펠Van Cleef & Arpels은 1954년에서 1956년 사이에 에메랄드를 빼서 다른 주얼리로 만들었고 빈자리는 푸른색의 터키석으로 다시 채웠다. 터키석 버전의 다이아뎀은 1971년부터 미국 스미소니언 박물관에 전시 중이다. 에메랄드 목걸이와 귀걸이는 최초의 모습 그대로 2004년부터 루브르 박물관에서 소장하고 있다. 현재 에메랄드 벨트 버클만 행방이 묘연한 상태다.

나폴레옹은 명예와 권력을 공고히 하고 제국의 미래를 보장받기 위해 보석을 적극 활용했다. 그러나 보석에 대한 열렬한 애정을 드러낸 이집트의 클레오파트라 7세나 영국의 엘리자베스 1세, 프랑스의 루이 14세와는 소위 '출신 성분'부터 달랐다. 뼛속부터 왕족인 그들에 비하면 변변한 '빽'조차 없는 나폴레옹은 결국 스스로 황제가 되어 고대 그리스·로마의 이상을 보석에 심는 방법을 택했다. 유럽에서 제일가는 황실을 만들고 싶어 한 그는 황후들과

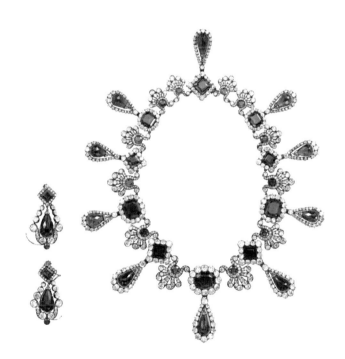

30 마리 루이즈의 다이아뎀. 현재 에메랄드는 터키석으로 교체되어 스미소니언 박물관에서 소장하고 있
    다.(위)

31 현재 루브르 박물관에서 소장 중인 마리 루이즈의 에메랄드 목걸이와 귀걸이.(아래)

가족들에게도 주얼리를 휘감게 함으로써 주얼리 산업을 활성화시켜 프랑스를 웅장하고 차라하게 되돌려놓았다.

　하지만 나폴레옹은 권좌를 장악한 뒤 유럽을 탄압하는 독재자로 전쟁을 벌이다가 결국 초라한 죽음을 맞았다. 그 끝이 아름답진 않았지만 그가 유럽에 전파한 것은 프랑스의 혁명 사상만은 아니었던 듯하다. 파리가 1940년 대까지 독보적인 주얼리 디자인과 기술력을 유지할 수 있었던 배경에는 보석에 강한 집착과 영향력을 행사한 나폴레옹의 열정이 있었기 때문이다. 무에서 유를 창조하며 프랑스에 영광과 영예를 선사한 그가 몰락한 뒤 프랑스와 유럽은 마치 기다리기라도 한 듯 혁명 이전으로 신속히 되돌아갔다. 역사는 참으로 아이러니의 연속이다.

다이아뎀에 자주 쓰이는 고대 모티프 삼총사

가장 고귀한 머리 장식을 뜻하는 다이아뎀은 사람의 신체 중 제일 높은 곳에 착용하는 주얼리로 신성함, 왕권, 지위, 부, 명예가 응집되어 있다. 경우에 따라 여러 의미로 쓰이는데, 일반적으로는 디오니소스가 처음 고안했다고 알려진 띠 모양 머리 장식의 총칭이거나 티아라와 혼용되어 반원 형태의 보석 장식이 된 왕관의 종류를 일컫는다. 또한 4분의 3 원 형태의 보석 장식이 된 왕관의 종류(남녀 공용)이자 왕권과 위엄의 상징 그 자체를 뜻하기도 한다(크라운은 막힌 원형에 남녀 공용인 반면 티아라는 여성용으로 작은 반원 형태다. 코로넷은 작은 사이즈를 일컫는다).

때문에 극소수만 향유할 수 있었고, 성공을 축하하고 기리는 도구로 쓰였다. 과거 과시와 차별화의 욕망이 철저하게 반영된 보석의 발전과 함께 화려한 자태를 자랑하는, 360도 모든 각도에서 완벽한 세공 기법이 함축된 인류의 열정과 혼이 담긴 오브제다. 오늘날에도 여전히 사랑의 결실이자 결혼식의 꽃이고, 최고의 미녀를 가리는 미인대회의 영예이기도 하다. 나폴레옹이 그토록 따라잡고 싶어 한 고대 황제들은 '월계수, 올리브나무, 밀 이삭'이라는 세 가지 모티프를 애용했다.

월계수는 번개를 한 번도 맞은 적이 없다는 지중해 연안의 사시사철 푸르른 나무로 불사의 의미를 지니고 있다. 성경에서도 부와 명예의 의미로 쓰이며 예수의 부활을 상징한다. 고대인들은 해독 작용이 있다고 믿어 월계수 잎과 열매를 추출해서 피부 치료제로 사용했다. 고대 그리스에서는 식물이 자라고 성장하는 상징을 머리에 관으로 씀으로써 인간의 성숙과 발전의 동력으로 삼았다. 아폴로 신을 경배하기 위해 개최한 피티아 제전의 우승자에게 월계관을 수여한 것도 같은 맥락이다. 신화에서 월계수는 아폴로가 그토록 사랑했으나 이루어지지 않은 사랑 다프네가 죽어서 변한 나무였다. 아폴로는 그녀를 너무 사랑한 나머지 월계수에 영원한 젊음과 불멸을 불어넣었고, 그 잎으로 왕관을 만들어 본인의 머리에 썼다. 이후 월계수는 경기에서 승리한 선수나 영웅, 뛰어난 사람들을 찬양하기 위해 수여되는 관으로 사용되었다. 오늘날에도 승리와 공헌을 인정하고 영광의 순간을 기념하는 의미로 널리 쓰이고 있다.

한편 고대 올림픽에서 사용된 관은 **올리브나무**다. 올리브나무는 지혜와 용기, 전쟁의 여신 아테나(미네르바)의 상징이다. 실제로 기원전 776년 올림피아 제전의 우승자에게 수여된 관도 올리브 가지로 엮은 것이었다. 아테나 여신이 선물한 올리브나무는 수명이 길어 끈질긴 생명력의 상징이자 자유, 희망, 순결, 질서를 의미했다. 고대 이집트에서는 올리브 잎을 천연 항생제로 사용했다고 한다.

마지막으로 **밀 이삭**은 고대 그리스 신화에서 풍요와 번영을 상징했다. 곡식과 대지의 여신인 데메테르의 상징물이자 그녀가 머리에 쓴 관의 소재다. 고대인들은 데메테르가 어머니의 마음을 담아 대지에 비옥한 영양을 공급한 덕분에 황금빛 곡식을 추수할 수 있었다고 믿었다. 결국 밀 이삭은 신이 인간에게 선물한 생명, 풍요로움, 황금벌판을 의미한다. 데메테르는 로마 신화에서는 케레스라고 불리는데, 그녀는 온갖 꽃과 밀 이삭, 과일로 가득 찬 신비로운 바구니를 들고 다닌다. 다비드가 그린 <나폴레옹 황제의 대관식>을 보면 나폴레옹의 여동생 폴린 보르게제가 옥수수 이삭 티아라를 착용하고 있다. 이처럼 곡식의 이삭은 어머니의 마음이 승화된, 인간의 신체와 정신에 영양을 공급하는 최고의 상징물이었다.

월계수 모티프 다이아뎀

<나폴레옹 황제의 대관식>(부분)에서 나폴레옹과 조제핀은 둘 다 월계수 모티프의 다이아뎀을 쓰고 있다.

올리브나무 모티프 다이아뎀

게오르기오스 야코비데스, <그리스의 올가 왕비>(부분), 1915년.

밀 이삭 모티프 다이아뎀

헤르만 슈미헨, <캠브리지의 메리 아델레이드 공주>(부분). 밀 이삭 다이아뎀을 쓰고 있다.

17

'오만과 편견'의 시대,
보석의 N행시

보석의 낭만에 대하여

"말 없는 보석이 살아 있는 인간의 말보다
여자의 마음을 더 움직인다."
—윌리엄 셰익스피어

나는 한동안 19세기 로켓locket 펜던트에 푹 빠져 있었다. 몸에 착용하는 주얼리이지만, 무언가를 담을 수 있어 실용성이 있고 케이스를 열고 닫을 때 그 속에 숨어 있는 작은 비밀을 나만 알고 있다는 은밀한 느낌도 좋았다.

영국을 방문할 때마다 들른 선베리 앤티크 마켓Sunbury Antiques Market은 내가 찾던 로켓의 천국이었다. 런던 시내의 마켓과는 비교할 수 없을 만큼 종류도 다양하고 가짓수도 많았다. 더구나 흥정만 잘하면 소위 '득템의 기쁨'을 만끽할 수 있다는 게 상당히 매력적이었다. 마켓으로 향하며 '오늘은 어떤 진기하고 재미있는 물건이 나를 반겨줄까?' 기대하는 그 순간부터 입가엔 벌써 미소가 지어졌다. 비단 로켓뿐만이 아니었다. 무엇을 올려도 그림이 될 것 같은 1백 년은 족히 넘은 듯한 탁자부터 멋스럽게 색이 바랜 촛대, 수백 번의 붓질을 거쳤을 법한 화려한 접시 세트, 손때가 꼬질꼬질한 장난감 등 누군가가 남긴 시간의 흔적들을 엿보다보면 두세 시간이 금방 흘러갔다.

런던치고는 유난히 화창한 어느 해 9월, 그날따라 19세기 초반의 반지 한

01 영국의 선베리 앤티크 마켓. 런던 근교 캠프턴 파크Kempton Park 북쪽의 드넓은 경마장 부지에서 2주에 한 번 열리는 대규모 장터다.

점이 눈에 들어왔다. 6개의 보석이 쪼르륵 장식된 반지였는데, 세팅된 보석의 가치만 따지면 결코 대단하거나 희귀한 것은 아니었다. 하지만 조합이 특이했다. 왜 이 보석들을 모았는지 궁금해하며 한참 들여다보고 있는데, 나를 지켜보던 판매자가 더 이상은 못 기다리겠다는 듯 보석의 배열에 얽힌 비밀을 알려주었다.

"리젠시 시대의 어크로스틱 반지예요. 보석의 앞 글자를 한번 연결해보세요."

"루비Ruby, 에메랄드Emerald, 가닛Garnet, 자수정Amethyst, 루비Ruby, 다이아몬드Diamond…… 어머 R-E-G-A-R-D네요!"

내가 탄성을 지르자, 그는 반지의 주인에 대한 존중과 사랑의 의미를 담은 것이라며 친절한 설명까지 덧붙였다. 순간 이 반지에 담긴 누군가의 낭만적인 한 시절이 번득 머릿속을 스치고 지나갔다. 옛사람들의 애정사에 묘한 호기심이 발동했다.

'2백 년 전 영국인들은 보석에 사랑을 담아 연애했구나!'

'혹시 『오만과 편견』의 주인공들도 이런 반지를 서로 나눴던 건 아닐까?'

그날 나는 제인 오스틴의 소설을 다시 펼쳐 봐야 할 꽤 괜찮은 이유를 발견했다.

리젠시 로맨스, 오만과 편견을 이야기하다

많은 사람들이 『오만과 편견』의 시대적 배경을 빅토리아 시대로 알고 있다. 하지만 이 소설은 그보다 조금 앞선 영국의 리젠시Regency(섭정) 시대인 1813년에 출간됐다. 리젠시 시대란 아버지 조지 3세의 정신병으로 왕세자인 조지 4세가 섭정을 맡은 1811년부터 1820년까지(조지 4세의 왕위가 끝난 1830년까지를 일컫기도 한다)를 말한다.(161~162쪽 참조) 제인 오스틴의 소설 여섯 편이

02 토머스 로렌스, 〈조지 4세〉(부분), 1821년.
대관식 가운을 입고 황금양털기사단, 로열 겔프, 바스 대십자, 가터 등 네 개의 훈장을 목에 걸고 있다.

모두 이 시기에 출간돼 '리젠시 로맨스'의 전형을 탄생시켰다. 한편 '리젠시 스타일'이라고 하면 이보다 시기를 좀 더 폭넓게 아우르는 편이다. 런던 국립초상화 미술관에서는 1789년 프랑스 대혁명 이후부터 1832년 영국의 선거법 개정까지 40여 년간의 사회문화적 라이프스타일과 장식미술을 '리젠시 스타일'로 정의하고 있다.

제인 오스틴의 대표작 『오만과 편견』은 영국의 시골 젠트리(자영농과 귀족 사이의 중간 계층) 집안의 딸 엘리자베스와 상류 젠트리 출신의 다아시가 오해와 편견을 극복하고 행복한 결혼에 도달한다는 내용이다. 첫 만남에서 다아시가 자신에 대해 쉽게 말하는 것을 엿듣게 된 엘리자베스는 그에 대해 '오만하다'는 '편견'을 갖게 된다. 이후 다아시는 점차 엘리자베스의 지성과 위트에 매력을 느끼지만, 엘리자베스는 쉽게 그에 대한 편견을 거두지 못한다. 이 둘이 서로 엇갈리며 티격태격하는 과정에서 우리는 19세기 초 영국의 결혼 풍속과 낭만을 갈구하는 새로운 시대적 분위기를 엿볼 수 있다.

03 찰스 에드먼드 브록이 그린 『오만과 편견』 삽화들.
　"그녀는 괜찮긴 한데, 내가 빠질 정도는 아니야."(왼쪽)
　"내가 당신을 얼마나 열렬히 존경하고 사랑하는지 말해야겠소."(오른쪽)

　"당신의 출신이나 지위 따위는 상관없소. 나는 당신을 열렬히 사랑하오."
　폭풍우가 휘몰아치는 날 다아시의 열렬한 청혼에도 불구하고 엘리자베
스는 쉽게 마음을 열지 않는다. 하지만 그는 포기하지 않고 진정 어린 편지로
다시 한 번 자신의 본심을 드러낸다. 결국 "오만은 타인이 나를, 편견은 내가
타인을 이해하는 데 장애물이 된다"는 사실을 깨달은 엘리자베스는 다아시
의 청혼을 수락한다.
　소설에서 엘리자베스는 결혼할 배우자를 선택하는 데 미래의 편안한 생
활을 보장해주는 조건보다 눈에 보이지 않는 사랑이라는 매력을 일관되게
좇는다. 이는 남녀 간의 애정, 내면과 가치관을 무엇보다 우선시한 제인 오스
틴의 실제 모습을 투영한 것이기도 하다. 작가는 '남자의 재산과 배경'만 보
고 결혼할 수 없다는 엘리자베스라는 진보적인 캐릭터를 통해 결혼에 대한

04 조지 크루이크섕크, 〈알막 어셈블리 룸의 무도회〉, 1821년.

선택권이 남자에게만 있지 않다는 신념을 표출해 당시 여성들을 열광시켰다. 실제로 리젠시 시대의 젊은이들은 가문의 결합이 기본인 남성 중심의 결혼 문화에서 벗어나 점차 낭만적인 사랑을 추구하고 있었다.

리젠시 시대 하면 우아함과 에티켓으로 무장한 데뷔탕트debutante(사교계에 첫발을 내딛은 상류층 여성)들의 무도회를 빼놓을 수 없다. 특히 윌리엄 알막 William Almack이 런던의 킹스 스트리트에서 1765년에 처음 문을 연 알막 어셈블리 룸Almack's Assembly Rooms은 최고의 신랑감과 신붓감을 물색할 수 있는 '결혼 시장'으로 통했다. 엄격한 회원제로 운영되어 검증받은 남녀들만 입장이 가능했기 때문이다.

이 시대 여인들은 복장 에티켓에 충실해 TPO(시간, 장소, 상황)에 맞게 모닝 드레스, 이브닝 드레스, 볼ball 드레스 등으로 끊임없이 갈아입었다. 또한 이 시대에는 윌리엄 워즈워스, 조지 고든 바이런, 퍼시 비시 셸리, 월터 스콧 같은 낭만주의 시인과 소설가들이 활약했고, 존 컨스터블과 조지프 윌리엄 터너 같은 화가들은 빛이 들고 바람이 부는 평범한 풍경이나 변화무쌍한 자연의 역동성을 그리며 캔버스에 신선한 공기를 불어넣었다. 무엇보다 낭만적인

05 모닝 드레스를 입은 여인(1815년).(위 왼쪽)

06 볼 드레스를 입은 여인(1816년).(위 오른쪽)

07 이브닝 드레스를 입은 여인(1815년).(아래 왼쪽)

당시 영국의 패션 잡지 『애커먼 레퍼지토리』*Ackermann's Repository*에 실린 삽화들.

08 리처드 다이턴, 〈조지 보 브럼멜〉, 1805년경.(아래 오른쪽)

조지 보 브럼멜George Beau Brummel은 조지 4세의 친구이며, 리젠시 시대에 '멋쟁이 남자'의 대명사로 영국 젠틀맨의 원형이 된 인물이다. 머리는 로마 황제 스타일에 연미복을 입고 술 장식이 달린 부츠를 신고 있다. 목에는 크라바트를 둘렀고 손에는 지팡이와 비버 탑 모자를 들었다.

09 존 컨스터블, 〈건초 마차〉, 1821년.

주얼리가 풍성하게 제작되어 젊은이들의 애정사를 부지런히 실어 날랐다. 한 마디로 '보석의 언어'가 생생히 살아 숨 쉬는 시대였던 것이다.

가성비보다 가심비, 낭만주의의 등장 배경

하필이면 18세기의 끝자락에서 개인의 감정과 상상력, 자연을 중요시하는 낭만주의 기류가 대세가 된 이유는 무엇일까? 일찍이 계몽주의를 통해 인간의 평등함을 깨우친 부르주아들은 프랑스 혁명으로 폭발했고, 원하는 자유와 평등을 획득했다. 하지만 그들은 이어지는 사회적 불안과 혼란에 환멸을 느끼며 계몽주의가 설파한 합리적인 이성을 회의하기 시작했다. 현실이 어려워질수록 꿈과 환상의 세계를 갈구하기 마련이니, 이로써 개성을 중시하고 현실도피적인 이상 세계를 추구하는 낭만주의의 문이 열린다.

낭만주의자들은 자유로운 영감의 원천이자 타락한 현실에 대한 반작용으로 개인의 공상 세계를 주장하는 중세 신비주의를 동경했다. 그들은 행복, 슬픔, 기쁨, 외로움 같은 감정에 몰입했고, 넘치는 자유를 추구했다. 특히 산업혁명으로 촉발된 대도시화, 기계화, 대량 생산에 반발한 화가들은 야생 그대로의 자연에서 큰 영감을 받았다. 식민지 개척이 활기를 띠면서 이국 문화에 대한 열렬한 관심은 현실 도피를 꿈꾸는 이들에게 이상적인 삶의 형태로 나타났다.

관습에 얽매이는 것을 싫어한 낭만주의자들은 요즘으로 치면 반항적인 '중2병' 분위기를 물씬 풍겼다. 과장을 조금 보태면, 꽃 한 송이만으로도 눈물바다를 만들어낼 정도였다. 이들은 혁명을 경험하면서 '자유'와 '개인'의 가치를 깨달았고, 법적으로 이혼이 자유로워지자 중매결혼과 정략결혼에 반기를 들었다. 사랑과 연애를 중시하는, 가성비보다 가심비가 중요한 시대가 도래한 것이다.

프랑스에서 시작된 어크로스틱 주얼리

낭만주의의 매력에 빠진 사람들은 주얼리를 주문할 때도 가족, 친구, 연인에 대한 감정을 주얼리의 주제나 디자인으로 적극 활용했다. 특히 연인의 이름이나 아름다운 단어를 보석의 첫 글자로 조합하는 어크로스틱 주얼리 acrostic jewelry가 크게 유행했다. '보석의 N행시' 정도로 이해하면 될 것이다.

그 시작은 J'ADORE(사모하다)(맞다! 디올의 향수 이름과 같다)였다. 프랑스의 보석상 장 바티스트 멜르리오Jean Baptiste Mellerio가 고안한 것으로, Jacinth(지르콘의 고어), Amethyst(자수정), Diamond(다이아몬드), Opal(오팔), Ruby(루비), Emerald(에메랄드)의 순서로 배열했다. AMOUR(사랑)로는 Amethyst(자수정), Morganite(모거나이트), Opal(오팔), Uvite(유바이트), Ruby(루비)를 사용했다. 보다 강렬한 사랑을 뜻하는 JET'ADORE에는 Jet(제트), Emerald(에메랄드), Topaz(토파즈), Aquamarine(아콰마린), Diamond(다이아몬드), Opal(오팔), Ruby(루비), Emerald(에메랄드)가 쓰였다. 영어와 프랑스어는 대부분 혼용이 가능했다. 예를 들어 SOUVENIR(추억)를 프랑스어로 조합해도 영어 버전과 똑같이 Saphir(사파이어), Onix(오닉스), Uraine(Uranite, 우라나이트), Vermeil(버메일, 헤소나이트 가닛의 고어), Emeraude(에메랄드), Natralithe(나트롤라이트), Iris(아이리스 쿼츠), Rubis(루비)를 사용할 수 있었다.

　　때로는 중요한 기념일을 포함시키기도 했다. 나폴레옹 1세는 자신의 이름을 딴 조카의 탄생을 기념하는 팔찌에 각종 보석으로 'Napoleon-1806-a-Lucques'(1806년 루카에서 태어난 나폴레옹)을 조합해서 선물했다. 그의 가장 유명한 어크로스틱 주얼리는 뭐니 뭐니 해도 두 번째 황후 마리 루이즈의 이름과 생일, 결혼기념일을 보석의 첫 글자로 담아 선물한 [도10]의 팔찌다. 당시 유럽 전역에서 전쟁을 벌이는 와중에 나폴레옹이 보석의 알파벳으로 고심하고 있을 장면을 상상하니 왠지 모를 친근함이 느껴진다.

리젠시 로맨스, 어크로스틱 주얼리

　　프랑스에서 시작된 어크로스틱 주얼리는 영국으로 건너가 폭발적인 인기를 누렸다. 리젠시 시대의 영국은 "진짜 꽃은 시들지만 보석의 꽃은 영원히 간직할 수 있다"는 메시지가 퍼지면서, 온갖 꽃들이 감성적인 꽃말을 담은 주얼리로 피어나고 있었다. 오글거리는 꽃말에 익숙해 있던 영국인들은 낭만의 주얼리를 적극적으로 받아들였다. 영국에서 널리 사랑받은 단어는 REGARD, DEAREST, ADORE, LOVE였다. 루비-에메랄드-가닛-자수정-루비-다이아몬드로 REGARD(존중)를, 다이아몬드-에메랄

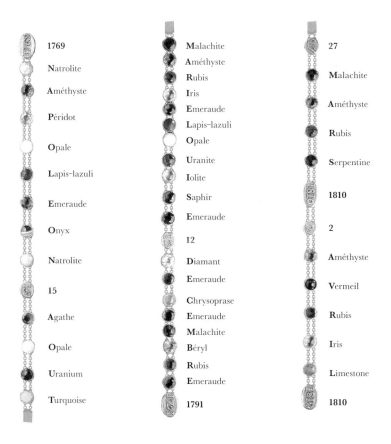

1769	Malachite	27
Natrolite	Améthyste	Malachite
Améthyste	Rubis	Améthyste
Péridot	Iris	Rubis
	Emeraude	
Opale	Lapis-lazuli	Serpentine
Lapis-lazuli	Opale	
	Uranite	1810
Emeraude	Iolite	2
Onyx	Saphir	Améthyste
Natrolite	Emeraude	
	12	Vermeil
15	Diamant	Rubis
Agathe	Emeraude	
	Chrysoprase	Iris
Opale	Emeraude	
	Malachite	Limestone
Uranium	Béryl	
Turquoise	Rubis	1810
	Emeraude	
	1791	

10 마리 루이즈의 어크로스틱 팔찌의 보석 배열

1769-Napoleon-15-Aout(왼쪽)
  1769년 8월 15일 나폴레옹(나폴레옹의 생일이다).

Marie-Louise-12-Decembre-1791(가운데)
  1791년 12월 12일 마리 루이즈(마리 루이즈의 생일이다).

27-Mars-1810-2-Avril-1810(오른쪽)
  1810년 3월 27일, 1810년 4월 2일(1810년 3월 27일은 결혼이 결정되고 나폴레옹이 마리 루이즈를 처음 만난 날이며, 4월 2일은 루브르 살롱 카레에서 두 사람이 결혼식을 한 날이다).

드-자수정-루비로 DEAR(사랑하는)를 만들었다. DEAR에 에메랄드-사파이어-토파즈를 추가하면 DEAREST(가장 소중한 이)가 되는 식이었다. LOVE(사랑)에는 라피스 라줄리, 오팔, 버메일, 에메랄드를 배열해서 반지를 만들었다. 하지만 모두 한눈에 의미를 파악하기는 쉽지 않았다. J와 I를 교차해서 쓰는 경우도 많았고, 토파즈는 Mina Nova라고 부르기도 해서 T 대신 M을 사용하는 등 보석의 이니셜을 혼용해 사용했기 때문이다.

연인의 이름을 보석으로 배열해서 착용하는 경우도 많았다. 짧은 이름은 반지로, 긴 이름은 팔찌나 브로치로 제작했다. 리젠시 시대의 남자들은 브로치나 팔찌를 거의 착용하지 않았기 때문에 긴 이름은 애칭으로 줄여서 반지로 만들었다. 하지만 여자들은 반지, 팔찌, 브로치는 물론이고 로켓, 구두 버클, 심지어 벨트에도 자유롭게 낭만적인 보석의 언어를 담았다. 나중에는 왕실에서도 이러한 유행에 동참했는데 1863년 영국의 왕세자인 에드워드 7세는 덴마

11 19세기 REGARD 반지. ©Bentley & Skinner

12 DEAREST 반지. ©Dealbetweenus Jewellery UK.
Diamond-Emerald-Amethyst-Ruby-Emerald-Sapphire-Tourmaline이 사용됐다.

13 리젠시 시대의 REGARD 로켓.
©Butter Lane Antiques

14 조지프 카를 슈타일러, 〈기타를 치는 페트레 가문의 여인〉, 1820년.
DEAREST 목걸이를 착용하고 있다.

크의 알렉산드라 공주에게 자신의 애칭인 BERTIE(베릴, 에메랄드, 루비, 토파즈,
아이리스 쿼츠, 에메랄드) 반지로 청혼했다.

　　낭만적인 의미를 담던 반지는 정치적인 메시지를 담는 쪽으로도 진화했

다. 노예제와 곡물법(영국에서 수입 음식과 곡물에 대한 관세와 제한을 강제한 보호무역법) 폐지를 주장한 이들은 보석의 첫 글자로 REPEAL(폐지하다)을 만들어 반지로 착용했다. 자신들만 알아볼 수 있는 메시지를 담아 공공장소에서 착용하며 짜릿한 스릴을 만끽했을 모습이 눈에 훤하다.

보석의 선택에서 영국은 어크로스틱 주얼리의 종주국인 프랑스보다 자유로운 편이었다.

15 에드워드 7세와 알렉산드라 왕비의 결혼식.

예를 들면 프랑스에서는 보석의 색이나 특징을 첫 글자로 인정하지 않았지만, 영국은 Y에 Yellow Sapphire를, F에 Fire Opal을 쓸 수 있었다. 이 경우 주인과 보석상만 알아볼 수 있었기 때문에 비밀스러움은 한층 배가되었다. 어크로스틱 주얼리의 본질은 '그들만의 비밀스러운 메시지'였으니 이를 최대한으로 누리기 위한 '시적 허용'이었을 것이다.

우아하고 은밀하게 소통했던 낭만적인 어크로스틱 주얼리를 보며 주얼리는 광물과 금속의 결합이 아니라 마음을 전하는 언어임을 다시금 확인한다. 말 한마디 없이 건네기만 해도 벅찬 감동을 이끌어낼 수 있으니 섬세한 감정을 표현하는 매개체로 주얼리만 한 것은 없을 듯하다.

그러고 보니 낭만의 시대를 겪으며 성장한 것은 비단 다아시와 엘리자베스만은 아니었던 것 같다. 오만한 다아시와 편견을 가진 엘리자베스가 서로를 알아가며 성숙해진 만큼 현실 속의 주얼리도 한 계 진화했으니 말이다. 역사적으로 주얼리는 왕족의 권위를 상징하는 훌륭한 도구였지만, 개인의 애틋한 감정을 전하는 수단으로서도 제 역할을 톡톡히 해냈던 것이다.

보석 알파벳 리스트 (현대 기준)

A Amethyst, Aquamarine, Agate, Alexandrite, Amber, Ametrine, Apatite, Aventurine

B Benitoite, Black opal, Boulder opal, Beryl

C Citrine, Carnelian, Chrysoprase, Coral, Chalcedony, Chrome diopside, Chrysoberyl

D Diamond, Demantoid garnet, Diopside

E Emerald

F Fluorite

G Garnet, Goshenite

H Hessonite garnet, Hematite, Hawk's eye, Heliodor, Hiddenite

I Indicolite, Iolite

J Jasper, Jade, Jet

K Kyanite, Kunzite

L Lapis lazuli, Labradorite, Larimar

M Moonstone, Morganite, Malachite

N Nephrite

O Opal, Onyx

P Pearl, Peridot, Pyrite, Prasiolite, Prehnite

Q Quartz

R Ruby, Rose quartz, Rhodochrosite, Rubellite

S Spinel, Sapphire, Sunstone, South Sea pearl, Smoky quartz, Sodalite

T Tourmaline, Tanzanite, Topaz, Turquoise, Tiger's eye, Tahitian pearl, Tsavorite

U Unakite

V Variscite, Vessonite

W Watermelon tourmaline

X Xenotime, Xonotlite

Y YAG (Yttrium Aluminum Garnet)

Z Zircon, Zoisite

또 하나의 낭만 주얼리, 아이 미니어처

어크로스틱 주얼리 외에도 사랑하는 사람의 세밀 초상화를 담은 아이 미니어처eye miniature 또는 연인의 눈lover's eye도 리젠시 시대를 대표하는 주얼리다. 사랑과 추억을 담은 아이 미니어처는 영국의 왕세자인 조지 4세가 두 번 결혼한 과부이자 가톨릭교도인 마리아 피츠허버트Maria Fitzherbert와의 결혼을 허락받지 못한 데서 시작됐다. 왕세자가 아버지 조지 3세와 영국 법에 의해 왕위 상속권을 박탈당할 처지에 놓이자 마리아는 유럽으로 도망쳐버렸다. 이에 왕세자는 리처드 코스웨이Richard Cosway라는 왕실 화가에게 자신의 눈을 그리게 해서 마리아에게 사랑의 증표로 보냈다. 사람들은 눈동자의 주인공이 누구인지 짐작조차 못했다. 생각지도 못한 사랑의 증표에 감동받은 마리아는 왕세자와 비밀리에 결혼식을 올린다.

아이 미니어처는 빅토리아 여왕 시대에 본격적으로 유행하기 시작했다. 주얼리에 의미를 부여하기를 좋아한 여왕은 왕실 화가 윌리엄 찰스 로스 경Sir William Charles Ross에게 자녀, 친구, 친척의 눈을 그리게 해서 선물했다. 아이 미니어처는 추도의 의미로도 진화했는데 '눈물 주얼리'라 불리며 강력한 감성 주얼리로 떠올랐다. 보석상들은 초상화 주변에 특별한 의미를 담은 보석을 세팅해 감성을 더 자극했다. 눈물을 강조할 때는 진주가 사용되었고, 다이아몬드로는 힘과 장수를 강조했다. 산호는 착용자를 보호하는 의미로, 가닛은 우정, 터키석은 눈의 건강을 기원하는 의미로 쓰였다. 추도의 의미를 강조할 때는 숨겨진 공간을 마련해 망자의 머리카락을 담았다.

리처드 코스웨이가 그린 아이 미니어처.

20세기 초에 19세기풍으로 제작된 다이아몬드 장식 아이 미니어처 넥타이 핀.

19세기 초에 영국에서 제작된 진주 장식 아이 미니어처.

19세기 초에 제작된 가닛 장식 아이 미니어처.

18

오팔 가격을 반토막 낸
『가이어스타인의 앤』

오팔을 위한 변명

"지금의 군자君子들은 남을 평가할 때
한 가지 결점만 거론할 뿐 나머지 열 가지 장점은 무시한다."
—한유

오송빌 백작부인, 브로글리 공주, 무아테시에 부인. 장-오귀스트-도미니크 앵그르가 그린 여인들의 초상화 가운데 개인적으로 가장 출중하다고 꼽는 '3대 여인'이다. 사실적이고 우아한 묘사는 물론이고, 자신이 지향하는 아름다움을 위해 실제보다 더 완벽하게 표현해내는 앵그르의 재능은 이 여인들을 그릴 때 가장 빛났다.

나는 이 여인들 가운데 무아테시에 부인을 가장 먼저 만났다. 런던의 내셔널 갤러리를 방문했을 때였다(나머지 두 여인은 뉴욕에 있다). 통통한 살집의 여인이 화려한 꽃무늬의 실크 드레스를 입고 얼굴에 손가락을 살며시 갖다 댄 나른한 포즈에 묘하게 끌렸다고나 할까? 붓 터치가 느껴지지 않을 만큼 부드러운 살결과 고급 실크 못지않게 반짝이며 존재감을 드러내는 화이트 오팔, 흑장미 색을 연상케 하는 검붉은 가닛, 포도주에 물든 듯한 자수정…… . 앵그르의 섬세한 붓질이 만들어낸 찬란한 보석들을 들여다보느라 나는 한참 동안 자리를 뜨지 못했다.

이 그림이 완성된 19세기 중반은 프랑스 혁명 이후 산업혁명으로 막대한 부를 쥐게 된 부르주아가 대세로 떠오른 시기였다. 귀족처럼 호화로운 차림새지만 사실 무아테시에 부인 역시 귀족이 아닌 부르주아 신분이었다. 앞서 말한 대로 앵그르는 캔버스에서 완벽한 아름다움을 추구했고, 이를 위해 특히 모델의 의상과 주얼리에 심혈을 기울였다. 그는 12년에 걸쳐 무아테시에 부인을 귀족처럼 고귀한 존재로 표현하기 위해 최선을 다했다(12년 가운데 개인 사정으로 작업을 쉰 기간이 훨씬 길긴 하다). 원래 부인은 노란색 실크 드레스를 입은 모습이었는데 앵그르가 막판에 파리에서 최고 럭셔리 패션으로 통하는 리옹산 플라워 실크 드레스로 바꿔 그렸다. 뺨에 손가락을 갖다 댄 포즈도 로마 시대의 프레스코화 속 여신의 모습에서 영감을 받은 것이다.

주얼리도 여러 번 교체되었다. 앵그르는 부인의 세련된 취향과 우아함을 돋보이게 해줄 주얼리를 오랫동안 고민했다. 그녀가 들고 온 주얼리가 구식이라는 이유로 되돌려보낸 적도 많았다. 부인의 왼쪽 손목을 보면, 당시 유행의

01 장-오귀스트-도미니크 앵그르, 〈무아테시에 부인〉, 1856년.

정점을 찍은 에메랄드가 장식된 뱀 모양의 팔찌에, 다이아몬드가 둘러진 커다란 자수정 팔찌를 겹쳐 끼고 있다. 과감한 연출이 대세인 요즘의 '믹스매치 레이어링'은 저리 가라다. 가슴 한가운데에 꽂은 두툼한 에메랄드와 자수정 브로치의 색 대비는 드레스의 정교한 꽃무늬와 멋스럽게 조화를 이루고 있다. 그런데 오른쪽 손목을 장식한 오팔과 가닛이 어우러진 팔찌는 내게 유독 의미심장하게 와 닿는 부분이다. 오팔은 당시 유럽에서 괴담으로 곤혹을 치르고 있었기 때문이다. 앵그르는 혹시 억울한 누명을 쓴 오팔의 진가를 꿰뚫어보기라도 한 것일까?

02 〈무아테시에 부인〉의 부분화.

오팔에 깃든 황홀한 미신

고대인들은 실용적이고 주술적인 이유로 오팔을 몸에 지녔다. 눈병을 고칠 수 있다는 믿음은 착용자를 '투명 인간'으로 만들어준다는 속설로 발전했다. 다소 황당하지만, 신선한 월계수 잎에 오팔을 싸서 지니면 남들이 자신을 볼 수 없을 거라고 여겼다.

오팔은 희망과 순수함의 상징이기도 했다. 사랑의 신 큐피드의 투명한 피부색을 연상시킨다고 해서 '큐피드의 돌'로 칭송받더니 결국에는 희망을

03 화이트 오팔 하이 주얼리 시계.(위) ©Cartier
   화이트 오팔 하이 주얼리 귀걸이.(아래) ©Cartier

품은 10월의 탄생석으로 거듭났다. 그리스인들은 오팔이 착용자의 예지력을 높이고, 오팔 내부에서 뿜어 니오는 유 색 효과play of color(오팔을 구성하는 구형의 실리카 입자들에 의한 빛의 간섭과 회절로 다채로운 색채를 나타내는 현상)는 재물운을 가져다준다고 믿었다.

로마 시대에는 오팔을 아름다운 귀보석의 조합이라고 여겼다. 플리니우스는 『박물지』에서 "루비의 뜨거운 불꽃, 자수정의 밝고 화려한 자주색, 그리고 에메랄드빛 바다를 닮은 푸르름이 혼연일체가 된 보석"이라고 극찬했다. 로마인들은 핏빛을 띠는 붉은 보석에 치료 효과가 있다고 믿을 정도로 보석의 색을 매우 중요하게 여겼다. 뿐만 아니라 포도주색과 비슷한 보라색은 숙취를 해소해주고, 녹색은 복통을 가라앉히며, 푸른 보석은 타박상에 효과가 있다고 여겼다. 그리고 이 모든 색이 포함된 오팔을 가장 약효가 뛰어난 보석으로 간주해 중병을 치료할 수 있는 보석으로 높이 평가했다. 클레오파트라와 사랑을 나눈 율리우스 카이사르도 에메랄드와 진주 다음으로 오팔을 귀하게 여긴 인물이다. 오팔에서 발하는 다채로운 색을 무지개의 상서로움이라 여겨 행운의 부적으로 지녔고 아내들에게도 선물했다고 한다.

04 블랙 오팔 반지. ©Oscar Heyman
　유색 효과가 찬란하다.

클레오파트라의 마지막 남자인 마르쿠스 안토니우스 역시 오팔의 매력에 푹 빠진 일화가 전해진다. 기원전 41년, 로마 원로원의 노니우스가 끼고 있는 오팔 반지가 그의 눈에 포착됐다. 개암나무 열매만 한 크기도 놀라웠지만 어디에서도 본 적 없는 불꽃같은 유색 효과에 매료된 안토니우스는 클레오파트라에게 선물할 생각으로 흥정을 시도했다. 그러나 오팔을 행운의 부적으로 여긴 노니우스는 "이것은 파는 물건이 아니오!"라며 매몰차게 거절했다. 격분한 안토니우스는 노니우스의 전 재산을 몰수할 것을 명령했다(당시 제2차 삼두정치로 뭉친 안토니우스와 옥타비아누스에게 대적할 자는 없었다). 그런데 '뛰는 놈 위에 나는 놈'이 있다더니, 노니우스는 보란 듯이 오팔 반지만 챙긴 채 로마를 빠져나간 것이 아닌가! 전 재산을 버리고 망명을 택한 노니우스의 일화에서 로마 시대 오팔의 명성을 가늠할 수 있다.

중세 유럽에서 오팔은 앞날을 내다볼 수 있는 마력의 보석으로 진화했다. 고대인들과 마찬가지로 시력과 눈병에 효과가 있다고 믿어서 '눈의 보석 eye stone'이라 불렀다. 11세기 말 프랑스 렌Rennes의 주교 마르보두스 갈루스Marbodus Gallus가 출간한 『광석론Liber de lapidibus』에서도 오팔은 착용자를 투명 인

05 블랙 오팔 반지. ©Oscar Heyman

간으로 만들 수 있는 도둑들의 수호
보석이라고 언급하고 있다. 당시 오
팔은 신의와 자신감의 상징이었고,
착용자를 질병으로부터 막아주고
마음을 강하게 해주는 든든한 부적
과도 같았다. 금발의 처녀들은 오팔
목걸이를 착용하면 머리색이 변하
지 않는다고 믿었다고 한다.

06 1543년 개정판 『광석론』의 속표지.

19세기 유럽을 휩쓴 오팔 포비아

　이렇듯 신비로운 보석으로 찬사를 받은 오팔은 격변의 19세기 초에 유럽
의 전염병, 기근, 군주의 몰락 같은 부정적인 사건 사고와 연계되기 시작했다.
이 현상에 불을 지핀 것이 1829년에 출간된 월터 스콧 경의 소설 『가이어스
타인의 앤』이었다. 소설 속에서 오팔은 15세기를 배경으로 헤르미온느라는
여인의 죽음과 관련된 소재로 등장한다. 헤르미온느는 늘 오팔이 장식된 머
리핀을 꽂고 있었는데, 머리를 빗을 때를 제외하고는 좀처럼 머리핀을 빼지
않았다. 헤르미온느의 오팔은 주인의 기분에 따라 색이 변하는 신비한 보석
이었다. 그녀가 행복할 때는 밝고 찬란하게 반짝였고, 그녀가 우울하면 푸른
빛을, 불같이 화를 낼 때는 강한 붉은빛을 내뿜었다. 그러던 어느 날, 성수 몇
방울이 그녀의 오팔에 떨어졌는데 마치 별똥별처럼 환한 광채를 쏟아내더니
빛과 색이 모두 사라지며 자갈로 변해버리고 말았다. 정신을 잃고 쓰러진 헤
르미온느 역시 다음 날 한 줌의 재로 발견되었다.
　이 소설을 읽은 대중들은 경악했다. 헤르미온느의 죽음을 오팔이 빛을

07 윌리엄 롱, 〈가이어스타인의 앤의 한 장면〉.
오스트리아의 연금술사 허먼 경의 화학 실험실로 피신한 헤르미온느(오른쪽).

잃는 현상과 연계시킨 대목이 19세기인들에게 강렬하게 다가갔던 모양이다. 그들은 작가가 오팔의 악운을 경고하는 것이라고 믿었다. 한순간에 불길한 보석이라는 오명을 쓴 오팔은 수요가 뚝 끊겼고 결국 일 년 사이에 가격이 50 퍼센트나 하락했다. 이런 현상은 1870년대까지 지속되었다.

당시 영국의 빅토리아 여왕은 오팔의 이미지를 되살리기 위해 적극적으로 나섰다. 결혼식에서도 오팔을 착용했고, 특히 9개의 진주가 둘러진 커다란 오팔 반지와 알버트 공이 디자인한 오팔 티아라를 즐겨 착용했다. [도8]에서도 여왕은 오팔 티아라를 머리에 쓴 채 전통 아프리카 복장을 한 남자에게 성경 책을 건네고 있다. 토머스 존스 바커의 상상력이 동원된 그림이지만 여왕의 주얼리는 당시의 현실을 반영하고 있다. 여왕은 결혼하는 딸들에게도 오팔을 선물했고, 황금양털기사단 훈장에도 세팅해서 1841년에 남편 알버드 공의 생일 선물로 건넸다. 단 며느리만큼은 통제 밖이었던 것 같다. 빅토리아 여왕이 사망한 후 알렉산드라 왕비가 티아라에 장식되어 있는 오팔을 전부 루비로 교체해버렸기 때문이다.

　불행 중 다행으로 1863년, 영국의 식민지인 호주에서 유색 효과를 내는 오팔이 채굴되기 시작했다. 1877년에는 호주의 뉴사우스웨일스에서 보석 업계를 발칵 뒤집어놓을 정도로 고품질의 블랙 오팔 광산이 발견되었다. 이제껏 경험하지 못한 독특하고 아름다운 오팔을 본 사람들은 다시 마음을 열기 시작했다. 이때를 기점으로 세계 최고의 오팔 산지로 떠오른 호주는 지금까지도 명실공히 오팔 생산의 선두주자 자리를 지키고 있다. 호주의 국석國石 또한 오팔이다(참고로 한국의 국석은 자수정이다).

08 토머스 존스 바커, 〈위대한 영국의 비결〉(부분), 1863년경.
　여왕이 화이트 오팔 티아라를 쓰고 있다.

09 단테이 게이브리얼 로세티, 〈포모나 부인〉, 1864년.
　포모나라는 이름의 이 여인은 오른손에 블랙 오팔 반지를, 손목에 터키석이 장식된 금팔찌를, 왼손에는 유색 보석 반지를 낀 채 하트 모양의 금 로켓을 잡고 있다. 당시에 유행한 보석을 한눈에 파악할 수 있다.

괴담의 원인은

19세기에 오팔 가격이 오랫동안 큰 폭으로 하락한 현상에 대해 당시에도 각종 연구가 쏟아져 나왔다. 1894년 찰스 디킨스 주니어^{Charles Dickens Jr.}(소설가 찰스 디킨스의 아들)는 주간 저널『올 더 이어 라운드^{All The Year Round}』에『가이어스타인의 앤』에 쓰인 내용이 오팔의 평판에 악영향을 미쳤다고 강조했다. 그는 오팔 애호가인 조제핀 황후의 사례도 추가로 언급했다. 그녀가 '트로이의 화재^{Burning of Troy}'라는 700캐럿짜리 블랙 오팔을 선물 받은 후 이혼이 빠르게 진행되었다는 괴담도 한몫했다는 것이다. 그는 오팔의 실제 효능과는 상관없이 떠도는 소문의 진원지를 밝혀내 괴담의 확산을 진정시키려 했다.

하지만 조제핀 황후가 오팔에 열광한 것과는 달리, 그녀의 손자며느리인 프랑스의 외제니 황후는 오팔을 완강히 거부한 대표적인 인물로 꼽힌다. 그녀는 특히 질병과 결부된 소문을 두려워했다. 당시 외제니 황후의 고향인 스페인에서 오팔이 알폰소 12세와 가족들의 목숨을 앗아간 저주의 보석이라는 괴담이 확산되었기 때문이다. 그들은 유럽 인구의 3분의 1이 목숨을 잃은 14세기의 흑사병과 오팔을 결부시켰다. 흑사병에 걸린 환자가 죽을 때가 되면 오팔이 갑자기 불타오르듯 빨간빛을 내뿜다가 광채를 잃는다는 내용이었다. 실제로 1348년 베네치아에서 흑사병과 지진이 동시에 발발하면서 도시 인구의 3분의 2가 사망하는 바람에 이탈리아 보석상들이 선호한 오팔이 죽음의 원인으로 지목된 적이 있다. 절

10 로베르 르페브르, 〈조제핀 황후〉, 1806년.
흰색 리넨 드레스에 화이트 오팔을 장식하고, 역시 화이트 오팔 티아라를 착용하고 있다.

망과 두려움에 떠는 사람들에게 희생양이 필요한 시점이었다.

"오팔이 불운의 상징으로 여겨진 이유는 연약하고 까다로운 특성 때문일 것이다. 매우 무르고 약해서 잘못 다루면 깨질 수 있다."

보석학자 조지 프레데릭 쿤츠George Frederick Kunz는 1913년의 저서 『보석에 관한 기이한 설화The Curious Lore of Precious Stones』에서 오팔에 얽힌 괴담은 보석 연마사와 세공사가 실수로 오팔을 깨뜨렸을 때 징크스와 결부시킨 데서 비롯됐다고 주장했다. 실제로 오팔을 연마하는 중에 왕실의 오팔이 깨지자 루이 11세가 세공사의 양손을 잘라버린 사건이 있었다. 두려움에 사로잡힌 그의 동료들은 오팔을 원망하면서 불운의 돌로 여기기 시작했고, 여기에 상상력이 더해져 괴담이 탄생했다는 것이다. 스트레스를 받을 때 자신의 고통과 책임을 특정 대상에게 떠넘기려는 '화풀이 본능'이 생각나는 대목이다.

한편 오팔 공급의 감소와 경쟁 산업의 견제도 괴소문의 확산에 기여했다. 호주에서 오팔 광산이 발견되기 전까지 유일한 산지였던 슬로바키아(당시에는 헝가리의 영토)에서는 이미 원석이 바닥나고 있었다. 더욱이 막판에 채굴된 오팔은 기존 원석보다 약해서 균열이 생기는 비율이 더 높았다. 상인들과 소비자들의 불만이 속출하면서 자연스럽게 공급과 수요가 모두 감소했고 괴담은 더욱 활개를 쳤다. 그런 와중에 호주에서 오팔이 발견되어 오팔 시장이 부활한 시점에는 이를 위협으로 인식한 다이아몬드 업계가 불운의 메시지를 확산시켰다.

문제의 소설을 쓴 월터 스콧은 오팔을 불운의 상징으로 묘사하려는 의도가 없었음을 분명히 밝혔다. 하지만 사람들은 보고 싶은 것만 보고 듣고 싶은 것만 듣지 않던가? 19세기의 소설은 요즘으로 치면 대중 매체나 소셜 미디어에 버금가는 영향력을 가졌을 터, 이미 신뢰를 잃고 마녀사냥에 내몰린 피해자의 상처를 백퍼센트 보상받을 길은 없어 보인다. 설사 누군가가 편파, 허위, 과장된 내용을 정정한다고 한들, 그 '바로잡은 사실'에 관심을 가지는 이들이 얼마나 되겠는가.

당나라의 유학자 한유韓愈가 당시 사대부들이 서로를 헐뜯고 비방하는 현실을 비판하며 쓴『원훼原毁』라는 글에는 다음과 같은 구절이 있다.

……지금의 군자君子들은 남을 평가할 때 한 가지 결점만 거론할 뿐 나머지 열 가지 장점은 무시한다. 오직 훌륭한 점이 알려질까 봐 두려워한다. 타인의 장점을 인정하는 자는 그 사람과 같은 편이거나, 관계가 소원해 아무 이해관계도 함께하지 않거나, 아니면 그를 두려워하는 사람이다. 그리고 그 근원에는 태만함과 시기심이 있다.

그리고 보니 19세기의 오팔 괴담은 오늘날의 여론 형성 과정과도 매우 닮았다.

섬세한 보살핌이 필요한 오팔

오팔은 규산염 광물의 일종으로 단백석蛋白石이라고도 불린다. 수분이 3~20퍼센트 함유되어 있고, '색의 유희'라 불리는 유색 효과로 특유의 다채로운 색을 뽐낸다. 오팔의 품질은 유색 효과에 따라 달라진다. 유색 효과를 보이는 오팔은 프리셔스 오팔precious opal로, 유색 효과가 없는 오팔은 커먼 오팔common opal로 구분한다. 프리셔스 오팔은 배경색에 따라 화이트 오팔, 블랙 오팔, 워터(크리스털) 오팔, 볼더 오팔 등으로 나뉜다.

그중 오팔의 유색 효과가 선명히 보이는 블랙 오팔이 가장 가치가 높다. 특히 호주산 블랙 오팔의 인기가 최고인데 짙고 어두운 색의 바탕에 적색이 많이 보일수록 상질이다. 뒷면에 모암母巖이 붙은 채로 연마되는 호주의 볼더 오팔Boulder Opal은 비교적 내구성이 강한 편이고, 멕시코에서 주로 산출되는 파이어 오팔fire opal은 특유의 강렬한 오렌지-적색으로 마니아층이 있다.

최근에는 에티오피아에서 나온 오팔의 수요가 증가하는 추세다. 그런데 호주산 오팔과 달리 기공이 매우 많은 투단백석hydrophane이 대부분이라 수분 흡수율이 높아 물이나 오일에 담그면 투명하게 변하면서 유색 효과가 사라진다. 건조시키면 다시 원래대로 돌아오지만 간혹 복구가 안 되는 경우가 있기 때문에 액체나 오일이 닿지 않게 주의해야 한다.

오팔의 생명인 아름다운 유색 효과를 오래 유지하기 위해서는 강한 열이나 직사광선을 반드시 피해야 한다. 오팔은 수분이 손실되면 갈라지거나 뿌옇게 변하고(에티오피아산 투단백석은 예외), 반대로 자주 착용하면 사람의 피부에서 나온 습기가 오팔에 전달되는 긍정적인 효과가 있다. 이런 사실 때문에 오팔을 가진 자가 죽으면 오팔도 색과 빛을 잃는다는 말이 나왔을 수 있다. 여기에 흑사병이 돌던 시대에 생긴 오팔의 미신이 교묘하게 접목되어 괴소문이 확산된 것으로 보인다.

블랙 오팔 귀걸이. ⓒOscar Heyman

호주산 블랙 오팔이 세팅된 하이 주얼리 팔찌. ⓒCartier

19

러시아 혁명의 전주곡,
부활절 보석 달걀

로마노프 왕조의 몰락

"나는 아직 차르가 될 준비가 되지 않았다."
—니콜라이 2세

런던의 본드 스트리트에는 세계적으로 명성이 높은 앤티크 딜러가 다수 포진해 있다. 그 가운데 러시아 황실의 공식 주얼러였던 파베르제Fabergé의 작품을 전문적으로 취급하는 워츠키Wartski에서의 첫 미팅을 잊을 수가 없다. 사실 나는 출국하기 전부터 이미 마음이 들떠 있었다. 특별한 역사가 깃든 주얼리를 꼭 보여주고 싶다는 귀띔을 미리 받았기 때문이다.

드디어 미팅 당일, 담당자는 거대한 알렉산드라 왕비(에드워드 7세의 부인)의 초상화가 걸려 있는 쇼룸으로 나를 안내했다. 두꺼운 책자와 함께 들고 온 브로치를 마주한 순간, 파베르제의 오리지널 케이스는 차치하고라도 기품이 서린 고고한 자태에서 보통 물건이 아님을 한눈에 알아볼 수 있었다. 시중의 아콰마린이 대부분 엷은 하늘빛인 데 반해 바다색에 가까운 녹청색이라고 해야 할까? 칼바람이 매섭게 불던 그날의 날씨처럼 브로치의 서늘한 첫인상이 지금도 생생하다.

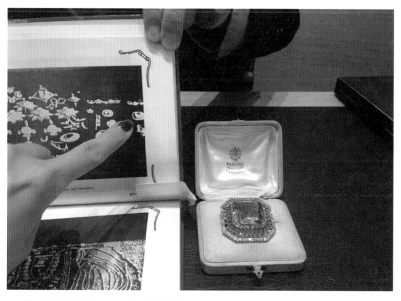

01 워츠키에서 만난 알렉산드라 황후의 아콰마린 브로치. 소비에트 정부가 제작한 황실 주얼리 도록(1925년)에서 필자가 손가락으로 가리키고 있는 물건이다.

02 시베리아산 아콰마린이 세팅된 파베르제의 브로치, 1894년 제작. ©Wartski

　　브로치에 얽힌 사연은 생각보다 애틋하고도 무거웠다. 이 브로치는 러시아의 마지막 차르인 니콜라이 2세가 알렉산드라 표도로브나 황후에게 준 결혼 선물인데, 러시아 혁명 이후 이들 부부가 황궁에서 쫓겨나 볼셰비키에게 총살당한 순간에도 몸에 지녀 부부의 시작과 끝을 함께한 주얼리가 되었다. 당시 볼셰비키가 몰수한 브로치가 워츠키의 소장품이 될 수 있었던 것은 1927년 런던에서 열린 경매 덕분이었다. 운 좋게 브로치를 낙찰받은 워츠키 대표가 부인에게 결혼 선물로 주었고, 뒤늦게 차르 부부의 사연을 알게 되어 부랴부랴 가보로 삼았다는 비하인드 스토리도 들려주었다. 그렇게 브로치는 워츠키 집안 대대로 전해 내려와 차르 부부와

03 차르 부부의 공식 약혼사진, 1894년.

운명적인 인연을 이어가고 있었다.

그날 밤 내내 나는 생각에 잠겼다. 과연 이 브로치가 목도한 차르 부부의 삶은 어떤 것이었을까? 그들이 겪은 비극의 중심에는 무엇이 있었을까?

국정농단의 주역 라스푸틴

"하나님이 사랑하는 아버지를 데려가셨다. 머리가 어지럽다. 나와 러시아의 앞날에 무슨 일이 닥칠 것인가? 나는 차르가 될 준비가 되지 않았고, 원한 적도 없다."

1894년, 러시아의 황태자 니콜라이는 아버지 알렉산드르 3세의 갑작스러운 죽음으로 두려움에 사로잡혔다. 그는 온순한 성품이었지만 유약하고 무능했다. 그의 고백처럼 사실상 황제가 될 준비도 되어 있지 않았다. 만에 하나 실수하지 않으려면 아버지가 하던 그대로 답습하는 것이 최선이었다. 그는 산업의 발전과 계층의 분화 같은 변화된 사회 조건들은 간과한 채 선친의 전제주의 통치 체제를 유지하기에만 급급했다.

당시 러시아는 격변의 시대였다. 무엇보다 러일전쟁에서 패배한 충격이 채 가시기도 전에 제1차 세계대전에 참전한 것이 결정적인 실수였다. 처음에는 민족주의에 고취된 국민들이 자발적으로 입대하는 등 전쟁에 대한 지지가 높았다. 하지만 6백만 명의 사상자가 발생하고 모든 역량을 전쟁에 쏟아붓는 총력전이 계속되면서 국민들의 반발심은 극도로 심화되었다. 경제는 곤두박질쳤고 심각한 식량난이 발생했다. 패전이 거듭되는 가운데 니콜라이 2세가 군대의 총사령관을 맡아 직접 전쟁터로 나간 동안, 수도 상트페테르부르크에서는 황후가 그리고리 라스푸틴^{Grigory Rasputin}과 함께 나라를 파탄내고 있었다. 라스푸틴은 최면술에 능한 신흥 종교의 수도사로, 황후가 신처럼 떠받들고 있었다.

04 그리고리 라스푸틴.(왼쪽)

05 알렉산드라 황후와 알렉세이 황태자, 1913년.(오른쪽)

라스푸틴이 황후의 신임을 등에 업고 궁정을 주름잡게 된 것은 황태자 알렉세이의 혈우병(피가 응고되지 않는 병)과 관련이 있다. 그는 툭하면 쓰러지는 황태자를 최면술로 '치료'했고, 어쩐 일인지 황태자는 상태가 호전되었다. 이후 황후의 절대적인 신임을 얻은 라스푸틴은 막강한 권력을 휘두르기 시작했다. 황후는 사사건건 라스푸틴에게 자문을 구했고, 우유부단한 황제는 황후의 뜻을 따랐다. 급기야 라스푸틴이 황후를 통해 황제에게 명령을 내리는 어이없는 상황까지 벌어졌다. 차르를 만나려면 일단 라스푸틴부터 만나야 했다. 수도원을 떠돌던 요승은 어느새 차르 부부를 뒤에서 조종하는 비선실세가 되었다.

그런데 이슈의 중심이 된 혈우병의 뿌리를 찾아 올라가면 놀랍게도 영국의 빅토리아 여왕이 나온다. 그녀의 혈우병 유전자가 모계로 계승되어 유럽 곳곳에서 남자 후손들을 괴롭히고 있었던 것이다(혈우병은 주로 남성에게 발병한다). 러시아 황실에서는 빅토리아 여왕의 외손녀인 알렉산드라 황후가 혈우병 보인자였다. 어렵게 얻은 외아들이 혈우병으로 고통을 받자 죄책감을 느끼는

06 라스푸틴과 차르 부부의 관계를 풍자한 당시의
캐리커처, 1916년.

황후에게 라스푸틴은 피를 멈추게 하는 효과가 있다는 루비 한 점을 건넸다. 그의 말이라면 팥으로 메주를 쑨다 해도 믿는 황후는 죽는 순간에도 이 루비를 몸에 지닌 것으로 알려져 있다.

라스푸틴의 전횡이 심각한 지경에 이르자 러시아 국민들의 분노는 극에 달했다. 거리마다 그가 황후와 불륜을 맺고 있다는 벽보가 붙었고, 심지어 당시 십대였던 황녀와도 동침하고 있다는 추잡한 소문이 나돌았다. 하지만 이미 러시아를 손아귀에 넣은 라스푸틴은 독일과 비밀리에 강화를 맺어 로마노프 왕조를 유지하려는 공작을 꾸미고 있었다. 실질적인 황제 노릇을 한 라스푸틴은 1916년 12월, 위기를 느낀 황제의 측근들에 의해 결국 암살당한다. 그는 죽기 전에 차르에게 편지를 남겼는데 마치 미래를 꿰뚫어본 듯한 내용이 꽤나 섬뜩하다.

나는 내년 1월 1일 이전에 죽을 것 같다. (중략) 러시아의 황제여, 만일 당신의 일족 중 누구라도 내 죽음에 연루된다면 2년 내에 당신의 일족, 가족과 자식들까지 모두 살아남지 못할 것이다. (후략)

총탄을 막아낸 주얼리

1916년에서 1917년으로 넘어가는 러시아의 겨울은 유달리 혹독했다. 라스푸틴은 사라졌지만 추위와 굶주림에 지친 수천 명의 노동자들이 마침내 들고 일어섰다. 제국의 종말을 불러온 2월 혁명이 시작된 것이다. 전쟁의 피로감과 식량난에 고통받던 시민들은 전쟁의 종식과 전제주의의 폐지를 요구하며 황궁으로 행진했다. 시위대를 진압하기 위해 군대가 투입됐지만 군인들조차 강경 진압에 반발하며 시위대에 가담했다. 결국 니콜라이 2세가 폐위되면서 3백 년 로마노프 왕조의 러시아 제국은 막을 내린다. 폐위된 황제는 직계 가족 및 시종들과 함께 알렉산드르 궁에 유폐되었다. 하지만 1917년 10월 혁명 직후 벌어진 적백내전(혁명 세력과 황제의 복귀를 위한 반혁명 세력 간의 내전)으로 시베리아의 예카테린부르크로 이송되어 연금된다.

1918년 7월 16일에서 17일로 넘어가는 새벽, 볼셰비키 요원들은 급히 황

07 황실 가족사진, 1913년.
차르의 여름 별장인 크리미아의 리바디아 궁전에서 찍은 사진. 니콜라이 2세 부부 뒤의 왼쪽부터 마리아, 올가, 타티아나, 아나스타샤. 알렉세이 황태자는 황후 앞에 앉아 있다.

제 일가를 깨웠다. 모스크바의 레닌으로부터 새로운 명령이 떨어졌다며 행장을 갖추고 나오라고 했다. 이미 갑작스러운 이동에 익숙해진 황후와 황녀들은 언제나처럼 다이아몬드, 에메랄드, 진주 등 로마노프 가문의 주얼리를 챙겼다. 옷 솔기와 코르셋, 베개 안에 꿰매둔 것까지 다 합치면 한 사람당 수 킬로그램은 족히 됐다. 출발 전에 기념사진을 찍어야 한다는 말에 모두들 지하실로 내려갔다. 하지만 사진사는 어디에도 보이지 않았다. 그때 적군赤軍의 책임자 유로프스키가 사형 선고문을 읽기 시작했다. 백군白軍이 차르 일가를 구하러 올 것이라는 정보를 입수하고 백군의 구심점 자체를 제거하기로 결정한 것이다.

"니콜라이, 당신들은 우리 소비에트 정권을 음해하려 했으므로 처형 명령이 내려졌소."

황제가 당황한 얼굴로 "뭐라고? 잘 들리지 않는데……"라고 말하는 순간 유로프스키의 권총에서 총알이 발사됐다. 황제는 머리에 총을 맞고 즉사했다. 유로프스키와 그의 부하들은 남은 가족과 시종들에게도 무차별 총격을 가했다. 그런데 옷 속에 품고 있던 주얼리가 방탄 역할을 하는 바람에 황후와 황녀들은 단번에 숨이 끊어지지 않았다. 당황한 병사들은 총 끝에 달린 칼로 신음하는 이들의 가슴을 찌르고 개머리판으로 죽을 때까지 머리를 내려쳤다.

08 차르 일가와 시종들, 주치의가 총살당한 예카테린부르크의 이파티예프 저택, 1928년.(왼쪽)
09 2003년 6월, 차르 일가가 처형된 지 85년 뒤에 이파티예프 저택 자리에 축성된 '피의 사원'.(오른쪽)

황후의 옷 속에는 황제의 결혼 선물인 아쾨마린 브로치와 라스푸틴이 준 루비가 들어 있었다. 병사들은 주얼리를 찾아내기 위해 시체의 옷을 벗겼고, 일부는 황후의 음부까지 뒤졌다. 주얼리를 챙긴 이들은 시신의 팔다리를 자르고 약품에 적신 후 불에 태워 유기했다.

파베르제의 50개 황실 달걀

차르 체제에 대한 러시아 국민들의 불만은 이전 시대부터 장기적으로 누적된 결과였다. 하지만 니콜라이 2세 부부를 국가 파탄의 원흉으로 몰아 처형까지 한 데에는 황실의 보석도 한몫했다. 특히 화려하고 사치스러운 황실의 부활절 달걀 장식품은 "빵을 달라!"고 울부짖는 국민들에게는 눈엣가시 같은 존재였다.

하지만 차르 일가의 비참한 최후가 무색하게도, 그 시작은 알렉산드르 3세의 마리아 표도로브나 황후를 향한 순수한 사랑에서 비롯되었다. 결혼 20주년을 맞은 1885년의 부활절 날, 황제는 황후에게 보석으로 장식한 달걀을 선물했다. 러시아 정교회에서 부활절은 크리스마스에 준하는 아주 중요한 행사로 부활의 기쁨과 함께 생명의 상징인 달걀을 예쁘게 색칠해서 선물하는 풍습이 있었다. 특히 상트페테르부르크의 상류층에서는 보석으로 장식한 선물을 교환했다.

모스크바에서 열린 1882년 전全 러시아 박람회Pan-Russian Exhibition에서 파베르제의 작품을 본 황제는 그를 적임자라고 생각했다. 황제는 황후의 이모인 덴마크의 빌헤미네 공주가 소장했던 18세기 달걀에서 영감을 받아 파베르제에게 구체적인 디자인을 지시했다. 그렇게 탄생한 첫 달걀이 바로 '암탉 달걀Hen Egg'이었다. 흰색 에나멜로 제작된 달걀을 열면 무광의 금으로 제작한 노른자가 나오는데, 그 노른자를 열면 작은 황금 암탉이 나왔다. 그런데 그 암

10 파베르제, 〈암탉 달걀〉, 1885년. ©Faberge
러시아의 사업가 빅토르 벡셀베르크Viktor Vekselberg가 2004년 미국의 출판 그룹 포브스로부터 구입한 뒤
2013년 상트페테르부르크에 파베르제 박물관을 건립해 전시하고 있다.

닭 또한 열 수 있게 제작됐고, 마침내 그 작은 암탉을 열면 작은 루비 펜던트
가 세팅된 러시아 황실의 다이아몬드 대관식 왕관(미니어처)이 숨어 있었다
(14장 참조). 아쉽게도 이 왕관은 현재 분실된 상태다.

    열 때마다 정교하게 세공된 아름다운 깜짝 선물이 튀어나오는 암탉 달
걀을 본 황후는 뛸 듯이 기뻐했다. 이후 보석을 세공한 부활절 달걀 선물은
1916년까지 32년간 로마노프 왕가의 전통으로 이어졌다. 오래된 부활절의 전
통을 예술의 경지로 끌어올린 파베르제의 보석 달걀은 창의력, 장인 정신, 그
리고 유머 감각이 핵심이었다. 해를 거듭할수록 황실의 부활절 달걀 제작에
는 더욱 많은 파베르제 공방의 숙련된 장인들이 참여했고 한 개를 만드는 데
일 년이 넘게 소요되기도 했다. 1887년부터는 달걀 디자인에 대한 권한이 파
베르제에게 완전히 위임됐다. 달걀의 주제는 매년 바뀌었지만 그 안에 담긴
깜짝 오브제는 모든 작품을 하나로 이어주었다.

11 파베르제, 〈대관식 달걀〉, 1897년. ⓒFaberge
  차르의 대관식에서 영감을 받아 제작했다. 달걀을 열면 실제 황후가 탔던 대관식의 마차 모형이 나오는데
  하루에 16시간씩 작업해서 총 15개월의 제작 기간이 소요됐다.

12 파베르제, 〈15주년 달걀〉, 1911년.

13 파베르제, 〈로마노프 3백 주년 달걀〉, 1913년.

14 파베르제, 〈르네상스 달걀〉, 1894년.

15 파베르제 공방의 미하일 페르킨Mikhail Evlampievich Perkhin, 〈가치나Gatchina 궁전 달걀〉, 1901년.

16 파베르제 공방, 〈장미 격자 달걀〉, 1907년.

알렉산드르 3세의 전통은 1895년부터 아들 니콜라이 2세가 이어받았다. 그는 아내인 알렉산드라와 어머니 마리아 표도로브나 두 여인에게 달걀을 선물했다. 파베르제의 달걀은 러일전쟁 기간인 1904년과 1905년만 제외하고 매해 제작되었다. 니콜라이 2세에게 부활절 달걀은 사실 존경하는 아버지가 만든 전통을 계승하는 의미이기도 했다.

황실의 후원을 등에 업은 파베르제의 달걀은 르네상스 이후 최고의 장식 예술품으로 자리 잡았다. 1900년 파리 만국박람회에서 처음으로 대중에게 모습을 드러내면서 파베르제의 명성은 전 유럽으로 급속히 확산됐다. 예술적으로도 아름다웠지만 무엇이 담겨 있을지 기대하게 만드는 재미있는 장치와 위트는 귀족들의 마음을 사로잡기에 충분했다. 파베르제의 공방은 밀려드는 주문에 즐거운 비명을 질렀다.

골치 아픈 정치보다 가족들과 편하게 사는 쪽을 더 좋아한 니콜라이 2세의 성향을 일찍이 파악한 파베르제는 로마노프 가문만의 행사나 결속력, 황실의 생활, 업적 등을 반영한 디자인을 선보였다. 대표적인 예가 '대관식 달걀'([도11])과 니콜라이 2세의 재위 15주년을 기념한 '15주년 달걀'([도12])이다. '15주년 달걀'에는 차르 가족의 초상화와 함께 그들의 중요한 날이 세세하게 기록되어 있다. 로마노프 가문의 3백 주년을 축하한 '로마노프 3백 주년 달걀'([도13])에도 가족사진을 부착했다. 5년 후 닥칠 비극은 꿈에도 생각하지 못했을 차르 일가의 행복한 모습이 인상적인 아름다운 작품이다.

로마노프 황실 주얼리의 행방

1925년, 소련 정부는 몰수한 로마노프 황실의 주얼리를 처분하기 위해 공식적인 도록인 『러시아의 다이아몬드와 귀보석*Russia's Treasure of Diamonds and Precious Stones*』을 제작했다(1922년판도 존재하는데 임시 목록이었다). 최초의 리스트

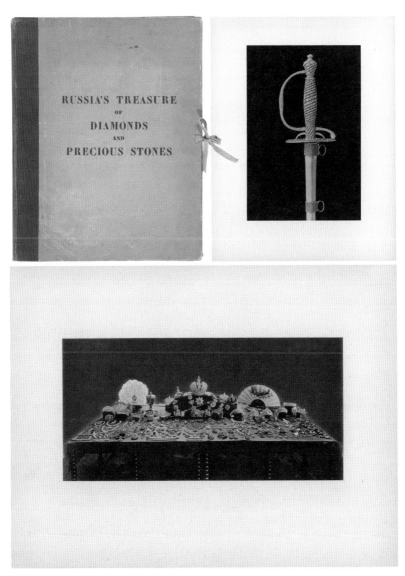

17 『러시아의 다이아몬드와 귀보석』 표지와 내용의 일부. 1925~1926년.
표트르 대제부터 1917년 니콜라이 2세까지 3백여 년의 역사가 담긴 컬렉션이다.

에는 대관식 왕관과 검, 왕홀 등 황실 보물도 포함되어 있었다. 다이아몬드만 25,300캐럿에 사파이어도 4,300캐럿에 달했고, 수백 개의 에메랄드와 수천 개의 진주가 그 대상이었다. 하지만 그들은 애초의 계획과는 달리 예술성이나 역사성에서 그다지 중요하지 않다고 판단한 것들만 처분하는 쪽으로 방향을 틀었다. 이 때문에 대관식 왕관이나 장신구 등 황실의 공식 보물은 현재 크렘린 궁 내의 무기고에 보존되어 있다. 나머지 주얼리는 해체해서 나석만 따로 처분하거나 1927년 런던에서 경매에 부쳤다.

러시아의 로마노프 왕조는 유럽에서 가장 마지막까지 절대군주제를 유지한 왕가이다. 그런데 황제의 직계 중 러시아 혁명에서 유일하게 살아남은 사람은 황실 부활절 달걀의 시작점인 황태후 마리아 표도로브나였다. 그녀는 친언니 알렉산드라 왕비가 있는 영국으로 망명하면서 아들 니콜라이 2세에게 받은 마지막 부활절 달걀인 '성 조지St. George 달걀'([도18])을 가져갔다. 민중들이 주린 배를 움켜쥐던 32년 동안, 보석 달걀 속의 깜짝 장식품에 감동

19 파베르제, 〈세 번째 부활절 달걀〉, 1887년. ©Wartski
　달걀을 열면 바쉐론 콘스탄틴 여성 시계가 들어 있다.

받으며 러시아에서 가장 행복한 나날을 보냈을 그녀. 결국 그 찬란함을 기꺼이 누린 대가는 사랑하는 가족이 모두 몰살당하는 것을 지켜봐야 하는 고통으로 돌아왔다. 그 충격이 얼마나 컸으면, 그녀는 끝까지 아들의 죽음을 믿지 않았다고 한다.

한편 행방이 묘연하던 러시아 황실의 '세 번째 부활절 달걀'([도19])이 2014년 갑자기 모습을 드러냈다. 어느 남성이 미국 중서부의 한 벼룩시장에서 구입한 것이었다. 그런데 달걀을 장식한 금과 다이아몬드, 사파이어의 시세 가격만 쳐서 1만 4천 달러라는 터무니없이 적은 값을 지불했다는 사실이 알려지면서 모두들 경악을 금치 못했다.

사라진 줄만 알았던 이 달걀을 매입한 딜러는 나에게 황후의 브로치를 보여준 워츠키였다. 이후 고객에게 약 3천3백만 달러에 판매한 것으로 알려지고 있다. 이로써 러시아 황실의 부활절 달걀 43점의 소재가 파악된 상태다. 그런데 파베르제는 황실을 위해 총 50점의 달걀을 제작했다. 나머지 7개의 달걀은 지금 어디에 있을까? 더불어 러시아를 빠져나간 나머지 황실 주얼리의 행방도 몹시 궁금하다.

20

청나라를 멸망에
이르게 한 비취

서태후의 비취 열병

"황금은 값을 매길 수 있지만
옥은 그 값을 매길 수 없다."
—중국 속담

미국 보석감정학교(GIA)에서 보석감정사$^{Graduate\ Gemologist}$ 자격증을 취득하기 위해서는 다이아몬드 감정 외에두 유색 보석을 '감별'하는 시험을 통과해야 한다. 무작위로 주어진 20개 보석의 이름, 색, 처리 여부, 합성 여부 등을 백퍼센트 맞혀야 하는 최후의 관문이다. 이 시험을 위해 2천 개가 넘는 보석을 실습하는 과정에서 나를 유일하게 속 썩인 것은 다름 아닌 비취였다. 현미경과 분광기를 통해 염색 여부를 가려내야 했는데, 가끔씩 분광기의 흡수 스펙트럼이 잘 관찰되지 않을 때가 있었다. 그때마다 "왜 이렇게까지 감별해야 하지? 염색이 뭐 그리 대수라고!" 하며 투덜대기 일쑤였다.

하지만 업계에 발을 디딘 후 나는 이 비취라는 보석에서 냉정한 계급 사회와 맞닥뜨렸다. 화학 처리가 전혀 되지 않은 천연 비취$^{Type\ A\ Jadeite}$와 염색 비취$^{Type\ C\ Jadeite}$에 대한 인식은 하늘과 땅 차이였기 때문이다. 자연 미인과 성형 미인을 비교하는 시선보다 백배는 강력하다고 할까? 특히 중국인들의 'Type A 비취'를 향한 뜨거운 열기는 타의 추종을 불허했다. 비취는 마치 그들만의 정신적 지주이자 영혼의 보석인 듯했다.

역사를 통틀어 세계에서 옥을 가장 귀한 보석으로 여기는 민족은 중국인이다. 그들의 옥에 대한 애정은 '황금유가옥무가^{黃金有價玉無價}', 즉 "황금은 값을 매길 수 있지만 옥은 그 값을 매길 수 없다"고 표현할 정도다. 옥玉에서 작은 점 하나만 없애면 왕王이 되니 1만 년에 가까운 그들의 역사 속 유전자에 옥에 대한 애착이 새겨진 것

01 Type A 비취 귀걸이. ©FD Gallery 참고로 표백 및 수지 처리가 된 비취는 Type B Jadeite, 염색 비취는 Type C Jadeite, 표백, 염색, 수지 처리가 모두 된 비취는 Type B+C Jadeite로 구분한다.

은 아닐까 하는 생각이 들 정도다. 옥jade(제이드)은 크게 경옥jadeite(제이다이트)과 연옥nephrite(네프라이트)으로 나뉜다. 경옥이 보통 우리가 비취翡翠라고 부르는 것인데 아름다운 색과 투명도가 특징이다. 연옥보다 좀 더 단단하며 밝은 색을 띤다. 중국에서 명나라 시기까지는 연옥이 대부분이었는데 18세기 청나라 건륭제 때 경옥이 본격적으로 유입되면서 큰 사랑을 받는다. 오늘날 경옥, 즉 비취의 가치는 팔찌 한 점에 수백만 위안(수억 원)은 부지기수이고, 목걸이 한 점에 수천만 위안(수십억 원)에 달하는 것도 수두룩하다.

애초에 비취는 고서에 등장하는 물총새를 뜻하는 단어이기도 했다. 밝고 아름다운 색상의 깃털 때문에 장식용으로 쓰기 위해 사냥꾼의 표적이 된 희귀한 새다. 비翡는 깃털이 빨간 수컷을, 청록색의 깃털을 가진 취翠는 암컷을 가리킨다. 비취는 녹색 외에도 라벤더(연보라색), 흑색, 백색, 황색, 적색 등 여러 가지 매력적인 색상으로 아름다움과 높은 가치를 뽐낸다. 뛰어난 인성韌性(파괴에 대한 저항도) 덕분에 무기로 쓰인 적도 있다.

02 비취와 다이아몬드 브로치.(왼쪽) ⓒCarnet by Michelle Ong
03 라벤더 비취와 녹색 비취로 장식된 귀걸이.(오른쪽) ⓒFD Gallery

서태후, 사치의 끝을 보여주다

몇 년 전, 비취 구슬 108개를 꿰어 만든 목걸이 '제국비취조주帝國翡翠朝珠'가 홍콩의 한 경매장에 등장해 화제를 모은 적이 있다. 궁중 예복을 입을 때 착용하는 황실의 목걸이로 밝혀졌는데 바로 역대 가장 유명한 비취 애호가로 알려진 청나라 서태후의 소장품이었다. 서태후는 아들인 동치제가 죽은 후 보위에 오른 광서제에게 이 목걸이를 하사했다. 하지만 아이러니하게도 광서제는 훗날 서태후의 사주로 독살되는 운명을 겪는다.

청나라의 마지막 실권자 함풍제의 후궁인 서태후는 아들을 낳아 태후 칭호를 받았다. 아들을 낳지 못한 채 동쪽 궁궐에 기거한 자안慈安 태후를 동태후, 서쪽 궁궐에 기거한 자희慈禧 태후를 서태후라 불렀다. 서태후는 아들

04 휴버트 보스, 〈서태후〉, 1906년.(왼쪽)
05 작자 미상, 〈동태후〉, 19세기.(오른쪽)

인 동치제가 여섯 살로 너무 어린 탓에 동태후와 함께 수렴청정을 했는데, 결국 동태후를 독살하고 아들을 허수아비로 둔 채 혼자 권력을 휘두른다. 동치제가 성장한 후에는 정치적인 경쟁자로 여기고 환락에 빠지도록 유도했고 결국 동치제는 매독에 걸려 사망하게 된다. 서태후는 임신한 며느리에게도 폭행과 구박을 일삼아 스스로 목숨을 끊게 했다. 그녀는 이렇듯 권력을 위해서라면 친자식에게도 잔인한 악행을 서슴지 않은 희대의 악녀였다.

서태후는 어린 시절의 가난에 대한 한풀이라도 하듯 사치를 부린 것으로도 유명하다. 그녀는 하루에 네 번 식사했고 한 끼에 128가지의 음식을 차리도록 지시했다. 돈으로 환산하면 1백만 냥쯤 되었으니 당시 농민들의 일 년치 식사 값에 맞먹었다. 그녀는 유달리 건강과 젊음에 집

06 작자 미상, 〈동치제〉, 19세기 중반.(위)
07 비취 목걸이.(아래) ©FD Gallery

착했다. 피부를 촉촉하고 매끄럽게 만들기 위해 천연 진주 가루를 십여 년간 복용했고, 젊고 아름다운 귀족 여인들로 하여금 매일 아침 그녀에게 신선한 모유를 바치도록 젖을 물리게 했다. 비취와 진주를 수놓은 옷만 3천 상자에 달했고, 그 옷들을 하루에도 몇 번씩 갈아입었다.

서태후는 궁궐에서의 사치도 모자라 자신의 무덤까지 초호화판으로 지

어 사후에도 부귀영화를 꿈꿨다. 나라의 운명이 달린 청일전쟁(1894~1895년) 중에는 함대를 만들 온회 3천만 냥을 빼돌려 지신의 별궁인 이화원頤和園의 복구와 확장에 사용했다. 이것도 모자라 미국과 영국으로부터 어마어마한 차관을 들여왔다. 그 결과 포탄이 다 떨어진 청나라 군대는 일본군에게 압도적으로 패배하고 만다. 그렇게 재건한 이화원 내 남호도南湖島에는 어리고 잘생긴 남자들을 모아놓고 밤마다 욕정을 채운 뒤 소문이 새나가지 않도록 처형했다. 북경에 미남이 남아나지 않는다는 우스갯소리가 돌 정도였다.

서태후의 비취 열병

그런 그녀가 귀한 보석을 마다할 리 없었다. 온갖 휘황한 보석 중에서도 비취와 백진주를 가장 좋아했는데, 특히 비취에 대한 사랑은 열병 수준이었다. 식탁, 식기, 찻잔도 비취로 만든 것이 아니면 처다보지도 않았다. 어떤 옷

08 작자 미상, 〈이화원 전도〉, 1888년 이후.
이화원과 곤명호의 전체 면적은 여의도의 10배 크기에 달한다. 십칠공교十七橋를 지나면 남호도가 나온다.

을 입든 비취 머리핀, 비취 귀걸이, 비취 목걸이 등 비취가 빠지지 않았다. 손톱 끝에는 7.5센티미터나 되는 비취 장식을 달았고, 화장 전에는 비취 막대기로 얼굴을 마사지했다. [도10]에서 보는 것처럼 평상시에도 양 손목에 짙은 녹색의 비취 팔찌를 착용했다. 이 팔찌 세트는 그녀가 후궁이 되었을 때 함풍제로부터 받은 선물인데 오늘날의 가치로는 7천만 위안(약 122억 원)에 달한다. 당시 청나라 여성들에게 팔찌는 최첨단 패션의 상징이었다. 세련된 멋쟁이들은 다양한 보석으로 장식한 팔찌를 착용했는데 그중에서도 비취 팔찌는 단연 최고의 부와 지위를 상징했다. 서태후는 비취 팔찌를 무덤까지 가져갔다.

비취에 집착한 서태후에게는 다이아몬드도 그저 반짝이는 '돌'일 뿐이었다. 서양 특사가 바친 최상급 다이아몬드의 가치를 알아보지 못하고 눈길도 주지 않은 채 "치워라!" 한마디만 뱉었으니 말이다. 반면, 크기가 작더라도 깨끗하고 영롱한 비취를 진상하는 사람에게는 기뻐하며 하사품을 안겨 보냈다고 한다. 헤아릴 수 없는 보물을 소장하고 있었음에도 비취만큼은 성에 차지 않았던지 최상질의 비취를 얻기 위해서라면 돈과 권력을 아낌없이 동원했다. 이화원 안에 주보방珠寶房을 만들어 상상 초월의 가치를 지닌 온갖 보물을 보관했는데, 대부분이 반강제로 손에 넣은 뇌물이었다.

09 선명하고 균일한 녹색과 뛰어난 광택을 보이는 최상질의 비취를 임페리얼 제이드Imperial jade라고 일컫는다.
ⓒEdmond Chin

10 캐서린 칼, 〈서태후〉, 1904년.
가장 좋아하는 비취와 백진주를 두른 서태후. 양손에 비취 팔찌를 차고 비취 귀걸이, 비취 반지, 비취 손톱
을 끼고 있다. 팔찌 세트는 무덤에 함께 매장된 것으로 알려졌다.

11 작자 미상, 〈광서제〉.(왼쪽)

12 1917년 복벽 사건(신해혁명 이후 황제를 다시 옹립한 사건) 당시의 선통제 푸이.(오른쪽)

앞서 언급한 108개 비취 구슬 목걸이 '제국비취조주'의 이야기로 다시 돌아가보자. 서태후는 아들 동치제가 죽자 자신의 조카인 광서제를 왕위에 앉혔다. 그의 나이 불과 네 살이었다. 서태후는 광서제에게 바로 이 비취 구슬 목걸이를 선물했다. 그토록 아끼던 목걸이를 선물할 만큼 서태후와 광서제는 한동안 사이가 돈독했다.

그런데 훗날 광서제가 서태후의 반대를 무릅쓰고 개혁 운동(변법자강운동)을 주도하자, 그녀는 분노로 치를 떨었다. 광서제를 황제로 세운 서태후는 이런 그의 행동을 배은망덕이라고 여겼다. 결국 기회를 노리던 서태후는 광서제를 자금성 외곽 구석의 중남해中南海에 유폐시킨다(광서제는 유폐된 지 십 년 후에 위안스카이에 의해 독살된 것으로 추측된다). 광서제로부터 문제의 비취 목걸이를 선물 받은 애첩 진비珍妃 또한 1900년 의화단의 난 당시 서태후가 광서제를 대동하고 시안西安으로 도주할 때 내관을 시켜 우물에 빠뜨려 살해했다.

설상가상으로 서태후는 죽기 전에 광서제의 후계자로 세 살짜리 푸이를 지목했으니 청나라가 망국으로 치닫게 된 것은 피할 수 없는 운명이었다. 푸이는 영화 〈마지막 황제〉로 우리에게 익숙한 선통제宣統帝로 그가 즉위한 지 3년 반 만에 청나라는 멸망하고 만다. 한편 서태후는 광서제가 죽고 바로 다음 날 그 거칠 것 없던 삶을 다소 허무하게 마감했다. 며칠간 계속된 자신의 생일잔치에서 과식하다가 이질에 걸려 사망한 것이다. 참으로 절묘한 타이밍이 아닐 수 없다.

죽어서 수모를 당하다

서태후는 국정을 장악한 47년 동안 자신의 물욕, 식욕, 권력욕, 성욕을 끝간 데 없이 채우며 청나라를 패망의 길로 이끌었다. 그리고 그 탐욕의 대가로 사후에 입에 담지도 못할 치욕을 겪었다. 그녀의 보석 대부분이 무덤에 함께 매장됐는데 1928년, 전투 자금을 마련하려던 군벌 쑨티엔잉孫田英에 의해 전부 도굴당한 것이다.

중국의 고고학자 웨난岳南이 쓴 『황제의 무덤을 훔치다中國盜墓傳奇』라는 책에 따르면 무덤에 안치된 그녀는 선명한 야명주를 입에 물고, 머리에는 아홉 마리의 비취 용이 여의주를 물고 있는 구룡희주九龍戲珠가 새겨진 봉황 관을 쓴 상태였다고 한다. 그 위로는 연잎 모양의 비취가, 발아래에는 연꽃 모양의 분홍색 옥이, 그리고 발 양옆에는 녹색 비취로 정교하게 만든 수박과 참외, 배추 등이 놓여 있었다. 이외에도 함께 묻힌 진귀한 금은보화의 가치는 상상을 초월했다. 도굴범들은 보석을 꺼내기 위해 대검으로 사체의 입을 찢고, 숨겨진 보석을 찾기 위해 입과 음부까지 훑었다고 한다. 결국 이들은 차량 30대 분량의 보물을 챙겨서 달아났다.

"옥이 인간을 기르고 인간이 옥을 기른다玉養人人養玉"는 표현에서 알 수

13 서태후의 무덤 입구.

있듯이 중국에서 비취는 '영혼이 담긴 보석'으로 알려져 있다. 몸에 가까이 지니면 에너지가 전달되어 건강해지고, 착용자로부터 긍정적인 에너지가 전해지면 비취 역시 색상과 투명도가 향상된다고 믿었기 때문이다. 또한 빛을 전반사全反射해 광채를 내뿜는 화려한 다이아몬드와 달리, 비취는 빛을 흡수해 머금는 동양의 겸손한 미덕을 대변하는 보석이기도 하다. 따라서 서태후가 '비취'를 탐하다가 청나라의 멸망을 앞당기고, 사후에도 수난을 피할 수 없었다는 사실이 아이러니할 따름이다.

함풍제는 죽기 전에 동태후에게 이런 유언을 남겼다.

"서태후가 권력을 넘어서려 하거든 죽여도 된다."

결과적으로 이 말은 곧 앞으로 청나라에 닥칠 운명을 예견하는 전조가 되었다. 그의 유언대로 동태후가 서태후를 애초에 처단했다면 청나라의 운명은 어떻게 흘러갔을까? 최소한 청일전쟁에서 그토록 굴욕적인 역사를 쓰지는 않았을 것 같다.

원하는 것을 가지면 가질수록 더욱 갈구하는 서태후의 끝없는 욕망을 보며 소유의 덧없음을 새삼 깨닫는다. 결국은 수천수만 개의 보물 중에 그 어느 것도 그녀의 마음을 채우지 못했다는 뜻이 아니겠는가.

알아두면 쓸모 있는
보석과 주얼리에 관한 상식

보석이란 무엇인가

보석gem/gemstone이란 '단단하고 미적 가치가 높은 희귀한 광물, 즉 아름다움, 내구성, 희소성을 가진 돌'을 의미한다. 아름다움은 색, 광채, 투명도 등으로 나타나는 가장 기본적인 요건이다. 내구성은 경도(단단함)와 인성靭性(파괴에 대한 저항도), 안정성(열, 화학약품, 방사선에 대한 저항력)을 뜻하는데 보석을 금속에 세팅해서 패션화하기 위해 반드시 필요한 요소다. 산출량이 많아서 누구나 쉽게 소유할 수 있으면 보석으로서의 가치가 떨어지므로 희소성도 중요하다.

보통 보석의 세계에 입문할 때는 무색 찬란한 다이아몬드로 시작하는 경우가 많은데, 어느 정도 삶이 무르익은 나이에 이르면 다채로운 보석의 색에 눈을 뜨게 된다. 이렇게 '색이 들어 있는 보석'을 **유색 보석**colored stone이라 부른다. 그중 루비, 사파이어, 에메랄드, 진주*는 다이아몬드와 함께 **귀보석**precious stone이라는 이름으로 묶인다. '희소성이나 내구성이 약간 떨어지지만, 여전히 아름다움을 지닌 나머지 광물'을 **준보석**semi-precious stone이라 부른다. 이러한 분류 체계는 고대 그리스에서 보석의 희소성과 단단함을 중요시한 데서 기인한다(요즘에는 준보석도 고유의 아름다움과 독특한 매력이 인기를 끌면서 하이 주얼리의 주요 소재가 되기도 하므로 이러한 분류는 현실성이 다소 부족하다고 할 수 있다).

합성 보석synthetic/lab-grown stone은 '천연석과 물리적, 광학적, 화학적 성질이 같지만 인공적으로 만들어진 보석'이다. 천연석에 비해 희소성이 떨어져 재화적 가치는 낮다.

● 진주는 광물이 아닌 생명체의 유기 과정을 통해 만들어지는 유기 보석이지만 편의상 보석으로 칭한다. 산호, 호박도 마찬가지다.

주얼리의 종류와 구분

'보석을 신체에 착용할 수 있도록 가공을 거친 장신구'의 상태일 때 주얼리 jewelry라고 부른다. **파인 주얼리**fine jewelry는 '최소 14K 이상의 금과 플래티넘, 천연 보석을 사용한 주얼리'를 말한다. '모조 보석이나 플라스틱, 비금속卑金屬, base metal 등을 사용해서 대량 생산'하는 **코스튬 주얼리**costume jewelry는 파인 주얼리의 정반대 개념이다.

주얼리를 분류하는 기준은 나라마다 조금씩 다르다. 그중 우리나라에서 전통적으로 사용해온 개념과 해외에서 통용되는 개념 중에서 가장 차이가 큰 것은 **패션 주얼리**fashion jewelry다. 국내에서는 패션 주얼리를 '패션 감각이 있다', '패셔너블하다'라는 의미로 받아들이기 때문에 천연석이나 모조석에 금을 사용한 주얼리도 패션 주얼리라고 칭한다. 하지만 세계적으로 통용되는 패션 주얼리는 '당대 유행 스타일에 맞게 디자인한 주얼리'라는 뜻으로 대개 '금이 아닌 저가의 금속과 모조석을 사용한 것'을 말한다. 해외에서는 우리나라처럼 큐빅cubic zirconia을 비싼 금에 세팅하는 경우가 거의 없으며, 은에도 천연석을 사용하는 것이 일반적이기 때문에 한국식 주얼리와는 개념에서 차이가 있다. 저렴한 소재를 사용한다는 측면에서 코스튬 주얼리와 맥을 같이하지만 디자인의 수명은 패션 주얼리가 좀 더 짧다. 오늘날에는 사실상 코스튬 주얼리와 패션 주얼리를 구분하지 않고 교차해서 쓰는 추세다.

커스텀 주얼리custom jewelry를 간혹 코스튬 주얼리와 혼동하는 경우가 있는데, 이것은 '고객에게 주문받아 맞춤 제작한 주얼리'라는 뜻이다.

하이 주얼리high jewelry는 넓게는 파인 주얼리에 속한다. 그중에서도 '까다로운 선별 작업에서 살아남은 매혹적인 보석들을 숙련된 장인들이 예술성을 담아 수작업으로 완성한 최고급 주얼리'를 지칭한다. 여기에 주얼리 하우스의 헤리티지와 노하우, 역사라는 보증서가 따라붙으면 가치는 한층 높아진다.

빈티지 주얼리vintage jewelry와 **앤티크 주얼리**antique jewelry는 '과거 누군가가 소

유행던' **에스테이트 주얼리**estate jewelry에 속한다. 앤티크 주얼리는 보통 '1백 년이 넘은 것'을, 빈티지 주얼리는 일반적으로 '최소 20년 이상 된 것'을 지칭한다.

보석 연마법의 발전

아주 오래전부터 인류는 원석끼리 서로 맞부딪혀 갈아내면서 약간의 광을 내어 사용하거나 구멍을 뚫어 비드로 엮어 착용했다. 기술이 발전하면서 캐보션 컷cabochon cut(돔 형태의 상부와 평평한 하부로 구성)으로 연마하기 시작했고, 그중 투명한 보석은 '작은 면들을 가진 패싯facete' 형태로 발전했다.

하지만 다이아몬드는 지구상에 존재하는 광물 중에서 가장 단단하다는 특성 때문에 오랫동안 연마 자체가 불가능했다. 유럽에 원시적이나마 '다이아몬드 연마'라는 개념이 도입된 시기는 14세기쯤이다(유일한 원산지였던 인도와 인근의 중동 국가에서는 그전부터 기술을 보유한 것으로 보인다). 이전까지는 원석 그대로 세팅했고, 14세기 하반기에 개발된 포인트 컷point cut은 8면체 원석의 표면을 문질러 약간의 광택만 낸 수준이었다. 그러다가 본격적인 커팅 기술이 적용된 것이 15세기 중반에 개발된 테이블 컷table cut이다. 포인트 컷의 뾰족한 윗부분을 다이아몬드 가루를 사용해 평평하게 자르면서 숨어 있는 다이아몬드의 광채가 미세하게나마 드러나기 시작했다.

다이아몬드는 다음 세기인 16세기에 들어서야 3단계 연마 과정이 완전히 정착된다. 먼저 끌 같은 것으로 다이아몬드 원석의 벽개(광물의 쪼개지는 성질)면에 타격을 주어서 조금씩 잘라내는 클리빙cleaving이나 소잉sawing(다이아몬드 가루가 입혀진 톱으로 벽개면 이외의 선을 따라 절단)으로 원석을 자른다. 다음으로 두 개의 다이아몬드를 맞비벼 원석의 윤곽을 만드는 브루팅bruting이 이어진다. 최종적으로 빠르게 돌아가는 동그란 연삭기인 스카이프scaife를 사용해 패싯(보석 내부의 광채를 끌어내도록 각이 진 면)을 만든다. 패싯이 늘어나면 당연히 다이아몬드의 광휘brilliance(다

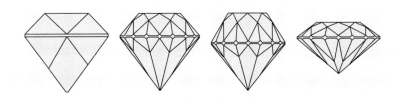

브릴리언트 컷의 진화 과정. 왼쪽부터 마자랭 컷, 올드 마인 컷, 올드 유러피언 컷, 모던 라운드 브릴리언트 컷.

이아몬드의 표면과 내부로부터 반사되는 백색광의 강도)도 증가한다.

마침내 1520년대에는 반구 형태에 잘게 분포된 삼각형 패싯이 부드럽게 빛을 발산하는 로즈 컷rose cut이 개발되어 '스파클sparkle'(다이아몬드나 광원 또는 관찰자가 움직일 때 각 패싯으로부터 나오는 섬광)을 가져다주었다. 이제 다이아몬드는 광채만으로도 여심을 매혹하기 시작한다. 하지만 17세기 중후반에 '파이어fire'(통과한 빛이 분광 효과를 일으켜 무지개 색을 보이는 현상)까지 갖춘 17면의 '브릴리언트 컷brilliant cut'(마자랭 컷)이 등장하면서 서서히 선두자리를 대체하게 된다.

브릴리언트 컷은 33면의 페루치 컷Peruzzi cut을 거쳐 58면을 갖춘 쿠션 형태의 올드 마인 컷old mine cut으로 발전했고, 산업혁명 이후에는 증기력과 전력을 사용해 한층 정교해진 원형의 윤곽을 가진 올드 유러피언 컷old European cut으로 진화했다. 그리고 1919년, 다이아몬드의 광채를 극대화할 수 있는 가장 이상적인 비율의 라운드 브릴리언트 컷round brilliant cut이 완성되어 오늘날까지 최고의 커팅으로 사랑받고 있다.

보석의 가치는 어떻게 결정되는가

사람들은 남들이 갖지 못하는 것을 갈망하기 때문에 보석의 궁극적인 가치는 결국 수요 공급에 따른 희소가치를 의미한다. 보다 세부적인 기준으로 들어가면, 화이트 다이아몬드는 광휘를 극대화할 수 있는 중량carat, 색color, 투명도clarity, 커팅cut의 네 가지 요소(4C)로 등급을 결정한다. 중량이 높을수록, 무색에 가까울수록, 흠이 적을수록, 최적의 비율로 정교하게 연마될수록 가치가 높아진다.

하지만 팬시 컬러 다이아몬드와 유색 보석에서는 가치 평가 기준에서 색의 비중이 절대적으로 높다. 물론 천연 그대로인지 후가공을 거쳤는지도 중요하므로 원산지, 처리treatment 여부, 향상enhancement 여부를 밝힌 공신력 있는 기관의 감정서를 갖춰야 한다.

주얼리의 경우 꼼꼼한 완성도와 수작업의 비중, 아름다운 디자인은 기본이고, 누가 만들었는가 하는 '제작자의 출처'도 가치에 영향을 미친다. 특히 2차, 3차 시장에서는 유명한 브랜드나 명성이 높은 디자이너의 이름은 중요한 요소다. 제조사 마크, 홀마크, 공방 마크, 넘버링, 때로는 어느 나라에서 만들어진 것인지도 따지기 때문이다.

앤티크 주얼리나 빈티지 주얼리 중에서는 19세기 말에서 20세기 중반의 벨에포크, 아르데코, 레트로 시대에 제작된 럭셔리 주얼리 브랜드의 핵심 제품들이 높은 가격에 거래되고 있다. 특히 역사 깊은 브랜드의 노하우와 장인 정신으로 충만한 특정 시대의 하이 주얼리는 예술품 수준으로 각광받을 정도다.

누가 소유했는지를 따지는 '소유자의 출처'도 중요하다. 어느 갤러리와 컬렉터의 소장품이었지의 여부가 가치에 영향을 미치는 미술품과 마찬가지로 유명인이 소유했던 주얼리는 주요 경매에서 감정가의 몇 배 이상으로 거래되고 있다. 사람들은 그들의 드라마틱한 스토리와 뛰어난 안목까지 손에 넣을 수 있으리라는 감성적인 이유로 유명인의 주얼리에 열광한다.

입문하기 좋은 보석과 관리법

지구상에 보석으로 쓸 수 있는 광물은 1백여 종 정도 존재한다. 이들은 각종 전설과 신화에서 중요한 역할을 담당하며 인류의 역사와 함께해왔다. 그중 루비, 사파이어, 에메랄드는 오랜 전통과 풍부한 스토리, 강렬한 색으로 시대와 스타일을 초월해서 가장 사랑받는 '고전 삼총사'다. 원산지와 처리 여부에 따라 가격에 큰 차이를 보이는 그룹이다.

보석 초보자가 입문하기에 적합한 '합리적인 가격대'의 보석은 자수정, 아콰마린, 로즈 쿼츠, 시트린, 페리도트, 블루 토파즈, 화이트 오팔, 투르말린, 쿤자이트 등을 꼽을 수 있다. 부드럽고 담백한 파스텔 톤 색상에 수급도 수월한 편이다. 한편 고대부터 주얼리뿐만 아니라 공예품으로도 오랜 역사를 가진 블루 캘세더니, 크리소프레이즈, 말라카이트, 라피스라줄리, 커닐리언, 오닉스 같은 '하드 스톤hardstone'(불투명 보석)도 높은 가성비와 독특한 개성으로 재평가받고 있다.

보석에 어느 정도 눈을 뜬 중급자 이상은 '떠오르는 스타' 그룹을 눈여겨보는 것도 좋다. 스피넬, 탄자나이트, 루벨라이트(적색 투르말린), 차보라이트 가닛, 볼더 오팔 등은 선명하고 아름다운 색상으로 오늘날 많은 고급 브랜드에서 애용하는 보석들이다. 일반 품질에 표준 크기는 비교적 쉽게 구할 수 있지만, 크고 높은 품질의 스톤을 찾다보면 왜 이 그룹의 인기가 높은지 알게 된다.

희소성과 독보적인 매력으로 특정 소비층의 열렬한 사랑을 받는 '마니아층 보석'은 블랙 오팔, 파라이바 투르말린, 디맨토이드 가닛, 알렉산드라이트, 임페리얼 토파즈, 콩크 진주 등이 있다. 비교적 가격대가 높지만 이 보석들로 디자인한 주얼리는 예술적인 가치를 인정받는 것들이 많다.

그런데 주얼리는 가장 감성적인 물건이므로 본인에게 어떤 의미가 있는지, 눈을 얼마나 즐겁게 해주는지를 우선적으로 생각할 필요가 있다. 다음으로는 보석의 광채나 색이 살아 있는지, 어느 정도의 처리(염색은 반드시 피할 것)를 거쳤는지, 수공 작업의 비중이 어느 정도인지, 앞면뿐만 아니라 뒷면까지 깔끔하게 마무리

되었는지, 독창성이 담긴 디자인인지 등을 따져야 한다.

주얼리를 오래 착용하기 위해서는 관리에도 세심한 주의를 기울여야 한다. 피부에서 분비되는 유분과 땀은 주얼리를 칙칙하게 만드는 주범이므로 주기적인 세척이 필요하다. 다이아몬드, 루비, 사파이어, 스피넬은 초음파 세척기를 사용해도 되지만 나머지 투명 보석은 따뜻한 비눗물에 담갔다가 부드러운 솔로 살살 닦아주는 정도가 적당하다. 특히 에메랄드는 반드시 초음파 세척기를 피해야 한다. 오팔, 진주, 터키석, 산호, 말라카이트 등 예민하고 약한 보석은 착용 후 부드러운 천으로 한 번 닦아서 보관하는 것이 좋다. 이때 경도가 낮은 보석은 스크래치가 생길 수 있으므로 서로 닿지 않게 떼어놓아야 한다.

참고문헌

단행본 – 영문

Bigelow, Marybelle S., *Fashion in History: Apparel in the Western World*, Minneapolis: Burgess Publishing, 1970.

Blair, Claude, *The Crown Jewels: The History of the Coronation Regalia in the Jewel House of the Tower of London*, London: The Stationery Office, 1998.

Brickell, Francesca Cartier, *The Cartiers: The Untold Story of the Family Behind the Jewelry Empire*, New York: Ballantine Books, 2019.

Chadour – Sampson, Beatriz, *The Power of Love: Jewels, Romance and Eternity*, London: Unicorn, 2019.

Dalrymple, William & Anand, Anita, *Kohinoor: The History of the World's Most Infamous Diamond*, Bloomsbury Publishing, 2017.

David, Saul, *Prince of Pleasure: The Prince of Wales and the Making of the Regency*, Little, Brown & Co., 1998.

DK, Raden Aja(Foreword), Smithsonian Museum, *Gem: The Definitive Visual Guide*, NY: DK Publishing, 2016.

Dumas, Alexandre, *The Three Musketeers*, Lerner Publishing Group, 2018.

Fowler, Marion, *Hope: Adventures of a Diamond*, NY: Ballantine Books, 2002.

Gänsicke, Susanne, Markowitz, Yvonne J., *Looking at Jewelry: A Guide to Terms, Styles, and Techniques*, LA: The Paul Getty Museum, 2019.

Graz, Marie – Christine Autin, *Jewels in Painting*, NY: The Metropolitan Museum of Art, 1999.

Hardy, Joanna, Self Jonathan, *Emerald: Twenty One Centuries of Jeweled Opulence and Power*, Thames & Hudson, 2014.

Hardy, Joanna, *Ruby*, Thames & Hudson, 2017.

Hue – Williams, Sarah, Sancroft – Baker, Raymond, *Hidden Gems*, Unicorn Press, 2016.

Keene, Manuel, Kaoukji, Salam, *Treasury of the World: Jeweled Arts of India in the Age of the Mughals*, New York: Thames & Hudson, 2001.

Klein, Glenn, *Faceting History: Cutting Diamonds and Colored Stones*, Xlibris Corporation, 2005.

Kunz, George Frederick, *The curious lore of precious stones*, Dover Publications; New Ed edition, 1971.

Kunz, George Frederick, Stevenson, Charles Hugh, *The Book of the Pearl: The History, Art, Science, and Industry of the Queen of Gems*, New York: The Century Co., 1908.

Kurin, Richard, *Hope Diamond: The Legendary History of a Cursed Gem*, Smithsonian Books, 2006.

McConnell, Sophie, *Metropolitan Jewelry*, The Metropolitan Museum of Art and Bulfinch Press, 1991.

Meylan, Vincent, *Christie's The Jewellery Archives Revealed*, ACC Art Books, 2016.

Moore, Lucy, *Liberty: The Lives and Times of Six Women in Revolutionary France*, Harper Perennial, 2008.

Ogden, Jack, *Diamonds: An Early History of the King of Gems*, Yale University Press, 2018.

Paranque, Estelle(Editor), Probasco, Nate(Editor), Jowitt, Claire(Editor), *Colonization, Piracy, and Trade in Early Modern Europe: The Roles of Powerful Women and Queens*, Palgrave Macmillan, 2017.

Ribeiro, Aileen, *Fashion in the French Revolution*, New York: Holmes & Meier Publishers, 1988.

Hill, Daniel Delis, *History of World Costume and Fashion*, Pearson, 2010.

Scarisbrick, Diana, *Diamond Jewelry: 700 Years of Glory and Glamour*, Thames & Hudson, 2019.

Scarisbrick, Diana(Editor), Vachaudez, Christophe(Editor), Walgrave, Jan(Editor), *Royal Jewels: From Charlemagne to the Romanovs*, The Vendome Press, 2008.

Streeter, Edwin, *The Great Diamonds of the World: Their History and Romance*, London: George Bell and Sons, 1882.

단행본-국문

문희수, 『보석, 보석광물의 세계』, 자유아카데미, 2010.

알렉상드르 뒤마, 이규현 옮김, 『삼총사』 1, 2, 3, 민음사, 2011.

에이자 레이든, 이가영 옮김, 『보석, 천 개의 유혹: 욕망이 만든 뜻밖의 세계사』, 다른, 2016.

엘리노어 허먼, 박아람 옮김, 『침실 권력-왕을 매혹한 여자들』, 생각의 나무, 2010.

윌리엄 셰익스피어, 김종환 옮김, 『헨리 5세』, 지만지드라마, 2019.

윌리엄 셰익스피어, 셰익스피어 연구회 옮김, 『햄릿』, 아름다운날, 2016.

윌리엄 셰익스피어, 최종철 옮김, 『베니스의 상인』, 민음사, 2010.

윤성원, 『나만의 주얼리 쇼핑법』, 시그마북스, 2017.

윤성원, 『보석, 세상을 유혹하다』, 시그마북스, 2015.

윤성원, 『잇주얼리』, 웅진리빙하우스, 2012.

타임라이프 북스, 신현승 옮김, 『유럽의 낭만주의 시대, 근대유럽』, 가람기획, 2005.

홍익희, 『홍익희의 유대인 경제사 3: 동방무역과 금융업 중세 경제사 上』, 한스미디어, 2015.

학술지

Avni, Ora. "The Semiotic of Transactions: Mauss, Lancan and the three Musketeers", *The Johns Hopkins University Press*, Vol. 100, No. 4(September 1985).

Boswell, Jackson Campbell. "Shylock's Turquoise Ring", *Shakespeare Quarterly*, Vol. 14, No. 4 (Autumn 1963), pp. 481~483. Pp.728~757.

Clements, Thomas. "The Emerald Mines of Muzo, Colombia", *Gems & Gemology*, Vol. 3, No. 9 (Spring 1941), pp. 130~134.

Droschel, Rudolf., Evers, Jurgen., Ottomeyer, Hans. "The Wittelsbach Blue", *Gems & Gemology*, Vol. 44, No. 4(Winter 2008), pp. 348~363.

Emerson, Don. "Opal: the queen of gems - Preview", *CSIRO*(Dec. 2016), pp. 37~45.

Fortaleche, Darwin., Lucas, Andrew., Muyal, Jonathan., Padua Pedro., "Colombian Emerald Industry: Winds of Change", *Gems & Gemology*(Fall 2017), Vol. 53, No. 3, pp. 332~358.

Hughes, R.W., "The rubies and spinels of Afghanistan: A brief history", *Journal of Gemology*(Oct. 1994), Vol. 24, No. 4, pp. 256~267.

Jones, Prudence J. "Cleopatra's cocktail", *The Classical World*, Vol. 103, No. 2(Winter 2010), pp. 207~220.

McFadden, C. Kendrick, "Emerald mining in Colombia", *Gems & Gemology*, Vol. 1, No. 6 (Nov.-Dec. 1934), pp. 149~154.

Panczer, Gerald, Riondet, Geoffray, Forest, Lauriane, Krzemnicki, Michael S., Carole, Davi., Florian Faure, Florian., "The Talisman of Charlemagne: New Historical and Gemological Discoveries", *Gems & Gemology*(Spring 2019), Vol. 55, No. 1, pp. 30~46.

Parsons, Coleman Oscar, "Demonological Background of 'Donner-Hugel's Narrative' and 'Wandering Willie's Tale', *Studies in Philology* 30, No. 4 (1933), pp. 604~617.

Shipley, Robert M., "The Emerald in Fable and History", *Gems & Gemology*, Vol. 5, No.

12(Winter 1947), pp. 497~499.

Svisero, Darcy P., Shigley, James E., Weldon, Robert, "Brazilian Diamonds: A Historical & Recent Perspective", Gems & Gemology, Vol. 53, No. 1(Spring 2017), pp. 2~33.

Ullman, Berthold L., "Cleopatra's Pearls", The Classical Journal, Vol. 52, No. 5(Feb. 1957), pp.193~201.

Yevdokimov, D., "A ruby from Badakhshan", Soviet Soldier(Dec. 1991), No. 12, pp. 71~73.

Zhou, Chunhui, Hodgins, Gregory, Lange, Todd, Saruwatari, Kazuko, Sturman, Nicholas, Kiefert, Lore, Schollenbruch, Klaus, "Saltwater Pearls from the Pre to Early Columbian Era: A Gemological and Radiocarbon Dating Study", Gems & Gemology(Fall 2017), Vol. 53, No. 3, pp. 286~295.

필름

Patrick Voillot, 〈The Treasure of the Russian Tsars documentary of Patrick Voillot〉.

세르게이 지노프, 〈삼총사 2014〉, 2014.

웹사이트

www.GIA.edu

www.mineralsciences.si.edu/hope, National Museum of Natural History, Washington, DC

http://www.nbcnews.com/id/38536846/ ns/technology_and_science-science/ t/cleopatra-pearl-cocktail-proven-possible/

기타 자료

Aliferis, Laurence Terrier, "Legendary Presents of Charlemagne", Encyclopedia of Medieval Pilgrimage, http://archive-ouverte.unige.ch

Betzer, Sarah, "Ingres's Second Madame Moitessier: 'Le Brevet du Peintre d'Histoire'", Art History Vol. 23, Issue 5, Wiley Online Library, December 2000.

Dickens, Charles, All the Year Round, Vol. 12: A Weekly Journal; From July 7, 1894, to December 29, 1894, Forgotten Books, 2017

Emblin, Richard, "Crown of the Andes sold on the cheap?", The City Paper, https:// thecitypaperbogota.com/living/crown-of-the-andes-sold-on-the-cheap/12470

Fersman, Aleksandr Evgenevich, Russia's treasure of diamonds and precious stones, The People's Commissariat of Finances, 1925~1926, https://archive.org/details/RussiasTreasureOfDiamondsAndPreciousStones/mode/2up

Hughes, Richard W., "The Black Prince's Ruby: Blood-red souvenir of conquest", https:// lotusgemology.com/index.php/library/ articles/275-the-black-prince-s-ruby-blood-red-souvenir-of-conquest

Norman, Geraldine, "Crowning glory of the Andes", Independent, https://www. independent.co.uk/arts-entertainment/ crowning-glory-of-the-andes-1587131. html

"Bombarded with ultraviolet light, the blue Hope diamond glows red", Earth Science, Research News, Science & Nature, 19 August, 2009, https://insider.si.edu/2009/08/blue-hope-diamond-glows-an-erie-red-after-exposure-to-ultraviolet-light/

찾아보기(보석 & 주얼리 관련 주요 용어)

Special Thanks

A heartfelt toast to all who gave their photos to this book.

사진 제공

©Albion Art Institute p.295

©Barry Wetcher, 2018 Warner Bros. Entertainment Inc. p.191

©Bentley & Skinner p.318

©Bulgari p.32, p.33, p.38, p.40, p.55, p.116

©Butter Lane Antiques p.318

©Carnet by Michelle Ong p.357

©Cartier p.40, p.55, p.83, p.113, p.129, p.164, p.191, p.327, p.337

©Christie's p.114

©David Liuzzo p.296

©Dealbetweenus Jewellery UK. p.318

©Edmond Chin p.361

©Faberge p.347, p.348

©FD Gallery p.96, p.297, p.356, p.357, p.359

©Graff p.207, p.223

©Harry Winston p.114

©National Numismatic Collection p.284

©Oscar Heyman p.110, p.150, p.328, p.329, p.337

©S. J. Phillips p.95

©Smithsonian p.156, p.276

©Sotheby's p.262, p.276, p.278, p.279

©Symbolic & Chase p.18, p.124

©The Metropolitan Museum of Art p.108

©Tiffany & Co. p.83, p.96, p.223

©TimeLine Auctions Ltd. p.153

©Wartski p.340, p.353

©사공지현 p.283

윤성원의 보석&주얼리 문화사

세계를 움직인 돌

ⓒ 윤성원, 2020

초판 1쇄 발행 2020년 5월 15일
초판 3쇄 발행 2023년 3월 27일

지은이   윤성원
펴낸이   김철식
펴낸곳   모요사
출판등록   2009년 3월 11일(제410-2008-000077호)
주소   10209 경기도 고양시 일산서구 가좌3로 45, 203동 1801호
전화   031 915 6777
팩스   031 5171 3911
이메일   mojosa7@gmail.com

ISBN   978-89-97066-56-8 04900

            978-89-97066-55-1 (세트)